国家卫生和计划生育委员会"十三五"规划教材

全国中等卫生职业教育教材

供中等卫生职业教育各专业用　　第3版

美　育

主　编　汪宝德

编　者（以姓氏笔画为序）

刘立祯（江西省赣南卫生健康职业学院）

李恒娟（吉林省通化市卫生学校）

吴　燕（安徽省皖北卫生职业学院）

汪宝德（甘肃中医药大学）

赵　慧（河南省郑州市卫生学校）

人民卫生出版社

图书在版编目（CIP）数据

美育 / 汪宝德主编. —3 版. —北京：人民卫生出版社，2017

ISBN 978-7-117-23865-6

Ⅰ. ①美… Ⅱ. ①汪… Ⅲ. ①美育－中等专业学校－教材

Ⅳ. ①G40-014

中国版本图书馆 CIP 数据核字（2017）第 051261 号

人卫智网	www.ipmph.com	医学教育、学术、考试、健康，
		购书智慧智能综合服务平台
人卫官网	www.pmph.com	人卫官方资讯发布平台

美　育
第 3 版

主　　编：汪宝德

出版发行：人民卫生出版社（中继线 010-59780011）

地　　址：北京市朝阳区潘家园南里 19 号

邮　　编：100021

E - mail：pmph @ pmph.com

购书热线：010-59787592　010-59787584　010-65264830

印　　刷：人卫印务（北京）有限公司

经　　销：新华书店

开　　本：787 × 1092　1/16　印张：10

字　　数：250 千字

版　　次：2003 年 1 月第 1 版　　2017 年 4 月第 3 版

　　　　　2019 年 9 月第 3 版第 2 次印刷（总第 21 次印刷）

标准书号：ISBN 978-7-117-23865-6/R · 23866

定　　价：32.00 元

打击盗版举报电话：010-59787491　　E-mail：WQ @ pmph.com

（凡属印装质量问题请与本社市场营销中心联系退换）

出版说明

为全面贯彻党的十八大和十八届三中、四中、五中全会精神，依据《国务院关于加快发展现代职业教育的决定》要求，更好地服务于现代卫生职业教育快速发展的需要，适应卫生事业改革发展对医药卫生职业人才的需求，贯彻《医药卫生中长期人才发展规划（2011—2020年）》《现代职业教育体系建设规划（2014—2020年）》文件精神，人民卫生出版社在教育部、国家卫生和计划生育委员会的领导和支持下，按照教育部颁布的《中等职业学校专业教学标准（试行）》医药卫生类（第二辑）（简称《标准》），由全国卫生职业教育教学指导委员会（简称卫生行指委）直接指导，经过广泛的调研论证，成立了中等卫生职业教育各专业教育教材建设评审委员会，启动了全国中等卫生职业教育第三轮规划教材修订工作。

本轮规划教材修订的原则：①明确人才培养目标。按照《标准》要求，本轮规划教材坚持立德树人，培养职业素养与专业知识、专业技能并重，德智体美全面发展的技能型卫生专门人才。②强化教材体系建设。紧扣《标准》，各专业设置公共基础课（含公共选修课）、专业技能课（含专业核心课、专业方向课、专业选修课）；同时，结合专业岗位与执业资格考试需要，充实完善课程与教材体系，使之更加符合现代职业教育体系发展的需要。在此基础上，组织制订了各专业课程教学大纲并附于教材中，方便教学参考。③贯彻现代职教理念。体现"以就业为导向，以能力为本位，以发展技能为核心"的职教理念。理论知识强调"必需、够用"；突出技能培养，提倡"做中学、学中做"的理实一体化思想，在教材中编入实训（实验）指导。④重视传统融合创新。人民卫生出版社医药卫生规划教材经过长时间的实践与积累，其中的优良传统在本轮修订中得到了很好的传承。在广泛调研的基础上，再版教材与新编教材在整体上实现了高度融合与衔接。在教材编写中，产教融合、校企合作理念得到了充分贯彻。⑤突出行业规划特性。本轮修订紧紧依靠卫生行指委和各专业教育教材建设评审委员会，充分发挥行业机构与专家对教材的宏观规划与评审把关作用，体现了国家卫生计生委规划教材一贯的标准性、权威性、规范性。⑥提升服务教学能力。本轮教材修订，在主教材中设置了一系列服务教学的拓展模块；此外，教材立体化建设水平进一步提高，根据专业需要开发了配套教材、网络增值服务等，大量与课程相关的内容围绕教材形成便捷的在线数字化教学资源包，通过扫描每章标题后的二维码，可在手机等移动终端上查看和共享对应的在线教学资源，为教师提供教学素材支撑，为学生提供学习资源服务，教材的教学服务能力明显增强。

　　人民卫生出版社作为国家规划教材出版基地,有护理、助产、农村医学、药剂、制药技术、营养与保健、康复技术、眼视光与配镜、医学检验技术、医学影像技术、口腔修复工艺等24个专业的教材获选教育部中等职业教育专业技能课立项教材,相关专业教材根据《标准》颁布情况陆续修订出版。

总序号	适用专业	分序号	教材名称	版次	主编	
1	中等卫生	1	职业生涯规划	2	郭宏宇	
2	职业教育	2	职业道德与法律	2	范永丽	
3	各专业	3	经济政治与社会	1	刘丽华	
4		4	哲学与人生	1	张艳红	
5		5	语文应用基础	3	王 斌	刘冬梅
6		6	数学应用基础	3	张守芬	
7		7	英语应用基础	3	余丽霞	
8		8	医用化学基础	3	陈林丽	
9		9	物理应用基础	3	万东海	
10		10	计算机应用基础	3	施宏伟	韦 红
11		11	体育与健康	2	姜晓飞	
12		12	美育	3	汪宝德	
13		13	病理学基础	3	林 玲	
14		14	病原生物与免疫学基础	3	张金来	王传生
15		15	解剖学基础	3	王之一	
16		16	生理学基础	3	涂开峰	
17		17	生物化学基础	3	钟衍汇	
18		18	中医学基础	3	刘全生	
19		19	心理学基础	3	田仁礼	
20		20	医学伦理学	3	刘万梅	
21		21	营养与膳食指导	3	戚 林	
22		22	康复护理技术	2	刘道中	
23		23	卫生法律法规	3	罗卫群	
24		24	就业与创业指导	3	温树田	
25	护理专业	1	解剖学基础 **	3	任 晖	袁耀华
26		2	生理学基础 **	3	朱艳平	卢爱青
27		3	药物学基础 **	3	姚 宏	黄 刚
28		4	护理学基础 **	3	李 玲	蒙雅萍

续表

总序号	适用专业	分序号	教材名称	版次	主编	
29		5	健康评估**	2	张淑爱	李学松
30		6	内科护理**	3	林梅英	朱启华
31		7	外科护理**	3	李 勇	俞宝明
32		8	妇产科护理**	3	刘文娜	闫瑞霞
33		9	儿科护理**	3	高 凤	张宝琴
34		10	老年护理**	3	张小燕	王春先
35		11	老年保健	1	刘 伟	
36		12	急救护理技术	3	王为民	来和平
37		13	重症监护技术	2	刘旭平	
38		14	社区护理	3	姜瑞涛	徐国辉
39		15	健康教育	1	靳 平	
40	助产专业	1	解剖学基础**	3	代加平	安月勇
41		2	生理学基础**	3	张正红	杨汎雯
42		3	药物学基础**	3	张 庆	田卫东
43		4	基础护理**	3	贾丽萍	宫春梓
44		5	健康评估**	2	张 展	迟玉香
45		6	母婴护理**	1	郭玉兰	谭奕华
46		7	儿童护理**	1	董春兰	刘 俐
47		8	成人护理(上册)–内外科护理**	1	李俊华	曹文元
48		9	成人护理(下册)–妇科护理**	1	林 珊	郭艳春
49		10	产科学基础**	3	翟向红	吴晓琴
50		11	助产技术**	1	闫金凤	韦秀宜
51		12	母婴保健	3	颜丽青	
52		13	遗传与优生	3	邓鼎森	于全勇
53	护理、助产	1	病理学基础	3	张军荣	杨怀宝
54	专业共用	2	病原生物与免疫学基础	3	吕瑞芳	张晓红
55		3	生物化学基础	3	艾旭光	王春梅
56		4	心理与精神护理	3	沈丽华	
57		5	护理技术综合实训	2	黄惠清	高晓梅
58		6	护理礼仪	3	耿 洁	吴 彬
59		7	人际沟通	3	张志钢	刘冬梅
60		8	中医护理	3	封银曼	马秋平
61		9	五官科护理	3	张秀梅	王增源
62		10	营养与膳食	3	王忠福	
63		11	护士人文修养	1	王 燕	
64		12	护理伦理	1	钟会亮	
65		13	卫生法律法规	3	许练光	

续表

总序号	适用专业	分序号	教材名称	版次	主编	
66		14	护理管理基础	1	朱爱军	
67	农村医学	1	解剖学基础 **	1	王怀生	李一忠
68	专业	2	生理学基础 **	1	黄莉军	郭明广
69		3	药理学基础 **	1	符秀华	覃隶莲
70		4	诊断学基础 **	1	夏惠丽	朱建宁
71		5	内科疾病防治 **	1	傅一明	闫立安
72		6	外科疾病防治 **	1	刘庆国	周雅清
73		7	妇产科疾病防治 **	1	黎 梅	周惠珍
74		8	儿科疾病防治 **	1	黄力毅	李 卓
75		9	公共卫生学基础 **	1	戚 林	王永军
76		10	急救医学基础 **	1	魏 蕊	魏 瑛
77		11	康复医学基础 **	1	盛幼珍	张 瑾
78		12	病原生物与免疫学基础	1	钟禹霖	胡国平
79		13	病理学基础	1	贺平则	黄光明
80		14	中医药学基础	1	孙治安	李 兵
81		15	针灸推拿技术	1	伍利民	
82		16	常用护理技术	1	马树平	陈清波
83		17	农村常用医疗实践技能实训	1	王景舟	
84		18	精神病学基础	1	汪永君	
85		19	实用卫生法规	1	菅辉勇	李利斯
86		20	五官科疾病防治	1	王增源	高 翔
87		21	医学心理学基础	1	白 杨	田仁礼
88		22	生物化学基础	1	张文利	
89		23	医学伦理学基础	1	刘伟玲	斯钦巴图
90		24	传染病防治	1	杨 霖	曹文元
91	营养与保	1	正常人体结构与功能 *	1	赵文忠	
92	健专业	2	基础营养与食品安全 *	1	陆 淼	袁 媛
93		3	特殊人群营养 *	1	冯 峰	
94		4	临床营养 *	1	吴 莘	
95		5	公共营养 *	1	林 杰	
96		6	营养软件实用技术 *	1	顾 鹏	
97		7	中医食疗药膳 *	1	顾绍年	
98		8	健康管理 *	1	韩新荣	
99		9	营养配餐与设计 *	1	孙雪萍	
100	康复技术	1	解剖生理学基础 *	1	黄嫦斌	
101	专业	2	疾病学基础 *	1	刘忠立	白春玲
102		3	临床医学概要 *	1	马建强	

续表

总序号	适用专业	分序号	教材名称	版次	主编	
103		4	药物学基础	2	孙艳平	
104		5	康复评定技术 *	2	刘立席	
105		6	物理因子治疗技术 *	1	张维杰	刘海霞
106		7	运动疗法 *	1	田 莉	
107		8	作业疗法 *	1	孙晓莉	
108		9	言语疗法 *	1	朱红华	王晓东
109		10	中国传统康复疗法 *	1	封银曼	
110		11	常见疾病康复 *	2	郭 华	
111	眼视光与	1	验光技术 *	1	刘 念	李丽华
112	配镜专业	2	定配技术 *	1	黎莞萍	闫 伟
113		3	眼镜门店营销实务 *	1	刘科佑	连 捷
114		4	眼视光基础 *	1	肖古月	丰新胜
115		5	眼镜质检与调校技术 *	1	付春霞	
116		6	接触镜验配技术 *	1	郭金兰	
117		7	眼病概要	1	王增源	
118		8	人际沟通技巧	1	钱瑞群	黄力毅
119	医学检验	1	无机化学基础 *	3	赵 红	
120	技术专业	2	有机化学基础 *	3	孙彦坪	
121		3	生物化学基础	3	莫小卫	方国强
122		4	分析化学基础 *	3	朱爱军	
123		5	临床疾病概要 *	3	迟玉香	
124		6	生物化学及检验技术	3	艾旭光	姚德欣
125		7	寄生虫检验技术 *	3	叶 薇	
126		8	免疫学检验技术 *	3	钟禹霖	
127		9	微生物检验技术 *	3	崔艳丽	
128		10	临床检验	3	杨 拓	
129		11	病理检验技术	1	黄晓红	谢新民
130		12	输血技术	1	徐群芳	严家来
131		13	卫生学与卫生理化检验技术	1	马永林	
132		14	医学遗传学	1	王 懿	
133		15	医学统计学	1	赵 红	
134		16	检验仪器使用与维修 *	1	王 迅	
135		17	医学检验技术综合实训	1	林筱玲	
136	医学影像	1	解剖学基础 *	1	任 晖	
137	技术专业	2	生理学基础 *	1	石少婷	
138		3	病理学基础 *	1	杨怀宝	
139		4	影像断层解剖	1	吴宣忠	

续表

总序号	适用专业	分序号	教材名称	版次	主编	
140		5	医用电子技术 *	3	李君霖	
141		6	医学影像设备 *	3	冯开梅	卢振明
142		7	医学影像技术 *	3	黄 霞	
143		8	医学影像诊断基础 *	3	陆云升	
144		9	超声技术与诊断基础 *	3	姜玉波	
145		10	X线物理与防护 *	3	张承刚	
146		11	X线摄影化学与暗室技术	3	王 帅	
147	口腔修复	1	口腔解剖与牙雕刻技术 *	2	马惠萍	翟远东
148	工艺专业	2	口腔生理学基础 *	3	乔瑞科	
149		3	口腔组织及病理学基础 *	2	刘 钢	
150		4	口腔疾病概要 *	3	葛秋云	杨利伟
151		5	口腔工艺材料应用 *	3	马冬梅	
152		6	口腔工艺设备使用与养护 *	2	李新春	
153		7	口腔医学美学基础 *	3	王 丽	
154		8	口腔固定修复工艺技术 *	3	王 菲	米新峰
155		9	可摘义齿修复工艺技术 *	3	杜士民	战文吉
156		10	口腔正畸工艺技术 *	3	马玉革	
157	药剂、制药	1	基础化学 **	1	石宝珏	宋守正
158	技术专业	2	微生物基础 **	1	熊群英	张晓红
159		3	实用医学基础 **	1	曲永松	
160		4	药事法规 **	1	王 蕾	
161		5	药物分析技术 **	1	戴君武	王 军
162		6	药物制剂技术 **	1	解玉岭	
163		7	药物化学 **	1	谢癸亮	
164		8	会计基础	1	赖玉玲	
165		9	临床医学概要	1	孟月丽	曹文元
166		10	人体解剖生理学基础	1	黄莉军	张 楚
167		11	天然药物学基础	1	郑小吉	
168		12	天然药物化学基础	1	刘诗洸	欧绍淑
169		13	药品储存与养护技术	1	宫淑秋	
170		14	中医药基础	1	谭 红	李培富
171		15	药店零售与服务技术	1	石少婷	
172		16	医药市场营销技术	1	王顺庆	
173		17	药品调剂技术	1	区门秀	
174		18	医院药学概要	1	刘素兰	
175		19	医药商品基础	1	詹晓如	
176		20	药理学	1	张 庆	陈达林

** 为"十二五"职业教育国家规划教材
* 为"十二五"职业教育国家规划立项教材

前　言

为贯彻国家德智体美全面发展的教育方针,进一步落实党的十八届三中全会关于全面改进美育教学的部署和国务院办公厅《关于全面加强和改进学校美育工作的意见》的精神,在全国高等医药教材建设研究会组织规划下编写了这部教材。本教材以马克思主义美育思想为指导,以养成学生"融美于心灵的习惯"为目的,以陶冶学生知美、好美、乐美的情感为本质,以培养学生感受美、鉴赏美、创造美的能力为手段,引领学生树立正确的审美观念、陶冶高尚的道德情操、培育深厚的民族情感、激发想象力和创新意识、拥有开阔的眼光和宽广的胸怀,培养和造就德智体美全面发展的社会主义建设者和接班人。

本教材共七章,包括绪论、美学基础理论、实用艺术、造型艺术、表演艺术、综合艺术、书法艺术。语言艺术因学生在语文等课中接触较多,故本教材未列入。

全书理论联系实际,内容循序渐进,照顾特定对象,突出基本理论与基本知识,体现思想性、科学性、先进性、启发性、适用性。除正文内容外,还增加了插图,有助于学生对教材内容的理解。本教材网络增值服务中附有参考教学大纲,以供指导教学工作。

本教材适合于中等卫生职业学校美育课程教学使用,也可做其他人员的通俗读物。

本教材编写中参阅了有关专家的大量著作与研究成果,并得到了甘肃中医药大学定西校区、安徽省皖北卫生职业学院、江西省赣南卫生健康职业学院、河南省郑州市卫校、吉林省通化市卫校的大力支持,在此一并表示衷心感谢!

由于水平有限,经验不足,时间紧张,错误与疏漏之处,恳请大家不吝赐教!

汪宝德

2017 年 2 月

目　录

第一章　绪　论

学习目标

1. 掌握美的本质、审美标准。
2. 熟悉美的特征、审美条件。
3. 了解美学概况、美育概况。

美育是以美学理论为指导，进行各种审美实践活动的教育科学。它以提高人感受美、鉴赏美、创造美的能力为直接目的，以提高人的审美情操为最终目的。它的实施以美学理论为指导、美的对象为工具，特别是以艺术美欣赏为主要手段。

第一节　美学与美育

美学是研究人与世界审美关系的一门学科，即美学研究的对象是审美活动。审美活动是人的一种以意象世界为对象的人生体验活动，是人类的一种精神文化活动。美学是哲学二级学科，研究的主要对象是艺术，但不研究艺术中的具体表现问题，而是研究艺术中的哲学问题，因此被称为"美的艺术的哲学"。

一、美学概况

美学是一门既古老又年轻的学科。说其古老，是因为美学思想的萌芽可以追溯到远古时代，当人们把第一件装饰物佩戴在自己的胸前时，美的种子就播撒在了人们的心田中；说其年轻，是因为美学成为一门独立的学科，至今只有二百多年的历史，与产生于远古时代的数学、几何学、天文学相比，美学是一门很年轻的学科。

（一）美的由来

有人认为，日出云霞、月涌江流、林海松涛、奇山怪石是自然之美；也有人认为，孔雀开屏、锦雉展翅、杜鹃鸣啭、燕舞莺歌是动物之美。但是美究竟是怎么产生的呢？又是如何发展的？这是一个美学难题，千百年来，令无数哲学家、美学家深深思索。

美的产生，大致经历了以下4个阶段。

1. "无所谓美丑"的阶段　在人类社会出现以前，虽然自然界万事万物已经存在，虽然花儿已然开放、鸟儿照样鸣唱，但由于没有人的欣赏，开放的花儿、鸣唱的鸟儿只是自然物而已，就无所谓美与丑。美是对人而言的，美，只对人有意义，正如鲁迅所讲："美为人而存在。"

2. "有丑无美"的阶段　这个阶段在人类产生之初。那时，人类还没有掌握丝毫的自然规律，不能驾驭任何自然物，因此，那神秘可怕的自然物，如电闪雷鸣、狂风暴雨、地震海啸、飞禽走兽、高山大海、寒冬黑夜，它们仿佛随时可吞噬人类的生命，对稚弱的人类构成极大的生存威胁。也因此，整个自然界对人类来说无美可言，正如高尔基所说："在环绕着我们并且仇视我们的自然中是没有美的。"

3. "功利美"的阶段 随着人类社会实践的发展，人在劳动中逐渐认识掌握了一些自然规律，也运用了一些自然规律，一些自然物逐渐被人类征服，被人类利用，为人类服务，成为人类活动的一部分，这时就产生了美。这时的美，带有很大的功利性，即人从物质的实用性上来评价一个自然物的美与不美。因此，这时有助于生存的自然物被人评价为美，无助于生存的自然物则属于不美。正如普列汉诺夫在《没有地址的信》中讲：原始的狩猎民族，如布什门人、澳洲土人，为什么他们"虽然住在花卉很丰富的土地上，却绝不用花来装饰自己，只从动物界采取自己的装饰主题"？因为这些原始部落还处在狩猎时代，他们的食物来源是动物，而不是植物。植物对他们的生存没有任何意义，所以花卉也就没有美可言。

对于生产力水平极低的原始人来讲，他们的一切活动都只能是为了生存，物质功利理所当然是第一位的，美的价值就是物质功利的价值，也就是说，唯有能直接给其带来物质功利的事物才是美的事物。因此，自然物在原始人眼里先具有功利价值，然后才能成为美。

4. "超功利美"的阶段 随着生产力的逐渐发达，物质财富日益丰裕起来，人们不再像过去那样把全部精力用于维持生存的事情上，而是有了越来越多的剩余精力，这样，才有心思从超功利的角度去欣赏一些事物的美，并创造一些纯装饰性的事物。所谓超功利，就是指人们不再从物质实用性上来评价事物的美与不美，而是从精神愉悦的高度来判断美丑。那些原来因对人们的生存有用而成为"美"的东西，逐渐脱离它的功利性，而成为超功利性的美了，并使人们逐渐忘掉它曾经具有的功利性。比如在耳朵、鼻子上穿孔，现在是纯粹为装饰。如果要追溯它的来历，则是出于功利的目的。一种可能，它起初代表的是一种奴与主的从属关系，穿孔是用来拴人的，以后渐渐演化为丈夫给妻子上个手钏，妻子给丈夫拴个脚环，使这种本来是功利性（拴人）的东西获得了超功利性，成为装饰性的美。另一种可能，原始人在打死飞禽走兽之后，用动物身上的东西装饰自己，甚至把羽毛插入自己的嘴唇、耳朵或鼻孔的隔膜上，以夸耀自己的勇武有力、坚忍不拔。久而久之，在耳朵、鼻子上穿孔失去了原有的意义，就只是一种装饰了。

所以，经过长期的历史过程，物质功利积淀为精神功利。美的事物不再以给人带来物质利益而得到人们的欣赏，而是以其形式的美观能给人带来精神上的愉悦而为人所喜爱了。

（二）美学简述

1. 美学的发展 美学的起源可以追溯到奴隶社会，人类早期的美学思想散见于古代大量的文论、画论、书论、乐论及哲学、历史等著作中，但还不是作为独立学科的美学。这些不系统的美学思想只是美学理论的萌芽。所以，这个时期还是一个"有美无学"的阶段。

直到近代，美学才成为一门真正独立的科学。18世纪，美学在德国古典哲学中作为一个特殊分类开始确立下来。1750年，德国哲学家"美学之父"鲍姆嘉通第一次设立《埃斯特别克》（我国译作《美学》）这门学科来研究人的感觉和感情，并把美学看作哲学体系的一个组成部分。随后，康德、黑格尔等赋予美学以更进一步的系统的理论形态，使之在他们的哲学体系中占有重要地位。到19世纪，美学更加广泛地和独立地发展起来了，并从哲学中分立出来，成为一门独立而系统的学科。

马克思主义哲学的产生，给美学研究提供了真正科学的世界观和方法论。马克思主义美学的基本观点是：把美学问题与人类社会实践紧密联系起来；把美的本质问题与人的本质紧密结合在一起；唯物辩证地看待审美中的主客体关系等。我国传统的美学思想博大精深，但在19世纪鸦片战争以前，始终没有成体系的美学学科；鸦片战争以后，随着西方美学的进入，传统的美学思想与西方美学思想日渐融合发展；20世纪，马克思主义来到中国，美学工作者们开始运用马克思主义哲学理论和美学思想研究美学问题，并紧密结合现实实践，批判吸收古今中外美学理论精华，借助于现代自然科学和人文科学的新成果、新方法，努力构建有中国特色的美学体系。

2. 美学的分支学科　美学的分支学科很多，有劳动美学、生产美学、技术美学、建筑美学、园林美学、景观美学、旅游美学、商品美学、服装美学、食品美学、装饰美学、生态美学、医学美学、护理美学等，这都是各实用行业与美学交叉结合而形成的一些新型学科，是美学原理在这些实践领域的运用。

课外阅读

医学美学

医学美学是一门以医学和美学原理为指导，运用医学手段和美学方式的结合来研究、维护、修复和塑造人体美，以增进人的生命活力美感为目的的新兴学科。随着医学科学的发展和人类健康水平的提高而日益显示出其重要性。医学美学作为一门新兴的应用美学，是由中国学者于20世纪80年代提出的，并在不到10年的时间里得到长足的发展。医学美的存在和在此基础上产生的医学审美观点，随着医学的诞生而出现，并随着医学科学的发展和人类健康水平的提高，日益显示出其重要性。

3. 美学的内容　美学的内容一般包括4个方面：美的本体论，研究美的本质、特征等；审美心理论，研究审美活动中人的意识问题，特别是关于美感的问题；艺术论，研究艺术的本质、艺术审美等问题；美育论，研究运用美学理论、美的对象对人进行情感陶冶的问题。

4. 美学的研究方法　美学的研究方法：①艺术学的方法：通过研究艺术的具体特点和特殊规律，使人更深入地理解美学问题；②心理学的方法：拿心理实验和精神分析的方法来论述和阐释审美心理现象，说明美感产生的心理机制和艺术活动的驱动力；③社会学的方法：把美和审美现象同人类生活联系起来，考察两者相互作用的历史事实和本质规律，力图为审美现象找到坚实的社会基础；④发生学的方法：依据考古学、文化人类学、儿童心理学和民族学等的研究成果，解释美、美感和艺术的生成起源；⑤科学实证的方法：用科学实验的方法求得审美心理的发生机制等。此外，随着科学、哲学的发展和时代的变革，还有很多行之有效的方法在美学领域得到了运用，比如语言学的方法、现象学的方法、解释学的方法、系统论方法、信息论方法、控制论方法，以及符号学、类型学、协同论等方法。

二、美育概况

美育即审美教育或美感教育，即通过培养人们认识美、体验美、感受美、欣赏美和创造美的能力，从而使我们具有美的理想、美的情操、美的品格和美的素养。它的渊源可以追溯到距今几万年前的旧石器时代和新石器时代，在原始人的巫术礼仪活动中就包括了各种自觉或不自觉的美育因素。随着社会的发展和人类文明程度的提高，自觉的美育活动逐渐成为培养人全面发展的教育活动的组成部分。

（一）中国美育发展史

中国美育思想发生很早。在殷商时代，对贵族青少年的教育，除读书外，还要学习礼仪、音乐、射箭、骑马的技艺，主要包括德、智、体、美四个方面。到了周朝，周公旦"制礼作乐"，作为治理国家的根本方法，明确规定了要学习礼、乐、射、御、书、数，统称"六艺"，其中的"乐"包括了音乐、诗歌和舞蹈，属于专项审美教育的内容。春秋时代的孔子，是倡导平民教育的思想家和教育家，创立了比较完整的教育体系，其中对学生进行美育，是孔子教育理论的一个重要组成部分，其特点是把道德教育与审美教育密切结合。在人才培养方面，他提出了"兴于诗，立于礼，成于乐"，认为学《诗》是君子修身养性的重要内容。"不学诗，无以言。"孔子还把学《诗》作为提高政治才干、处理外交事物、学习文化知识、培养品德的重要手段，因此，"诗教"和"乐教"是孔子的基本思想"仁"在教育学上的具体体现。通过"诗教"，让受教育者在"兴、观、群、怨"中成为"仁人志士"。从而奠定了我国古代教育中"礼乐相济"的思想基础。孔子以后儒家学派的两个代表人物是孟子和荀子，他们在孔子的基础上丰富和发展了美与善的关系，注重通过美育来培养人的品格。荀子认为，文艺具有巨大的感人力量，可以"大齐天下""美政""美俗""美人"。这些观点为塑造中华民族美的心理结构起了极其重要的作用。我国美学理论在汉魏以后不断发展，虽然没有把美育理论设为专门课程，但在国家设立的学校和民间的私塾与书院的教学中也都包含有美育的因素，由于教育制度还不完善，还没有专门的美育教材。到了19世纪末20世纪初，西方近代哲学、美学教育理论传入中国后，中国教育的现状发生了很大的变化，梁启超、王国维和蔡元培等人在美育理论上颇有建树和影响。"五四"运动以后，在美育方面有突出贡献的有丰子恺、朱光潜等人。新中国成立后，美育被正式纳入了教育方针，并且在全国各级教育中广泛实施。随着改革开放带来的人们思想观念的转变，家庭教育和社会教育中的美育问题成为社会的需要，形成了全社会都关心美育的局面，美育事业得到了空前的发展。

（二）西方美育发展史

西方在古希腊时期，首先提出较为系统的美育理论的是柏拉图。他要求艺术要为改善人的灵魂服务，主张把音乐和诗歌作为教育的重要科目，主张人从儿童时代就应该接受音乐艺术的熏陶，要"天天耳濡目染于优美的作品，像从一种清幽境界呼吸一阵清风，来吸收她们好的影响，使儿童们不知不觉培养起对于美的爱好，培养起融美于心灵的习惯"。在柏拉图强调美育与德育相结合时，亚里士多德又丰富和发展了这一理论，强调美育与智育结合，提出了模仿说，他认为感性世界是第一性的真正实体，艺术是对感性世界的模仿，艺术所模仿的不仅仅是感性世界的外形，更重要的是按照可然律或必然率，即揭示感性世界的普遍本质和必然规律，因而艺术美较之现实美更真实、更理想。通过对悲剧的模仿和观赏，可以使人在怜悯和恐惧的氛围中体会悲壮的美，从而陶冶人的情感、净化人的心灵。在这种心灵体验的过程中，做到了"寓教于乐"，把教育和娱乐结合起来，开辟了美育与审美的新天地。但由于古希腊古罗马的思想家更多关注审美和德育的统一，强调美育和其他教育的渗透关系，因此，美育还没有作为一个专门的学科独立出来。到了18世纪，德国哲学家席勒第一次比较完整地提出了审美教育的理论，他的著作《美育书简》探索了美育的本质，主张美育不能仅局限于教育的角度，而要从复归现实人性、改造社会的广阔范围来论述美育。他认为面对阶级剥削和压迫，人性严重扭曲了。他们"耳朵里听到的永远是推动机器轮盘的那种单调乏味的嘈杂声"，于是"人们就无法发展他们生存的和谐"。那么，如何平衡这种使人性分裂的状态，使人成为全面发展的自由人呢？他认为审美教育是最好的途径。审美是一种不受单纯感性或片面理性强制的状态，因而在审美的境界中，人才有个性充分发展的自由。在席勒以后，还有一批近现代人对美育作出了贡献。德国前教育学家福禄培尔，将游戏和玩具充实到幼儿教育中，并创办了最早的幼儿园。还有与之同时代的英国空想社会主义者欧文，则致力于改善工人的劳动条件和家庭教育。在欧美各国也相继出现了一些有影响的美学家和教育家，如美国的杜威和苏联的苏霍姆林斯基等。

马克思主义的产生是人类思想史上的一次根本变革。它以社会政治的和经济的彻底变革为基础，使人类得到真正的解放和发展。因此，马克思列宁主义的美育理论是与反对资本主义私有制，为实现人的全面发展的共产主义理想密切联系在一起的。它主要表现在两个方面：第一，强调审美无直接占有欲的自由性，是培养全面发展的人的基本条件之一；第二，重视艺术欣赏在审美教育中的作用。这些思想对我们开展美育都具有重要的指导意义。

第二节　美 与 审 美

当我们被美的事物所吸引时，就会情不由己地去品味和鉴赏这个事物的美，并对其做出美学上的分析与评价，这就是审美活动，也叫美感活动。包括对审美对象的美丑识别、类型划分、形态鉴别、审美评价等。

一、美的本质与特征

（一）美的本质

人与动物的根本区别，在于人有社会实践活动的能力。这种社会实践活动是人创造生活、改造世界的能动活动，这个社会实践活动的能力即是人的本质力量。这种本质力量，即是人的自由创造的力量。所谓自由创造，就是人在认识、把握规律的基础上进行的合目的、合规律的实践活动。合目的，是指人们按照自己的愿望、理想去能动的创造；合规律，是指人们的创造活动必须是符合自然、社会发展规律的。这样的活动，其过程及结果（实物的）均渗透并显现着人的本质力量，人类在关照这个过程及其结果时，便关照了人的本质力量，于是就引起人们感情上的愉悦，人与客观对象之间的审美关系便建立起来了。所以，美的本质是人的本质力量的对象化。

1. 劳动产品美的本质　美产生于生产劳动，但生产劳动中的产品，并不一定都是美的。这是因为：第一，并不是所有劳动中的产品都能体现人的自由创造。自由创造是有具体历史内容的，它所体现的智慧、才能和力量，不仅是人类历史发展的结果，而且体现了历史上发展的先进水平。因此，在某一时代的某些产品，只有体现了这一时代先进生产水平的自由创造，才可以说这个产品是美的。例如，原始社会粗糙的石斧，在那个时代可能是美的，体现了人的自由创造，可是在今天，人类生产大大发展了，人类的审美能力和要求也向前发展了，再生产如此粗糙的石斧，则不能体现我们时代先进的生产水平，不能体现人的自由创造和人的智慧、才能与力量，这样的产品是不美的。第二，产品要达到美，除了自由创造的内容以外，还有一个形式问题。一方面，产品的形式变化要符合适用的目的、要求；另一方面，产品的形式中要体现出人对形式美法则的自觉运用，以便满足人的进一步的审美要求。总之，只有将内容与形式有机结合起来的产品，才是美的。所以，劳动产品的美是内容和形式的统一，是以形式表现人的自由创造活动内容的感性形象。

2．生产劳动美的本质　人的生产劳动是有目的、有意识的，因而人能把人本身和劳动加以区别。劳动也可以成为人的认识对象和欣赏对象，这是动物所做不到的。恩格斯曾讲过在动物中也有有意识、有计划行动的能力，如狐狸可以运用地形来躲避追逐者。但是他强调指出："一切动物的一切有计划的行动，都不能在自然界上打下它们意志的印记。这一点只有人才能做到。"马克思在说明动物的生产与人类的生产根本不同时指出：动物也生产，但动物只是片面的生产，在直接的肉体需要的支配下生产；而人则是全面的生产，在摆脱了肉体的需要时才真正地进行生产。所以，在生产实践的过程中，只要劳动本身成为体现人的自由创造的生动的形象，那它就是美的，同内容与形式相统一的劳动产品的美是一样的。而动物的生产是本能，不是自由、自觉的创造，不存在美。

3．日常生活美的本质　作为自由创造主体的人，不是抽象的生物学上的人，而是社会的具体的历史的人，是在一定的生产关系之下的人。处在这样的生产关系之下的人的生活，其形象并非全是美的。只有符合人的自由创造活动，符合人的目的、力量、智慧与才能实现的生活形象，才是美的。所以，只有符合社会发展规律，表现社会实践的前进要求，肯定人的进步理想的生活形象，才是美的。与此相反，那种违背社会发展规律，阻碍社会实践前进要求、否定先进理想的腐朽糜烂的生活形象，则是丑的。

美与丑相比较而存在、相斗争而发展。美是随着社会实践的发展而不断发展的，永恒的、绝对的美是根本不存在的。

（二）美的特征

1．形象性　美作为内容和形式的有机统一，它的内容都要通过一定的色、声、形等物质材料所构成的外在形式表现出来，也就是说都有一种具体可感的形态，即具有形象性。美的形象，一方面在于它内容的社会功利性，即有用、有利、有益于社会生活实践，是对实践的肯定；另一方面在于它的质料和形式的合规律性，如对称、均衡、比例、和谐等。这两者统一地构成了完整的形象。

大自然中，一切美的东西都是具有形象的。我们说花是美的，指的是一定的具体的花，而不是抽象的花，它的美也必须通过具体的花瓣、花蕊、花茎以及花的各种颜色表现出来。如果离开了这些由物质材料所构成的感性形式，花就成了一个抽象的概念，那就谈不上什么美与不美了。太阳喷薄而出、大海碧波荡漾、森林郁郁苍苍，泉水叮咚、小鸟啁啾等，这一切都有其颜色、声音、形状等感性形式，人总是通过这些感性形式看到它们、听到它们，它们无一不是具体可感的。

人类社会中，最核心的美是人的美，人的美无论是身材相貌，还是心灵，也都是具有感性形式的。宋玉在《登徒子好色赋》中描写过一个美人的形象，"东家之子，增之一分则太长，减之一分则太短，著粉则太白，施朱则太赤。眉如翠羽，肌如白雪，腰如束素，齿如含贝。嫣然一笑，惑阳城，迷下蔡。"读后，令人马上想到这位"东家之子"的美貌。另外，我们常说某人心灵美，从何而知呢？不外乎语言和行为两个方面，语言是我们可以听到的、行为是我们可以看到的，因此，心灵美也并非是抽象的，而是有其具体可感的形象的。比如，我们赞扬的雷锋精神之美，就是从他平凡而伟大的事迹中所感知的，即从他的言行中所感知的。

艺术作品里的美，也都具有形象。艺术中最抽象的就数音乐美，而音乐也是非常善于"绘景"的。贝多芬就曾说过："当我作曲时，在我的思想中总有一幅画，并且按照着这幅画去工作。"作曲家把他心目中可见的"画"用音乐语言再现出来后，当人们欣赏它时，在头脑里就可能相应地产生各种各样的形象，感受到音乐中的某种"画面性"。如冼星海的《黄河大合唱》的第一乐章《黄河船夫曲》中，音乐伴奏部分模拟了江河翻滚咆哮的音响，使人直接联想到黄河惊涛骇浪的图景。音乐还可以把与视觉形象、听觉形象都无关的抽象内容塑造成形象。如贝多芬的《第五交响曲》中的"命运"的形象就属于此。贝多芬在乐曲中用"敲门声"来刻画"命运"这个"形象"。"敲门声"是可以听见的，有"敲门声"，就一定有敲门的"人"。这个敲门"人"的形象，自然就成了"命运"的化身。从"敲门声"的不祥、具有威胁性我们立刻可以感觉到"来者不善"，由此，我们想到一个凶恶、残酷的敲门"人"的形象。我们会终于明白：噢，这就是"命运"！"命运"的形象就这样在听者的意识中形成了。这样，就使无形的"命运"不但成了可以听见的声音（音乐的语言），而且也似乎变成可以看见的东西了（通过声音的联想）。

2．感染性　美不是直接诉诸人的理智，而是诉诸人的情感，以情感人、以情励人、以情悦人，这就使美获得了感染性。美的感染性是从内容与形式的统一中体现出来的。

美的感染性，主要来自它的内容，即其通过感性形式所显示的人的本质力量、所显示的人凭着自己的本质力量创造的生活。现实中的美，不论是自然界的，还是人类社会的，都是人的本质力量的对象化；艺术美是现实美的集中形态，更充分更典型地反映了现实中的美。人们在欣赏这些"美"的时候，便欣赏了自身的本质力量，于是就产生赏心悦目的情感。比如，每一个热爱祖国的中国人，每当看到迎风招展的五星红旗时，便自然而然地会产生一种蓬勃向上的情绪和作为一个中国人的自豪。因为我们的五星红旗是成千上万的先烈用鲜血和生命换来的，它象征着自由、解放，标志着我们国家的尊严和民族的团结。如果没有这些内容，我们的五星红旗就不会有那么强烈的感染力。

美的感染性，同时来自它的感性形式。美的内容是通过具体的感性形式表现出来的，离开了具体的形式，美的内容也就失去了从感情上打动人、感染人的力量。因此，美的感染性，既来自通过感性形式显示出来的人的本质力量，又来自显示了人的本质力量的感性形式。五星红旗因其所蕴含的内容使之具有强烈的感人力量，但是若没有形式上的色彩美、图案美，其感染性就会丧失殆尽。

所以，美是一个整体，它的内容和形式是相互依存、相互统一的，美的感染性就存在于这种统一之中。

3．客观社会性　美是包含或体现社会生活的本质、规律，能够引起人们特定情感反映的具体形象（包括社会形象、自然形象和艺术形象）。美不是事物的某种与人无关的自然属性，也不是意识、精神的虚幻投影，而是事物的一种客观的社会价值或社会属性，所以，美具有客观社会性。美的所谓客观性，就是指美是客观对象所具有的不依存于我们主观意识的社会属性。正如列宁在论证社会存在的客观性时所说："所谓客观的，并不是指有意识的生物的社会（即人的社会）能够不依赖于有意识的生物的存在而存在和发展……而是指社会存在不依赖于人们的社会意识。"所以，美是客观的存在，是社会的存在，美的客观性与社会性是统一的。正如马克思所说："社会的进步，就是人类对美的追求的结晶。"

美的客观社会性首先表现在它对于社会生活的依赖上。美来源于人类的社会实践，是一种社会现象。只有随着人类实践活动的发展，以及人的本质力量的丰富性在对象世界中的不断展开，美才能不断地丰富发展起来。美虽然可以离开某个或某些具体的欣赏者的感受而独立存在，但美不能离开社会实践的主体——人，不能离开人类社会。美只能对人而言，只能为人而存在。

美的客观社会性还表现在它的社会功利性上。人类之所以需要美、追求美，就因为它对自身有用。这种功利性往往是隐蔽的、曲折的、不为审美主体所察觉的。美的功利性不只是表现在经济适用性，更重要的还表现在精神享受上。一件衣服，虽然首先要考虑它的使用价值，但人们之所以讲究色彩、式样，其重要原因就是要使人在精神上得到愉悦和满足。尤其是各种各样的艺术作品，更要考虑到人们的精神需要。徐悲鸿画的马、齐白石画的虾，都是给人观赏的，并不是说马可以拿来骑、虾可以拿来吃。但是，也绝不意味着美与经济适用可以完全脱离，它们之间有非常密切的关系。从历史上看，人们首先注重的是物的使用价值，然后才是审美价值。

4. 新颖性 美的新颖性，突出表现在美是创新的产物。因为美来源于人类自由自觉的实践活动，是人的本质力量的感性显现，而人类自由自觉的活动总带有一定的创造性，也只有创造性的实践活动的过程及结果才是美的。这在社会美和艺术美中表现得十分突出。人的社会生活，总是在新与旧、正确与错误、革命与反动的斗争中不断向前发展的，它有一个除旧布新、推陈出新的辩证过程。一切旧的、错误的、反动的东西，不论怎样气势汹汹、其貌堂堂，但由于违背了社会发展的规律，便没有什么美可言，终将被人唾弃、被历史淘汰。只有那些新的、正确的、进步的、革命的事物，因其符合历史发展规律、富于创新性，才能成为人们所欣赏的美的东西。任何一部艺术作品的审美价值，不是表现在内容上有所创造，就是表现在形式上有所革新。就内容来说，真正美的艺术品，必须以艺术家独具的慧眼表达出他对丰富的社会生活的真切体验，传达出时代的声音和人民的感情。就形式而言，真正美的艺术品，其形式必须经过千锤百炼，比前人有所突破，绝不能套用别人的手法与技巧。否则，抄袭别人、模仿别人，便成为丑。齐白石接受文人画的传统，又不囿于此，敢于在文人画传统基础上创新。但是他没有亦步亦趋地追随他崇拜的前人，在艺术风格样式上，向前人学习，但敢于独创，另辟蹊径。他有句名言："学我者生，似我者死。"他认为应该虚心向有成就的前人学习，但假如艺术创作酷似前人，他的艺术就会失去活力，这点体现了美的新颖性。

二、美感与审美标准

（一）美感

美感，就是我们一般所指的审美感受。审美感受是人们在感受美、鉴赏美、创作美的活动中发生的一种特殊的心理现象，主要指通过审美主体与审美客体发生联系时，使审美主体在感情上产生强烈反应，在理智上获得启示，最终在精神上得到愉悦和享受。

1. 美感与快感的关系

（1）美感与快感的联系：一般来说，快感只是物质作用在生理感官上所引起的舒适、快乐，是纯生理方面的（所以又称为生理快感）。如：听到悦耳的各种声音，会感到舒适；看到鲜艳的色彩，会感到悦目；吃到香甜的东西，会觉得可口等等。而美感则是包含着生理快感的心理愉悦感，是生理快感与心理愉悦感的有机统一。这就是说，美感也包含着生理感受上的快感，快感是美感的初级阶段，是美感的生理基础。因为，美感首先是因视觉神经、听觉神经等受到适度的刺激而引起相关神经部位的兴奋，这就是生理快感，然后在此基础上，参与进想象等，才获得美感。如果客观事物的外在形式因素如色、声等对人视、听觉刺激太小，人则感觉不到，就不会有美感发生；如果刺激太强，人无法接受，美感也同样不会发生。所以说，美感是在快感的基础上发生的，没有快感，就没有美感。但美感是快感的升华，比快感更高级。它是审美主体被客观对象所激起的精神愉悦感，这种情感能使人的心灵更高尚，境界更纯洁、更宽广和更丰富。

（2）美感与快感的主要区别

1）快感是感性认识，而美感却是感性认识与理性认识的统一。动物与人都有快感，但动物却没有美感，美感是人类特有的精神现象。首先，美感中包含对于客观对象内容的感知与思考，而且人的审美经验、思维活动都自觉不自觉地参与其中。其次，美感的获得需要想象的参与，在想象中才能实现美感的理性认识与情感体验的统一。岑参的诗句"忽如一夜春风来，千树万树梨花开"中，诗人在对雪花、梨花的感知、经验等的基础上，利用想象，将积在树上的皑皑白雪喻为梨花，于是凛冽的寒意没有了，人们面前仿佛展现了一个银白色的繁花世界，产生一种洁美的感受。我们再结合当时诗人身处边塞、朋友被召回京这一情景，会深切地感受到诗人那种"心花怒放"的喜悦之情。再次，美感中带有浓厚的感情色彩，经常表现为所谓"情景交融"的现象。唐朝诗人崔护写下"人面不知何处去，桃花依旧笑春风"的诗句，就是他故地重游，有感于"去年今日此门中，人面桃花相映红"的往事，而情不自禁地发出的感慨。往事历历在目，如今桃花依旧，而佳人在哪里？面对此情此景，他只用一个"笑"字，就十分自然地给桃花赋予了人的思想和性格，使之带有浓厚的感情色彩。而这种情绝不是仅仅由桃花的颜色等感性的东西所激起的快感。快感一般不伴随有想象，尤其是不伴随有浓厚感情色彩的想象。

2）快感使生理的需要得到满足后，其原有的生理需要强度随之下降；而对于美感，低层次的需要得到满足后，往往会使人产生更高的精神上的追求。

2. 美感的特点

（1）主观性：美感的主观性，是指美感的个体差异性，即不同的审美主体欣赏同一审美对象时产生不同的美感，甚至同一审美主体在不同时间、不同条件下，对同一审美对象也会产生不同的美感。这种差异性的产生不在于审美对象，而在于审美主体本身，是主观感受的结果。美感产生于审美活动，而审美活动的过程是通过每个审美主体的生理心理结构、当时的心理状态，以独特的方式进行的心理过程。这一方面由于每个人的先天生理、心理结构不同，导致美感上的差异；另一方面是由于每个人的社会实践活动不同所造成的个人文化修养、情趣倾向、情绪心境、审美理想等不同，导致美感的差异。所谓"趣味面前无争辩"就是这个道理。如对于达·芬奇的《蒙娜·丽莎》（图1-1）的欣赏，就是如此。五百年来，人们一直对《蒙娜·丽莎》神秘的微笑莫衷一是。不同的观者或同一观者在不同的时间去看，感受似乎都不同。有时觉得她笑得舒畅温柔，有时又显得严肃，有时像是略含哀伤，有时甚至显出讥嘲和揶揄。人的笑容主要表现在眼角和嘴角上，达·芬奇却偏把这些部位画得若隐若现，没有明确的界线，因此才会有这令人捉摸不定的"神秘的微笑"。"神秘"得使不同的观者或同一观者在不同时间有不同的美感。

但是，美感的主观性并不是说它纯粹是个人意志的产物，可以随意产生。而是相反，美感的主观性是

图1-1 达·芬奇《蒙娜·丽莎》

9

同客观性相结合的主观性，不是绝对的主观性。这个客观性就是客观事物本身的异同与社会实践活动的异同，而起决定作用的则是社会实践活动。相同的客观对象，决定了人们在对这些对象的美感上相似性会大些；不同的客观对象给人产生的美感会是不同的。有不同的社会实践活动，就可能有不同的美感；有相同的社会实践活动，就可能有相同的美感。社会实践活动是有时代性、阶级性、民族性的。因此，作为主观性的美感，实质上是时代性、阶级性和民族性的统一。同一时代、同一阶级、同一民族的人们，美感具有共同性；不同时代、不同阶级、不同民族的人们，美感的差异性大一些。在具体的审美活动中，美感的共同性与差异性，是紧密地联系在一起的，是有机地统一于审美主体的主观心理反映过程中。同中有异，异中有同，我们无法把两者截然分开。因此，美感的主观性就是共同性与差异性的辩证统一。

（2）直觉性：美感的直觉性是指美感的直接性、直观性，即整个审美自始至终都是形象的、具体的，在直接的感受中进行的，而审美主体无须借助抽象的思考，可不假思索地判断审美对象的美与不美。比如，听一支歌曲，还没听清歌词，却早已被悦耳的旋律所陶醉；看一幅书法作品，还没有认识其中几个字，却已经感觉到这幅作品之美。李泽厚对此说得很明白："大家都有这种美感的经验，无论观赏梅花也好，看京剧也好，并不是先通过一大段理智的考虑才来决定：是不是应该欣赏它，是不是应该产生美感；恰恰相反，而是根本没有来得及考虑、推理，而立刻感到对象的美或不美，甚至还一时说不出个道理来。"这种直觉上的美感似乎只有感性认识，只顾及美的形式而没有理性的判断、没有顾及内容。但从实质上看，美感的这种直觉性并不是纯感性的东西，不是只有感性认识就能产生的；恰恰相反，它包含着理性的内容，有理性认识在其中。这是由于人们在长期的审美实践过程中形成了审美经验，审美经验积淀在意识里，逐渐形成了审美习惯甚至条件反射。当人面对与审美经验有类似性的审美对象时，就会发生条件反射，无意识地调动了审美经验，而不假思索便获得美感。这似乎是"直觉"的，但其实是以对于审美对象的已有理解、认识等为基础的，这些理解认识作为审美主体的一种审美前提客观地存在并起着作用，但在具体的审美活动中表现得不是那样直接、明显，而是一闪而过罢了；似乎是纯感性认识，其实已然包括了以前在经验中准备好的理性认识。如同人们在生活中听到熟人的脚步声，便能不假思索地判断出就是某人一样，完全是以长期对熟人走步特点的认识为基础的。因此，美感的直觉性是以感性形式表现出来的感性认识和理性认识的特殊统一，是"人只记得最后的结论，却在其时不计及他接近它和准备它的全部路程"的一种直接理解。这就说明，美感既不是与审美对象无关的纯粹的心灵活动，也不是对审美对象消极反映的结果，它归根到底是审美的主客体两方面互相作用的产物，是感性认识与理性认识的有机统一。

（3）功利性：美感的功利性，是指审美感受总是与满足人们的一些需求联系在一起。美感的功利性与美的功利性是一致的。美具有功利性，人们在欣赏美、获得审美感受、形成审美意识时，必然要打上功利性的烙印。审美感受总是与人们的生活（物质与精神生活）相关联，并满足人们对生活的一些需求，达到"善"的目的。例如，孔子说："《诗》可以兴，可以观，可以群，可以怨。"就是指出了《诗经》给人美感的功利性。美感总是特定主体的美感，特定的主体作为审美者，总是离不开特定的时代、阶级、民族的，他总要受特定的政治、经济、文化、传统、习俗等方面的影响。因此，作为审美者的美感，也不能离开这些影响，总要或多或少、或强或弱、或直接或间接地受到这些功利目的的影响，表现为功利性。

美感的这一特征在原始人的审美活动中表现得非常突出、非常直接。可以说他们的美感是与审美对象的物质实用性紧紧连在一起的,直接受物质实用的功利性的制约。普列汉诺夫描述过这样的事实,以狩猎活动和社会物质生产为基本内容的原始人,只对动物产生美感,对植物不产生美感。他们"从不曾用花来装饰自己,虽然他们住在遍地是花的地方"。又如,著名的西班牙阿尔塔米拉洞穴中的丰富壁画,就都是些动物,诸如赤鹿、山羊、野牛、马等,呈现出或卧或走或奔或跳的姿态,在这些动物形象旁边还画有棍棒、矛、刀、角叉之类的狩猎武器,也还画有好像戴兽头假面具、双手高举、跳跃姿势的人像。又据考证,"美"字本身最早是从"羊大为美"演变来的,这些都表明,原始人欣赏动物,热爱狩猎,对动物和狩猎有强烈的美感的原因,就在于动物狩猎直接关系着他们的生产能否顺利,生活与生命能否得到保障,这些都说明美感是具有十分明显的社会功利性的。

随着人类社会实践的发展,美感在物质意义上的功利性逐渐减弱了。在人们的审美要求中,精神愉悦的内容取得了独立意义,或者有时不直接或根本就不考虑物质的实用性了。这些情况在对自然美的审美活动中表现得更鲜明一些。如游览桂林山水、张家界风光,只是为了欣赏优美神奇的自然景色,获得娱乐、休息和精神愉快,以及获得一些知识;同样,观赏王羲之的书法、徐悲鸿的绘画(图1-2),听阿炳的《二泉映月》等,也绝非想从中谋取什么物质利益。人们审美意识的这一变化,是美感的一大发展。但这一变化,并没有改变美感的功利性特征。人生在追求两个方面的内容:物质、精神,我们可以将这两个方面都归入功利之内,所以,追求精神愉悦也算是追求功利性的一种形式。

(4)愉悦性:美感的愉悦性是指审美活动中,审美主体欣赏审美客体时所产生的愉快、喜悦、舒畅、满足、陶醉等感受,包括悦目、悦耳、悦心,主要是悦心。美感的愉悦性是与美的感染性相联系的。鲁迅说过"一切美术之根本,皆在使观听之人,为之兴感怡悦"。这正是对美感具有愉悦性的准确说明。西汉的文学家刘向说过:"衣服容貌者,所以悦目也;声音应对者,所以悦耳也;嗜欲好恶者,所以悦心也。"抛掉其历史局限性,从中可以看出美感的愉悦性。再如刘鹗在《老残游记》中描绘听众听了王小玉的演唱后出现的情感状况:

图1-2 徐悲鸿《马》

"五脏六腑里,像熨斗熨过,无一处不服帖;三万六千个毛孔,像吃了人参果,无一个毛孔不舒畅。"这种服帖畅快就是指美感的愉悦性。正如车尔尼雪夫斯基说:"美感的主要特征是一种赏心悦目的快感。"

愉悦性,不是脱离思想理智、孤立的纯情感,而是情与理(理智、理性、认识)紧密结合的。情中寓理的情感,是经过理智、理性引导与规范了的情感,是包含着认识的情感。例如,我们欣赏名画《蒙娜·丽莎》时产生的情感反应就是这样的。那带着谜一般神秘微笑的《蒙娜·丽莎》,永远是那样富有魅力,打动人心,她的柔和眼神微微斜视,仿佛很有兴趣地欣赏一个美的东西;她那微微翘起抿着的嘴角,使人感到仿佛要发出动听的笑声,是那样飘忽,那样令人难以捉摸。那是一种无法形容不可名状的微笑。像鄙薄,又像喜悦;像嘲讽,又像希望。她没有华贵的服饰,那袒露的胸部、那双搭在一起的丰腴柔软的手,使这位少妇显得悠然自得,处处显示出健康、华贵、青春、神秘的美。于是我们作为观赏者会产生优美宁静的情感反应。同时，我们已有的达·芬奇与这幅名画的知识以及自己的某些生活经验体会，也随之活动起来，溶于情感之中。如，我们知道，《蒙娜·丽莎》是意大利文艺复兴三杰之一的莱奥纳多·达·芬奇的大手笔，代表了那个时期艺术的最高成就。《蒙娜·丽莎》现存于法国的卢浮宫。据说，法朗西斯一世很重视文化艺术，在入侵意大利时，把达·芬奇邀来法国奉养于宫廷中，对达·芬奇关怀备至，在达·芬奇弥留之际，他亲自怀抱扶持，所以，达·芬奇把自己最重要的四件作品都留给了他。如今成了举世闻名的珍宝，其中尤以《蒙娜·丽莎》最为显赫。1911 年，使观众梦绕魂牵的杰作，忽然不翼而飞，一年之后才寻回。传说是一位在卢浮宫工作的意大利木匠偷去的，大约他觉得达·芬奇是意大利人，画也该给意大利吧。这件事后，《蒙娜·丽莎》更受到了非同寻常的礼遇，被嵌入墙中，外加防护玻璃，终日有武装卫士站岗。这大概是蒙娜·丽莎本人生前所始料未及的吧！这些关于这幅名画的有关知识也参与到情感里头。因此，当我们说到"审美情感"时，就是指包含了"理"的审美情感，包含着认识、理智、理性内容的情感性。

美感为什么具有愉悦性？其本质根源在于审美对象所具有的感染性。由于客观存在的美是人的本质力量的对象化，是人的自由创造力量的对象化。因此，当人观照自己的本质力量时，就被感染，内心产生愉悦之情。因为审美客体肯定了人的本质力量，确证了人的本质力量的威力，因此人从中观照到自己的本质力量的胜利，就产生愉悦之感。这就好像一位木匠，发挥他的聪明才智，按照预先的设计，制造一张漂亮的桌子，这桌子便成了他的创造性的体现，成了他的本质力量对象化的具体对象。当他再观赏这张桌子时，实际上就是确证他的本领，确证他的创造性，从而肯定了他自己的本质力量，他当然就喜笑颜开地沉浸在精神愉悦之中。

（二）审美标准

审美标准，是指人们在审美评价中用以衡量和评估审美对象审美价值的尺度。审美标准具有主观性、相对性。每个人所具有的生理心理条件不一、社会实践活动造成的审美修养不一，在审美上各人形成各人的审美趣味。西方社会流传的"趣味面前无争辩"和我国庄子"彼亦一是非，此亦一是非"，就是强调了审美评价的主观性、相对性。比如，明朝宋濂的《燕书》里有一个"以丑为妍"的故事。有一个人叫子蜲，娶了一个丑陋的妻子，瞎了左眼，脸上的瘢痕像丛集的珠子，皮肤漆黑，人又瘦弱。当地的人都不愿斜眼看她一眼。而子蜲非常喜欢、宠爱她，还给她取了个美名"玄姬"。子蜲即使是短期出门，回来后必定要注目细看她的脸，觉得她没有一个地方不漂亮，反而嗤笑世界上别的女人多长了一只眼睛。子蜲的朋友们非常可怜子蜲，认为他不幸，给他送来了一个长得像玉石一般洁白而光彩照人的赵氏女子，所有的美人都比不上。但子蜲一见后，就把这个赵氏美女赶了出去，还骂道："这是何等的丑八怪，竟敢和我的玄姬相比呀？"由此看出，审美标准的主观性有时是非常突出的。

审美标准也具有客观性、绝对性。审美趣味无论怎样千差万别，终究是可以"争辩"的，终究是有客观标准的。正如普列汉诺夫所说："人们对美的概念在历史发展过程中无疑地在变化着。但是，如果没有绝对的美的标准，如果所有美的标准都是相对的，这也并不等于说我们没有任何客观的可能性来判断某一艺术构思表现得好不好。"他接着指出："描绘同构思愈相符合，或者用更普通的话说，艺术作品的形式同它的思想愈符合，那么这种描绘就愈成功。这也就是客观的标准。"这里，普列汉诺夫强调了审美标准的相对性，也承认在审美标准的相对性中包含着绝对性。

审美标准作为主观性、相对性同客观性、绝对性的统一，实质上体现着审美主体从审美对象中所看出的人的本质力量的程度。因为审美对象中含有人的本质力量，所有审美就有了客观、绝对的评价标准；又因为每个审美者自身条件不一，对于对象化了的人的本质力量会有不同层次的观感，致使审美评价有了主观性、相对性。即审美主体从审美对象中见出的人的本质力量深浅、多少决定了人对审美对象美丑的评价。从审美对象（形式）中见出的本质力量深刻、丰富，人就把这一对象评价为美；见出的本质力量较浅、较少，人就把这一对象评价为较美；见不出人的本质力量，人就认为这个对象不美；如果对象的本质与人的本质力量相悖离、抵触等，人就认为这个对象丑。而人的本质力量是人在实践活动中所发挥出来的自由创造之力，它体现为实践活动的合规律性与合目的性。因此，合规律（真）是一条审美的绝对标准，合目的（善）也是一条审美的绝对标准。从另一方面说，审美对象的外在形式能否充分地显现人的本质力量，决定着人对审美对象美丑的评价。如果审美对象的形式充分地显现了人的本质力量，人就认为这个对象是美的；如果对象不能充分或干脆不显现人的本质力量，人就认为这个对象不太美或不美或丑。比如工艺品，越是材料高贵、工艺精湛、技术要求高的，就越能显现出人的本质力量，如果作为审美对象，它就越美。

审美标准的主观、相对性决定了人们在这一问题上的差异性，审美标准的客观、绝对性决定了人们在这一问题上的共同性。因此，审美标准在差异性中包含着共同性，共同性又体现在差异性中。审美标准是共同性与差异性的辩证统一。差异性与共同性又表现为时代性、阶级性、民族性、个体性。总之，审美的客观标准既体现为差异性与共同性的辩证统一，又被具体的时代、阶级、民族、个体的社会实践的具体历史内容所规定、制约着。

1. 审美标准的共同性

（1）时代的共同性：不同时代的审美标准存在着共同性。如万里长城、桂林山水，曾经吸引了古今中外的无数游客；李白、杜甫的诗歌，千百年来被人们广为传颂，脍炙人口；古希腊的"维纳斯"（图1-3）、"掷铁饼者"（图1-4）等雕塑的艺术魅力，历经千年，经久不衰。由此可见，美的感染力可以突破时空、超越时代。

图1-3　维纳斯

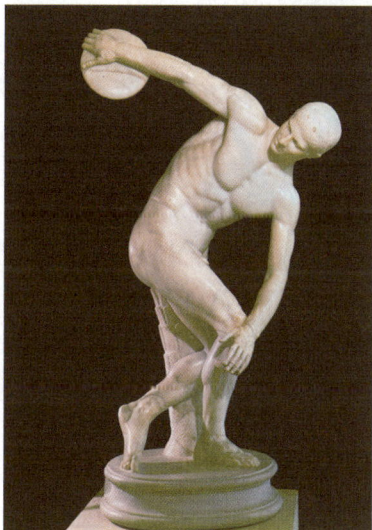

图1-4　掷铁饼者

（2）民族的共同性：不同民族的审美差异性是显而易见的。但由于各民族之间的经济、文化交往以及科学、艺术的相互渗透和交流，在审美标准上，也存在着共同性。不同民族的

13

艺术品，往往会受其他民族的喜爱和赞赏。虽然芭蕾舞诞生于欧洲，经过几个世纪的艺术家共同努力，不仅受到欧洲人的喜爱，而今已在世界范围内得到普及，受到世界各国人民的赞美和喜爱；我国的书法、相声、戏曲等艺术，是独具特色的民族瑰宝，也受到外国朋友的青睐。新中国成立初期，由我国音乐学院的毕业生陈刚、何占豪创作的小提琴协奏曲"梁山伯与祝英台"，是中西合璧的典范，乐曲采用西洋乐器——小提琴，描述了一个在中国家喻户晓、凄凉、哀婉的爱情故事，在演奏方法上也有所创新、别具一格。她不仅受到我国人民的喜爱，在国际乐坛上也享有盛誉，被称为"蝴蝶的爱情"，其影响力已远远超出了民族和国界。

（3）阶级的共同性：不同的阶级之间也存在着共同美感。古诗说："每逢佳节倍思亲"，远在异国他乡，不论是哪一个阶级的人，在节日的时候，总会思念自己的亲人、思念自己的故乡。唐诗中"举头望明月，低头思故乡"的诗句，在中秋节里，特别能引起人们的共鸣；自然界的山水花鸟、名胜古迹、日月星辰的美，也为不同阶段的人所共识。唐代诗人李白"日照香炉生紫烟，遥看瀑布挂前川。飞流直下三千尺，疑是银河落九天"的优美诗篇，使秀丽的庐山闻名遐迩，以致不少中外游客纷至沓来，亲眼目睹庐山的秀丽风光。不同阶级的游人，都能对李白的诗引起共鸣，都赞美庐山的风景。这说明在不同阶级之间，也存在着共同的美感。在法国大革命时期，著名的"马赛曲"曾引起资产阶级、无产阶级和城市平民的共鸣，成为反对封建主义的进行曲，并对历次欧洲革命产生过巨大影响，很显然，这些不同的阶级都认为"马赛曲"是美的。"马赛曲"也因此被誉为法国的"第二国歌"。

（4）个体的共同性：不同的欣赏者之间，也存在着共同美感。车尔尼雪夫斯基说："单是有教养者所喜爱，而普通人却认为不好的风景是没有的。"观赏泰山日出、黄山奇观，谁不为之惊叹叫绝；观赏巴黎埃菲尔铁塔、卢浮宫的精美艺术品，谁不为之心驰神往。显然，审美感受的共同性，是普遍存在的。它是由审美标准的客观性和美的本质特征所决定的。真正美的事物，是能激起人们的共同美感并得到社会公认的。

2. 审美标准的差异性

（1）时代的差异性：不同时代的社会实践，决定了不同时代的审美标准具有差异性。历史上曾经出现过很多次文化艺术的高峰。如古希腊的雕塑、荷马的史诗、唐诗宋词、明清小说等，以上所有不同时代的艺术品，都在不同程度上带有那个时代的鲜明特征。我国汉代对女人的评判标准是"以瘦为美"，以身轻如燕、能跳"掌上舞"的赵飞燕作为美的典范，而唐代对女人的评价标准却是"以胖为美"，把"温泉水滑洗凝脂"的杨玉环作为美的楷模。所谓"燕瘦环肥"，就反映了审美趣味和审美标准的时代变迁。时代的差异性显而易见。

（2）民族的差异性：由于不同民族所处的疆域不同，并有不同的生活习惯、文化传统和民族风俗等，在审美标准上存在着明显的差异性。生活在缅甸巴洞地区的原始部落人认为脖子越长越好看，那里的妇女从小就用金属环或竹环套在脖子上，以后逐步增加，使脖子不断被拉长。有的妇女竟在脖子上套了几十个环，使脖子被拉长到30多厘米，以致这个民族的妇女成为世界上脖子最长的人，而进入了吉尼斯大全。而马可洛洛部落的妇女表示美的装饰，则是在自己的嘴唇上钻一个孔，穿上一个叫"呸来来"的大环。生活在北极附近的因纽特人，则认为鼻子越小的人越美，在男女青年表示爱慕之情时，不是接吻，而是相互摩擦鼻子。这样看来，因纽特人对鼻子是情有独钟的。傣族人民最隆重的节日是泼水节，在泼水节，他们向对方身上尽情地泼水，不是发泄怨满，而是表示祝福和爱慕。印度人表示赞成或否定的风俗与一般人不同，他们是点头不算，摇头算，即点头表示不赞成，摇头却表示同意。由此可见，不同民族的审美差异是普遍存在的。它主要受社会生产力发展状况以及经济、文化发展程度的影响，并不是由什么神秘力量决定的。

（3）阶级的差异性：不同阶级的人，具有不同的阶级感情和阶级利益，在审美标准上存在着明显的差异性。鲁迅先生说："煤油大王哪会知道北京捡煤渣老婆子身受的酸辛。饥区的灾民，大约总不去种兰花，像阔人的老太爷一样，贾府上的焦大，也不爱林妹妹的"。这段话深刻地揭示了不同阶级的审美差异。对历代被压迫阶级的起义，无产阶级认为是可歌可泣的壮举，而剥削阶级却认为是大逆不道，视若洪水猛兽。西藏的农奴主，甚至用少女头盖骨做成镶金边的碗，用人皮制成鼓，认为这是美。而实际上却是惨无人道的丑与恶！

（4）个体的差异性：由于每个人的知识、修养、经历、生理、心理状况等不同，反映在审美标准上，必然存在着明显的个体差异性。例如：有人爱好挥毫泼墨，有人中意临江独钓，有人欣赏音乐，有人酷爱舞蹈，有人喜爱登山，有人入迷于戏剧。所谓"有一千个读者，就有一千个哈姆雷特"，就形象地说明不同欣赏者的不同感受。同是赏菊，陶渊明的"采菊东篱下，悠然见南山"表达了田园牧歌式的审美感受，而李清照"莫道不消魂，帘卷西风，人比黄花瘦"的诗句，则表露了忧愁、凄凉的感情；对梅花的感受，既有"零落成泥碾作尘，只有香如故"，又有"待到山花烂漫时，它在丛中笑"。两种不同的审美情趣跃然纸上。审美标准的差异性是普遍存在的，在不同的审美标准之间，还存在着格调高低、健康与病态、进步与落后的天壤之别。我们应培养健康向上的审美情趣，选择欣赏高雅的艺术作品，特别是青年学生，在掌握审美标准中，应坚持真善美相统一的观点，不要盲目追求时髦，模仿低级、庸俗的打扮，甚至良莠不分，以丑为美。

总之，审美标准的共同性和差异性是辩证统一的有机整体。在审美评价中坚持真善美相结合的审美标准，是十分重要的，也是我们进行美育的根本目的。

本章小结

本章内容为绪论，主要介绍美育的相关概况。第一部分为美学概况和美育概况，介绍了美和美育的基本知识；第二部分为美与审美，讲述了美的本质与特征和美感与审美标准。

（刘立祯）

思考题

1. 什么是美学？
2. 美的特征包括哪些？
3. 美感的特点有哪些？
4. 什么是审美标准？

第二章 美学基础理论

1. 掌握形式美的组合规律、美的种类。
2. 熟悉现实美与艺术美的欣赏。
3. 了解中国与西方传统美学范畴。

审美的历史长河中，人们不断积累审美经验，研究审美知识，进而形成美学理论。在历史上很长的时期里，由于中国与西方世界生存地域的相对隔绝，使得中国与西方形成了各自的传统美学理论。美学理论一旦形成，就反过来又指导着人们的审美实践，因此，我们为进一步开展审美活动，必须要学好美学基础理论。

第一节 形 式 美

形式美是指事物外在的形式因素及其组合关系所显示出来的美。它具有相对独立性，即相对独立于内容之外而具有审美意义。因为这种形式本身既体现着客观规律，又符合人的需要，人们不但在实践中不断地发现它、肯定它，而且还在实践中自觉地运用它，因此，它本身就直接或间接地体现着人的本质力量，人们接触这些形式就能引起美感，而无须考虑这些形式所表现的内容。

一、形式因素

（一）色

马克思说过："色彩的感觉是美感中最大众化的形式。"

色彩具有表情性，能够向我们传达出一定的感情意味，传达出引动人情感反映的信息，形成色彩美。色彩的表情功能，是它的审美特性的本质所在。

1. 色彩的表情性，首先来自人们的联想 联想使得色彩具有兴奋与沉静、冷与暖、前进与后退、活泼与忧郁、华丽与朴素等意味。如红、橙、黄色常使人很自然地想到太阳、火焰，给人以温暖的感觉，属于暖色，也因而带有热烈、兴奋的情绪；蓝、紫、绿色常使人联想到蓝天、海洋、冰雪，给人以寒冷、寂寞的感觉，属于冷色，也因而带有平和宁静的情绪。

2. 色彩的表情性，也来自于人们的错觉 错觉使得人们对色彩具有轻重、宽窄、远近、大小、厚薄、虚实的感觉。一般说来，绿色、蓝色使人感觉轻，黑色、红色、橙色使人感觉重。同一种颜色，浅色的使人感觉轻、深色的使人感觉重。同样面积的红色、蓝色、白色并列在一起，蓝色看上去要宽些，红色看上去要窄些，白色介于两者之间。如法国的国旗是由红、蓝、白三色组成，本来三色的宽窄一样，但制成后，总使人感到蓝色太宽，后来他们将红色的面积放宽，而把蓝色做得窄一些，红白蓝三色面积的比例是 37：33：30。这样，看上去就觉得匀称了。一般地说，淡颜色使人感到远、虚、薄，而深颜色使人感到近、实、厚。

3. 色彩的表情性，还来自于人们的"通感" 色彩本是视觉的感受对象，但由于人的各种感觉器官有某种内在联系，便造成"通感"现象，即色彩对听觉、味觉等产生影响。如我国古人宋祁的词句"红杏枝头春意闹"里，"闹"本是用于听觉的词，"红杏"是视觉的对象，而红杏怎么能给人以热烈、吵闹的感觉呢？这除了暗示蜂蝶的忙碌以示春光中生机勃勃、热闹非凡以外，也还由红杏开得繁盛想到熙熙攘攘的热闹街市，以致似有声音的感觉了。再比如，在一定条件的配合下，色彩对味觉会产生影响。如柠檬黄能使人产生酸的感觉、粉红色能使人产生甜的感觉。因此，有些饭店往往刷上黄、橙、粉红色，以刺激顾客的胃口。

课外阅读

颜色与情绪

据研究颜色和人类情绪关系的专家考证，房间布置时能选择适合的"快乐"色彩，会有助于回到家里后松弛紧张的神经，觉得放松舒适。可不同的房间功用不同，颜色也不该一样；就是相同功能的房间，如同样是客厅、卧室，有时也会因居住者秉性不同而有差异。

客厅：浅玫瑰红或浅紫红色调，再加上少许土耳其玉蓝的点缀是最"快乐"的客厅颜色，会让人进入客厅就感到温和舒服。

餐厅：以接近土地的颜色，如棕、棕黄或杏色，以及浅珊瑚红接近肉色为最适合，灰、芥末黄、紫或青绿色常会叫人倒胃口，应该避免。如果你正是节食减肥，可把餐厅布置成使人产生凉爽感的蓝色、绿色或灰色，你还会感受到食物的美味，但使胃口却"变小"。

厨房：鲜艳的黄、红、蓝及绿色都是快乐的厨房颜色，而厨房的颜色越多，家庭主人便会觉得时间越容易打发。乳白色的厨房看上去清洁卫生，但是别让带绿的黄色出现。

卧室：浅绿色或浅桃红色会使人产生春天的温暖感觉，适用于较寒冷的环境。浅蓝色则令人联想到海洋，使人镇静，身心舒畅。

卫生间：浅粉红色或近似肉色令你放松，觉得愉快。但应注意不要选择绿色，以避免从墙上反射的光线，会使人照镜子时觉得自己面如菜色而心情不愉快。

书房或电视室：棕色、金色、紫绛色或天然木本色，都会给人温和舒服的感觉，加上少许绿色点缀，会觉得更放松。虽然，居室颜色对人的情绪影响也是相对的，具体运用中还应结合家庭成员个人习惯而不必强求一律。

（二）形

点、线、面、体不同的组合便构成不同事物的形体，而不同的形体对人的心理产生不同的影响，也就是不同的点、线、面、体表达了不同的"情"。

线的美是一切造型美的基础。线可以分为直线、曲线、折线。它们的审美特性各不相同:①直线表示刚强、挺拔、稳定、有生气、有力量,常用来象征男人的性格。在直线中,粗直线有厚重、强壮之感;细直线有明快、敏锐之感;水平线给人以平静、安稳、庄重之感,如法国米莱的《牧羊女》(图2-1)中,草地远处的地平线横亘过画面,使人感到草地的辽阔与寂静;垂直线有正直、倔强、上升之感,也有无限性、狂喜、激情、崇高的象征;斜线给人一种紧张、兴奋、动势和即将倾倒之感,如明朝戴进的《风雨归舟图》(图2-2),以60°倾斜的线条描绘雨幕,使画面充满动荡感。②曲线一般表示优美、柔和、轻盈、优雅、流畅,常用来象征女人的性格。几何曲线有理智的明快之感,抛物线有流动的速度之感,双曲线有对称的流动之感,自由曲线有奔放和丰富之感。③折线,是直线的转折,兼有直线和斜线的性质,由于它一般表现为运动过程中的起伏、升降、进退和倾斜,所以往往给人一种动态感、方向感、灵巧感。如我国现代画家、美术教育家吕凤子在《中国画法研究》中说"凡属表示愉快感情的线条……总是一往顺利,不作顿挫,转折也是不露圭角的。凡属表示不愉快感情的线条就一往停顿,呈现一种艰涩状态,停顿过甚的就显示焦灼和忧郁感"。这里对线的抒情性说得非常明确。

图2-1 《牧羊女》

图2-2 《风雨归舟图》

不同的线的组合,又有不同的审美特性:垂直线给人以稳定感、均衡感,代表庄重、严肃;水平线代表安静、肃穆;倾斜线带有兴奋、迅速、骚乱、不稳定的意味,显示出明显的生命感和运动感等。比如在绘画中,不同的构图形式传达出不同的情调,给读者以不同的体验和联想。一般说来,画面贯穿着水平线的构图,传达出一种和平宁静的气氛;若是画面由倾斜的线条构成,则表现出激烈运动的不稳定的感觉;金字塔形的布局创造了一种稳定性和安全感,许多宗教题材的绘画作品多选用这样的构图;锯齿状构图画面充满了尖锐的气氛,给人们一种艰难痛苦的印象;而V字形的构图则营造了一种向上期盼和运动的效果,使画面充溢着某种希望等。

绘画艺术表现平静的水面或描绘地平线多用横线,如法国米莱的《牧羊女》中,草地远处的地平线横亘过画面,使人感到草地的辽阔与寂静。直线在绘画中多用于描绘树木或建筑。中国绘画画竹,高标挺拔,直拂云霄,坚韧不屈,让人感受到直线充满生气和力量的美。中国汉字书法是典型的线的艺术,字的刚柔、动静、轻重、粗细等不同程度地体现着横线、直线、斜线、曲线的综合。其丰富的点画线条和复杂的形体结构可以产生无穷无尽的变化,表达各种各样的感情色彩,正如鲁迅先生所言,中国文字具有"形美以感目"的效果。

不同的面、体也有不同的审美特性:①圆形或由圆形演化而来的图形,给人的感觉是柔软、温和、充实、富有弹性,因而是一种柔性美。②方形或由方形演化而来的图形,一般给人以方正、平实、刚强、安稳的感觉,因而是一种刚性美。圆形美和方形美交错使用,可收到刚柔相济、相得益彰之妙。③三角形的各种变态,对于人的心理往往产生不同的感应:正立三角形有稳定感、倒立三角形有倾危感、斜三角线造成运动感或方向感等。

(三)声

声音的主要构成因素有节奏与旋律。节奏是指交互起来的音的长短、强弱合乎一定规律的形式。它是音乐的骨架。旋律,又称曲调,是指高低不同的一群音的有组织的连续,组成音的线条。音乐的内容、体裁、风格、民族特征等,都是从旋律中表现出来的,因此,旋律是音乐的灵魂。

由于声音的高低、强弱、快慢、节奏对人的生理、心理产生不同的影响,所以声音也就有了不同的审美特性,即表情功能。比如"乐音""噪声"的得名,就在于其给人的不同感受。几个不同音位的音复合而成新的音,就是复合音。和谐的复合音能给人以欢快、丰富、安宁、喜悦的感受,不和谐的复合音则给人以骚动不安、引起警觉、惊惧的感受。低音显示深沉凝重,高音显示激昂高亢;弱音显示柔和亲切,强音显示力量振奋;短促音显示为急骤,慢音显示为舒缓。节奏方面,短音与短音的结合,给人以兴奋、热烈的听觉效果;长音与短音的结合,给人以平和愉快的听觉效果;长音和长音的结合,给人以威严、肃穆的听觉效果。

近代实验美学家应用各种仪器测验证明,声音不仅影响人的神经,而且对于血液循环、脉搏跳动、呼吸活动等都有一定的影响作用。不同频率、幅度和声波的声音及其延续变化,可以引起人昂扬、低沉、热烈、轻松、悲哀、欢乐、恐惧、愉悦、宁静、呜咽等各种情绪反应。因此,声音在再现客观世界的真实画面方面,不如色与形,但在表现主体的内心情感和情绪方面,却有着色、形所不及的优越性。因此,自然中一个本无意义的声音,却能勾起人无限的情思。"猿鸣三声泪沾裳""杜鹃啼血"即属于此。

以声音为自然媒介的音乐艺术,是一种表现和激发感情的艺术。音乐在再现客观世界的真实画面方面,不如语言艺术、造型艺术等,但在表现主体的内心情感和情绪方面,却有着其他艺术门类所不及的优越性。

二、形式规律

(一)整齐

又叫齐一律,是最简单的形式美的构成规律。其特点是同一形式因素的一致和重复。包括单一、秩序、节奏三个方面。

单一是形式因素的完全一致或以相同方式的排列。皑皑白雪覆盖原野,到处银装素裹,是颜色的单一;公路两旁的护道树,是形状的单一;战士们行进中的步伐声,是声音的单一。秩序是指许多形式因素共存着,但却井然有序。自然界中,生态平衡是一种秩序;人类社会中,小到家庭的和睦、大到世界的和平,都是由大大小小的秩序所使然的。节奏是事物有规律的运动所造成的变化的规律性重复。节奏具有相似性、间隔性、重复性的特点。它是形式因素依渐变、交错、起伏的韵律,在统一的整体中出现不同的变化。单一也是一种简单的节奏。自然界中,四季周而复始、日月交替等都是节奏;社会中,每一朝代由上升到衰败、每一个阶级由新兴到没落等,都是节奏。艺术中,音乐中的节奏是表现最突出的等。

整齐给人的美感是庄重、典雅,但一味追求整齐反而流于死板、单调。如我国书法理论中谈到:"若平直相似,状如算子,上下方整,前后齐平,此不是书。"

(二)变化

变化就是在特定的形式因素中突出不同形式因素的差异性,使形式错落有致,富于活力。如线型的曲直、粗细、长短、虚实的变化,形状大小的变化,线型方向的变化,色彩明度、色相、纯度、色性的变化,材质光亮的变化,造型元素的简繁、疏密、虚实等方面的变化。

英国艺术理论家荷迦兹说:"变化在美的创造中具有重要意义。自然界中各种植物、花卉、蝴蝶翅膀、贝壳等的形状和色彩,都因其变化而悦人眼目,引起美感。人的全部感觉都喜欢变化,讨厌单调,因此艺术美的创造应把变化作为规则,如递增或递减就是一种变化,就可以产生美。"他还说:这种变化应是一种有组织的变化,因为杂乱无章的和没有意图的变化,本身就是混乱和丑陋。另外,英国经验主义哲学家、美学家柏克也把递增或递减的变化称之为"渐次的变化",认为它可以产生美。如金字塔由它的塔基到塔尖慢慢形成尖顶;还有漩涡形成螺旋形,逐渐缩小到它的中心;圆形、椭圆形边线的运行方向随时在发生变化,但又说不出究竟在哪里变化。这一切都显示了变化之美。曲线就是一种"渐次的变化",可以给人带来美感。正如英国美学家荷迦兹举例说:"以头发本身论,最可爱的是下垂的卷发;许多绺卷发自然地形成了许多波浪和交叉的曲线,使眼睛由于追逐而感到极端高兴,尤其在一阵微风将它们吹动的时候。诗人像画家一样懂得它的美,他们常描写令人眼花缭乱的卷发在风中飘扬。"

变化会带来美,但太多的变化会成为混乱、芜杂。变化的运用应与整齐配合起来,相反相成,把各具独立的差异面的形式因素按照特定规律组合起来,使之既具有整齐美,又具有变化美,既克服整齐的呆板性而显得灵活生动,又避免杂乱之状,给人以审美愉快。

(三)比例

比例是事物本身各部分之间、一事物与它事物之间在度量上的比较关系。合乎一定的常规比例,或者说比例恰当,会使物体的形象具有严整、和谐的美。否则,会成为畸形,畸形在形式上是丑。

怎样的比例才算合适呢?如中国古代算术中的"勾三股四弦五",木工的"周三径一、方五斜七",中国古典绘画中的"丈山、尺树、寸马、分人",人物画中的"立七、坐五、盘三半",中国园林建筑中景高与视距之比为"1:1~1:3"等都是人们在实践中摸索出的合适比例。

另外,在实践中运用较多的就是"黄金分割律"。

黄金分割律是一种数学的比例关系,也叫"外中分割",即将一条线分成两部分,较长一段与较短一段的比等于全线与较长一段的比,或者说较长一段的平方等于全线乘以较短一段。数学家经过运算,得出结论:较长一段与较短一段之比为1.618:1,约为5:8。人们发现理想的人体上下身的比例,也符合黄金分割律。如果以肚脐为割点,下半身与上半身的比,恰好是8:5。人们还发现,有些自然物,叶的分脉、花的分枝、笋的分箨,也都接近黄金分割律的比例。这说明,黄金分割律本是自然界的一种规律。因此,黄金分割在人体绘画、美术、雕塑等方面,都大加运用。如古希腊神话中的太阳神阿波罗的形象、女神维纳斯的塑像,分别代表男女形体美的典型,并完全符合黄金分割律。黄金分割在生产实践中也得到运用。陶瓷器皿的设计、建筑物立面造型的设计、建筑群平面布局的设计、门窗设计及图书、国旗、电视屏幕、照片、邮票等的长宽尺寸,一般都符合黄金分割律。如在绘画中,将一画纸分为九个黄金格，中间一格的四角为四个黄金点，绘画主体位置若在黄金点上或越靠近黄金点，其主体越鲜明，形象越突出（图2-3）。

（四）均衡

两个以上的物体，环绕一个轴心组合在一起，两边平衡，就叫均衡。均衡有2种形式：天平式、杆秤式。

天平式均衡是规则的均衡，也叫对称，这种均衡其轴心两边的重量、吸引力、距离完全相等。对称有静态对称（左右对称、上下对称、前后对称）和动态对称（放射对称）。左右对称是对称的基本形式；上下对称、前后对称是左右对称的移动。放射对称是以经过中心点的直线为中心轴的许多左右前后对称的组合。对称形式历来被人们认为是一种美的形式，就是因为它体现了许多生命体的正常发育状态。人类首先发现了自己的形体是对称的。古希腊美学家曾说："身体美确实在于各部分之间的比例对称。"因此人类在长期的实践中，将对称作为一条形式美的规律加以广泛运用，以创造美。如我国民居四合院就是对称的，我国清代建筑故宫不仅总体对称，而且每一局部、每一独立的建筑物的形式也是对称的。中国传统诗词、对联都采用对称的手法创作。再如许多日用品、许多绘画、许多雕塑都是对称的。

图2-3 任颐《苏武牧羊图》

对称的形式能使人产生稳定、庄重、威严、神圣、秩序之感，所以一些内容本身比较肃穆、需要庄重的事物，如宫殿、庙宇、陵墓、纪念性建筑物、升国旗时的人体及某些实用工艺美术、装饰美术等均需用对称的形式来表现。如埃及金字塔、印度佛塔、毛主席纪念堂、中山陵，达·芬奇《最后的晚餐》（图2-4）、拉斐尔的《圣母子》（图2-5）等。

图2-4 达·芬奇《最后的晚餐》

杆秤式均衡也叫不规则的均衡，指对应双方等量而不等形，对应双方左右、上下在形式上虽不一定对称，但在分量上是均等的。属于静中有动的对称。这种均衡被我国画家潘天寿称之为"得势的均衡"，也有人将此称"代替的对称"，因其隐含着对称的原则。这条规律在实践中也被广泛运用着，而且有人认为它比规则的对称因富于变化而显得更美。古希腊雕塑家坡留克来妥斯的《法则》中谈到，人最优美的站立姿势是应该把全身的重心落在一条腿上，使另一条腿放松，这样为了保持人体重心的稳定，整个身体就自然而然地形成了一个

S形转折。雕塑的造型、绘画的布局、舞蹈的动作、建筑的结构、时装表演等，都非常讲究不规则的均衡。如米罗岛的《维纳斯》（图2-6）、我国南宋马远的《梅石溪凫图》（图2-7）、澳大利亚悉尼歌剧院（图2-8）等，都追求不规则的均衡。

图2-5　拉斐尔《圣母子》

图2-6　米罗岛的《维纳斯》

图2-7　宋朝马远《梅石溪凫图》

图2-8　澳大利亚悉尼歌剧院

（五）和谐

和谐是指事物与事物或事物本身各部分配合协调完美。包括调和与对比。调和是指没有显著差异的形式因素之间的协调统一。它只有量的区别，是一种渐变的协调，不构成强烈的对比。以色彩为例，从蓝到红，中间可以有蓝红、紫、紫红等过渡色；从红到黄，中间可以有黄红、桔红、红黄等过渡色；从黄到蓝，中间可以有绿黄、绿、绿蓝等过渡色。这些过渡色是处于同一色相的颜色，它们之间色差不大，不构成强烈的对比，而呈现出一种渐变的和谐。如古典式建筑配以古色古香的字画后格调成为调和，自然中青山与绿水、飞流与峭壁等的和谐,社会中井然的秩序与良好道德风貌、高尚情操与优美仪表、校园环境与文明言行等的和谐,均属于调和。

对比是指具有显著差异的形式因素之间的对立统一。把明显对立的色、形、声放在一起,收到相反相成的效果。色彩的浓与淡、冷与暖,光线的明与暗,线条的粗与细、曲与直、长与短,体积的大与小,质量的重与轻,位置的高与低、远与近,声音的长与短、强与弱等,若适宜地排列组合,会收到浓淡相宜、明暗有致、修短合度、大小调谐、强弱相济的相反相成的效果。自然界中,蓝天与白云、红花与绿叶是对比;人类社会中,先进与落后、表扬与批评是对比;艺术中的对比,较之自然社会中的对比,更集中、更强烈,可以突破时空局限来展现和谐美,如杜甫诗句"朱门酒肉臭,路有冻死骨",寥寥数字,就把封建社会的贫富差异揭露得淋漓尽致。

调和给人的美感是庄重,赏心悦目;而对比给人的美感是活泼,惊心动魄。两者互相配合运用,会相得益彰。

另外,前面五条规律的综合运用,即多样统一,也是和谐。实际中,前面五条规律单独运用、体现是很少的,而更多的是多样统一,也只有多样和谐统一,才显得绚丽多彩,也才显得更美。

第二节　传统美学范畴

一、西方传统美学范畴

在西方传统美学中,把审美对象按它们的不同状态、面貌和特征分为优美、崇高、悲剧、喜剧等。

(一)优美

优美又称"秀美",是一种柔性的、偏于静态的美。优美的特征是美处于矛盾的相对统一和平衡状态。这个矛盾是指审美主体与审美客体之间的矛盾。在这个矛盾中,人的本质力量与客体的力量达到了和谐的统一状态,客体体现了合规律性与合目的性的统一,客体的形式不能对人造成任何伤害。这时的客体,在人看来,它与人完全处于一种和谐状态、统一状态、平衡状态。其形式上的特征表现为:从色彩上看,明快、华丽等;从形体上看,小巧、细腻、光滑等;从声音上看,委婉、安静等;综合看,柔媚、秀雅、和谐等。这些形式特征中,最为根本的是"和谐"。例如,古希腊人就把和谐概念与美的概念等同,把作为美的具体形态的优美的特征——和谐,看成是美的本质。这个和谐,既有客体自身形式因素之间的和谐,也有客体与主体——人之间的和谐。由于和谐,优美极易被人们所接受、所欣赏,所以它给人的美感是轻松愉悦、赏心悦目、心旷神怡等。

自然界中,优美偏重于自然物自身和谐统一的形式美。如风和日丽、鸟语花香、山清水秀等自然景色,都是优美,都能给人以心旷神怡的审美感受。社会中,优美偏重于内容,是真善美的和谐统一,它集中地表现在社会的主体——人(个人或群体)的动态的行为、思想及静态的产品上。社会清平和谐、国泰民安是优美,家庭和睦相处、长幼有序是优美。艺术对于自然社会中优美的反映,如李白的诗句"燕草如碧丝,秦桑低绿枝",杜甫的诗句"细雨鱼儿出,微风燕子斜";我国舞蹈家刀美兰在舞蹈《水》中塑造了一位西双版纳的傣族妇女的优美形象,表现了傣族姑娘在劳动后的汲水、戏水、沐浴的情景,富有浓郁的生活气息和东方色彩,抒发了舞中人物的喜悦、欢快的感情,所表现的是社会中的优美;达·芬奇的《蒙娜·丽莎》、拉斐尔的《圣母子》的美都是对社会中优美的典型反映。

(二)崇高

崇高的概念与"庄严""伟大""圣洁"的概念有着密切的联系。崇高的特征是美处于主客体的矛盾激化中。在这个矛盾中,客体具有一种压倒一切的强大力量,有一种不可阻遏的强劲的气势,而人的本质力量暂时居于劣势。客体在形式上表现为:从色彩上看,阴暗、单调等;从形态上看,刚健、雄伟、高大、粗糙;从声音上看,震耳欲聋、响彻云霄等;从力量上看,刚强、快速等。这些形式对审美主体——人几乎造成了暂时性的身心上的压抑、伤害,使人心中产生痛感,主客体矛盾便被激化。当人经过矛盾斗争,实现主客体的统一;或者当人认识到自身的本质力量能够战胜对方时,就觉得自己处于安全地带,心中的痛感就会化为快感,获得崇高感。崇高给人以惊心动魄的审美感受,与优美给人的美感截然不同。

自然界中的崇高如浩瀚无垠的海洋,飞流奔泻的瀑布,黑暗幽深的夜空等,它们无不显示无穷无尽的数量与力量,以压倒之势向实践主体——人来挑战。这些自然物之所以被人们当作崇高的对象来欣赏,就是因为在这些凶险的奇伟的自然对象中体现了人类征服自然的伟大的本质力量,表现着人类永恒的生命力和实践主体的巨大力量,让人从中获得崇高感。社会领域的崇高比自然领域的崇高更为丰富。社会生活在本质上是人们改造现实的实践活动,在这一活动中,实践主体——人要付出一定的代价甚至是艰巨的代价,特别是那些体现着推动历史前进的斗争要求的进步力量及其代表人物,他们的付出会造成一定的痛苦,甚至牺牲。斗争越复杂、付出越巨大,越能显示实践主体的本质力量,崇高精神会更放光芒。所以崇高主要体现在人们所进行的不屈不挠的实践斗争中,正是在这个意义上,我们说,社会生活中的崇高是一切崇高的本质和首要内容。艺术领域的崇高既表现在内容上也表现在形式上,是内容和形式的完美统一,这种统一又集中表现在刚健、豪放、雄浑、粗犷、磅礴等崇高的艺术风格上。艺术对于自然中崇高的反映,如诗仙李白经常借大自然雄伟的景象和磅礴气势,抒发豪情壮志,似乎只有奔腾咆哮的万里江河和峥嵘挺拔的山岳才能诉说满腔的情感,才能展示胸中的豪迈气魄。"登高壮观天地间,大江茫茫去不还,黄云万里动秋色,白波九道流雪山。"艺术对于社会中崇高的反映,如电视连续剧《长征》(图2-9),再现了中国无产阶级为了伟大的解放事业,在敌人的围追堵截下,进行了史无前例的二万五千里长征。

图2-9 电视剧《长征》剧照

这一过程及该过程中的革命人物身上所体现出的赴汤蹈火、前仆后继的革命精神,是崇高美的典型化、集中化,无比激动人心、催人奋进。

可见,优美是主客体和谐统一的静态美,是柔性的美;而崇高是主客体在对立、冲突中统一的动态美,它呈现出的是一种庄严、伟岸的美,是刚性的美。从现象上看,优美表现为量小,崇高表现为量大。优美吻合形式美的规律,而崇高打破形式美的规律。优美表现为缓慢、渐进、平稳、柔和的运动状态,它侧重于静态的美;而崇高一般则是表现出快速、剧变、严峻、冲突、不可遏制的运动状态,它侧重于动态的美。

(三)悲剧

在西方美学史上,真正奠定了悲剧理论基础的是古希腊的亚里士多德。他指出:悲剧是人生中严肃的事情,不是悲哀、悲惨、悲痛、悲观或死亡、不幸的同义语。迄今为止,在美学里所探讨的"悲剧"一般是以艺术中的悲剧为主要对象的。

悲剧是崇高美的集中形态。悲剧通过丑对美的暂时的压倒,强烈地展示了美的最终和必然的胜利。所以悲剧美所显示的审美特性必然体现出一种崇高之美,而且是崇高的集中形态。比如被称为悲剧典范之作的古希腊悲剧《被缚的普罗米修斯》,作品所表现的普罗米修斯为正义而甘受酷刑的不屈不挠的精神,展示出一种可歌可泣的悲壮崇高之美。

恩格斯说,悲剧的本质正是由"历史的必然要求和这个要求的实际上不可能实现之间的悲剧性冲突"所决定的。所谓"历史的必然要求",是指那些体现历史发展的客观规律的人的合理要求、理想以及在实践中所体现的人的优秀品质等。"这个要求的实际上不可能实现",是指在一定历史条件下,上述人的合理要求、理想等不能实现。这两方面的矛盾冲突是悲剧的本质所在。鲁迅说:"悲剧将人生有价值的东西毁灭给人看。"这里所说的有价值的东西,是指那些合乎历史必然性的人类的进步要求和美好的品质;这里所说的"毁灭"是指这些有价值的东西,在特定历史条件下所遭受到的挫折、失败和牺牲,在毁灭中表现出正面人物的巨大精神力量。鲁迅对悲剧本质特征所作的概括,与恩格斯所概括的悲剧本质在精神实质是一致的,只是分析的角度略有不同。恩格斯所说的"历史的必然要求和这个要求的实际上不可能实现",是侧重于从历史发展中的矛盾冲突来提示悲剧本质,强调的是悲剧产生的历史条件。鲁迅所讲的"悲剧将人生有价值的东西毁灭给人看",是侧重于说明悲剧所反映的特定对象,即被毁灭的是有价值的东西,并从事件的结局上暗示出悲剧的效果,即有价值的东西遭到毁灭而引起的人们特定感情的反映。

由于悲剧反映了先进的社会力量在严酷实践斗争中的苦难和死亡,美暂时被丑所压倒,因此,悲剧使人产生一种痛苦之感,是痛苦之中的愉快,使人的心灵受到极大的震撼。这就是悲剧中的崇高感。它使我们认识到生活的道路不是一条坦途,而是充满了矛盾、曲折和艰苦的斗争,为了实现伟大的理想,需要付出代价,有时甚至需要付出生命的代价。人们在欣赏悲剧时不仅仅是流泪,同时由于美在受到摧残时,显示出光辉的品质,这又使人在道德感情上受到"陶冶",激起人们对丑恶事物的憎恨,增强人们对美丑的鉴别能力。悲剧必然使人产生痛苦,但革命的悲剧使人化悲痛为力量,使人从先进人物的毁灭中认识到真理,激发人们学习英雄人物在严酷的实践斗争中所表现出来的崇高品质和极大的精神力量,它能唤醒人们,鼓舞斗志,从而使我们受到教育。

(四)喜剧

喜剧是引人发笑的艺术,可笑性是喜剧的重要特征,喜剧使人在笑声中得到美的享受。

马克思曾经指出"历史不断前进,经过许多阶段才把陈旧的生活形式送进坟墓。世界历史形式的最后一个阶段就是喜剧。……为了人类能够愉快地和自己的过去诀别"。因此可以看出,喜剧的本质就是不符合历史发展规律的事物强行追求自己存在的合理性而造成的喜剧性冲突。比如,在新旧事物的矛盾冲突中,起初,新生事物、新生力量总是弱小的,这一阶段,新旧势力交锋的结果是新事物受到挫折,新旧事物矛盾激化而成的巨大历史事变常常以"悲剧"形式出现,但随着历史的发展,新旧力量的对比不断发生变化,旧事物最终要被新生事物取代,新生进步力量最终要战胜腐朽落后的旧势力,而陈旧的事物往往不甘心退出历史舞台,在新生力量占绝对优势的情况下仍然垂死挣扎,这时候的旧势力实际上已是强弩之末,退出历史舞台已是不可逆转的历史必然,但旧势力却仍以强大的假象掩盖其虚弱的本质,在必然灭亡的情况下与新生势力较量,从而使得新旧势力的再次交锋以对旧势力的否定、揭露等讽刺性喜剧形式出现。

喜剧的特征是寓庄于谐。"庄"指喜剧的主题思想体现了深刻的社会内容,艺术家创作喜剧的态度是严肃认真的;"谐"指主题思想的表现形式是诙谐可笑的,喜剧要引发欣赏者的笑声,使人们在笑声中受到启迪、教育和精神享受。总之,寓庄于谐就是指用诙谐可笑的形式表现庄重的内容。在喜剧中,"庄"与"谐"辩证统一于一体。没有反映生活深刻本质的内容和思想,喜剧就失去了灵魂;没有诙谐可笑的形式,喜剧也不能成为具有独特审美效果的真正喜剧。

喜剧艺术使人们在笑声中满足了审美需要,提高了精神境界。笑是一面胜利的旗帜,使我们愉快地与过去诀别、愉快地向未来前进。笑是一种战斗的方式,能够揭露敌人的反动、腐朽、伪善,揭露严重阻碍社会进步的习惯势力及社会生活中的严重缺点和错误。笑是一场生动的教育,起到教育人民、鼓舞人民的作用,增强人们与丑恶现象和错误现象作斗争的力量和勇气,激励人们将丑坚决、彻底、干净地消灭,并激励人们满怀热情地去追求美好事物,创造美好生活。笑又是一种优美健康的品质,喜剧所引发的笑声,能提高人的身心健康。

总之,我们认为,喜剧和悲剧在表现主体与客体矛盾对立这一点上是相同的。但是,它们由于在实践斗争中,主客体所占据的矛盾主导地位的不同,各形成不同的审美特征。如果说悲剧的本质特征是通过丑对美的暂时压倒来揭示美的理想,侧重于对美、对人的本质力量作间接肯定的话,那么,喜剧的特征则在于侧重对丑的直接否定中突出人的本质力量。悲剧是严肃的,喜剧是欢快的;悲剧给人以压力感,喜剧给人以优越感。当一种社会力量刚刚出现时,它属于新生事物,处于上升阶段,这时,它必须在与强大的旧事物——反动统治力量的斗争中求得发展,因而不免流血牺牲,或遭到挫折、失败,这样,它自然处于悲剧的阶段。但随着实践斗争的开展,终究新生事物会战胜丑恶事物,不愿退出历史舞台的丑恶事物会成为新生事物的笑料,转化为喜剧。社会生活中的许多事物,都曾不可避免地经历过从悲剧到喜剧的转化过程。

二、中国传统美学范畴

中国传统美学是指 19 世纪中叶以前的中国美学,它是在中国本土文化和传统的基础上生长起来的,而在此后的近代美学则是上承中国古代文化,又旁纳欧美多重文化的杂糅体。

(一)中和

"中"的最基本的意思是对立的两个因素或两个极端的中间,但并非正中间,而是一个"合适"的位置。

"中"美以儒家中庸思想为哲学基础,突出表现为在处理对举的矛盾范畴如情与理、形与神、虚与实、情与景等时,一方面肯定事物的变化到达一定限度即将转化为反面;另一方面则要求保持一定的限度,避免向反面转化,所谓"叩其两端"而又"允执厥中"。因此"中"美十分重视和强调"不即不离""若即若离"的审美原则,对此可形象生动地概括为"似花还似非花"。"诗家中道"思想是"中"在文艺创作中典型的美学运用。中国古代艺术创作论中存在诸多相互对立的矛盾范畴,如情与理、形与神、虚与实、情与景、动与静、言与意、文与质、曲与直、华与朴、心与物、理与气、心与物等,对这些矛盾范畴,中国美学是按照"尚中"的美学思想来处理的,即做到不偏不倚、不即不离。中国古典美学十分重视和强调"不即不离""若即若离"的审美原则,朱光潜在《文艺心理学》中阐释说:"创造和欣赏的成功与否,就看能否把距离的矛盾安排妥当,距离太远了,结果是不可了解;距离太近了,结果又不免让实用的动机压倒美感,不即不离是艺术的一个最好的理想。"

"和"是"中"的衍生、发展,以先秦尚"和"思想为哲学基础。它是两个或两个以上对立的、有差异的因素的融合。"和"也不是对立或差异因素等比例的融合,而是以"合适"的比例融合,既有量的平衡又有质的融合,它们求同存异、平等共生、相互渗透、融会贯通。首先是说它容纳万有,并使所容纳的一切均合乎规范;其次是处理对立关系时要坚持"对立不相抗"的融合、定位、互补的原则,相成相济、相反相成;第三,有一个中心,并以之来融合对立、差异的因素。以"和"为美,就是在进行审美创造和评价时要具有整体意识,"和"而不"分",它的典型表述就是"和而不同,同而不和""温柔敦厚"等。饕餮、龙、凤、麒麟的形象就是"和"的思想的物化,如龙的形象,头似驼、角似鹿、眼似兔、耳似牛、项似蛇、腹似蜃、鳞似鲤、爪似鹰、掌似虎,可以说是这些动物形象"和"的结果;"五行""八卦"也都是"和"思想的运用。

古人讲,"中也者,天下之大本也。和也者,天下之达道也。致中和,天地位焉,万物育焉。"即"中"是天下万物存在的根本,"和"是万物实现各自理想归宿的要津,若能达到"中和",天地会各就其位,万物繁衍生长。在这种认识基础上,就形成了中和美。所谓中和之美是指符合无过无不及、适中原则的和谐美。适中是对立面之间处置、取舍得恰到好处,"过犹不及";和谐是诸种因素的多样统一。

中和美在艺术中的典型表述就是"乐而不淫、哀而不伤"。如在《关雎》这首诗中,当君子向淑女求爱不成时,感情悲哀,但不过度,仅仅是"寤寐思服""辗转反侧"而已,无害于中和,这就是"哀而不伤"。当君子求得淑女,准备迎娶时,感情欢乐,但也不过度,仅以"琴瑟友之""钟鼓乐之"而已,亦无害于中和,这即是"乐而不淫"。总之,艺术在抒发个人情感时,要哀乐适度,要受伦理道德的制约,达到情与理的中和。正如《礼记·中庸》中说:"喜怒哀乐之未发谓之中,发而皆中节谓之和",正所谓"发乎情,止乎礼"。

中和美,是几千年来备受中国儒家推崇且已贯穿到天文地理人道等方方面面的最高标准,在各类艺术中体现得最为鲜明,成为各种中国传统艺术所共同遵循的创作方法与审美准则。如在传统戏剧中,"中和美"体现在大团圆结局上。中国古代的艺术家们不论人生多么坎坷,也不论多么穷与达,总是怨而不怒地对待社会与人生,常常是才子佳人历尽悲欢,最后大团圆,以求得心灵的慰藉与平和,实现中和美。

(二) 白贲

白贲是指绚烂至极复归于平淡的美,它在本质上就是指质地本身所呈现出的美,是本色的美。

道家创始人老子说,"道之出口,淡乎其无味","为无为,事无事,味无味"。我国学者叶朗先生对此说:"'无味'也是一种'味',而且是最高的味。……老子认为,如果对'道'加以述说,其所给予人的是一种恬淡的趣味。"这种恬淡,就是绚烂至极后的平淡,是中国古典美学中的一个极高的境界。

白贲美同中国古代绘画思想有联系。《论语》记孔子的话:"绘事后素",即就是"凡绘画先布众色,然后以素分布其间,以成其文"。"贲"是雕饰、是色彩的堆积,"白"是白描、是线条的勾勒。绘画由雕饰的美发展到了以线条为主的美、由多色的美发展到少色或单色的美,也非常有利于表达艺术家的情思,也使得艺术品也显得更有韵味。例如我国古代的山水花卉画最后都发展到水墨画,才被认为是艺术的最高境界。这一思想后来成为我国古代各类艺术的美学准则,在各类艺术中都加以运用着。

唐人张彦远《历代名画记》:唐以前山水大抵"群峰之势,若钿饰、犀栉,或水不容泛,或人大于山","石则务于雕透,如冰澌斧刃;绘树则刷脉镂叶,多栖梧宛柳,功倍愈拙,不胜其色"。这是批评当时的山水画停留在雕琢的美,而没有达到"白贲"的境界。如汉朝艺术中,弯弓射鸟的画像砖(图2-10)、长袖善舞的陶俑、超越飞燕的骏马(图2-11)以及壁画等,没有细节的描绘、没有繁杂的修饰,没有人物个性的表达、没有主观感情的抒发,而是突出了高度夸张的形体姿态、手舞足蹈的大幅度动作和异常简洁的整体形象。这就是一种不事细节修饰的粗线条的轮廓图景,也正是在这种轮廓形象的飞扬游动中,表现出力量、运动以及由之而形成的汉代艺术的磅礴气势之美,这也正是"白贲"之美。

图 2-10 汉画像砖图

图 2-11 汉《马踏飞燕》

元朝山水画,正如李泽厚所说,"通过线的飞沉涩放,墨的枯湿浓淡,点的稠稀纵横,皴的披麻斧劈,就足以描绘对象,托出气氛,表述心意,传达兴味、观念,从而就不需要也不必去如何真实于自然景物本身的色彩的涂绘和线条的勾勒了。"这反映了我国古典美学中艺术家可以充分发挥想象力,创造性地、不拘形迹地模仿自然,由形似而达到形神兼备,再上升到遗貌取神的境界。这就是对于"白贲"美的自觉追求。

另外,中国人作诗文,如苏轼说:"在凡为文,当使气象峥嵘,五色绚烂,渐老渐熟,乃造平淡难";"发纤(xiān,细小)秾(nóng,花林茂盛)于简古,寄至味于淡泊";"所贵乎枯淡者,谓其外枯而中膏,似淡而实美"。像"一望二三里,烟村四五家,亭台六七座,八九十枝花"这样的诗,所体现的就是白贲的境界。

总之，白贲不是不要雕饰，而是"处饰之终，饰终返素，不劳文饰，而任其质素"，其实质就是"返璞归真"的朴素美、平淡美、本色美，也是空灵美。

(三)意境

意，指人在审美与创造美时的感受、情志、意趣；境，指客观的自然和社会生活。意境指审美主体的情思与审美客体的形象相结合而所表现出来的情调和境界。

意境理论，在唐朝就诞生了。唐朝诗人王昌龄首先将意境的概念运用于艺术领域："诗有三境，一曰物境，二曰情境，三曰意境。"他将"境"与"意"合为一体，来解释情与境、物与我的浑然一体。之后，历代艺术家都对意境理论有深入的探讨，形成意境理论。刘禹锡进一步用"境生于象外"来规定意境，指出意境产生于象又超越象，表现了"象"具有无限意蕴和内涵的本质。文艺理论家司空图则提出"韵外之致""味外之味""象外之象""景外之景"，及"不着一字，尽得风流"见解，这就进一步规定了意境的美学本质。而近代王国维是意境理论集大成者，他指出："文学之事，其内足以摅己，而外足以感人者，意与境二者而已。上焉者意与境浑，其次或以境胜，或以意胜。苟缺一，不足以言文学。文学之工不工，亦视其意境之有无与深浅而已。"他还说："文章之妙，亦一言以蔽之曰，'有意境而已矣'。"

意境首先是指意与境的交融，即审美主体——人的思想意识与审美客体——物的统一。用唐代大画家张璪论画时的话说，就是"外师造化，中得心源"。"造化"就是客观的自然和社会生活，"外师造化"，即向外以自然和社会生活为师，学习、表现自然和社会生活；"心源"就是人的内心感悟，"中得心源"，即在人内心得到对自然社会的感悟。造化和心源的凝合，造化与心源的合一，成了一个有生命的结晶体，这个结晶体是完全独立于眼前的现实世界的审美世界、艺术世界。意境之"意"并不是单独的主观意识，它包含着客体进入主体思想后所形成的各种"意象"；"境"也不是单指客观物象，是与"意"一体的。意是境中之意，境是意中之境。也正如瑞士思想家阿米尔说："一片自然风景是一个心灵的境界。"也如我国古人石涛所说："山川使予代山川而言也。"这种主客体统一的最高境界是"物我两忘"。再如徐志摩诗《沙扬娜拉》一首《赠日本女郎》："最是那一低头的温柔，像一朵水莲花不胜凉风的娇羞，道一声珍重，道一声珍重，那一声珍重里有蜜甜的忧愁——沙扬娜拉！"诗一开始，就以一个构思精巧的比喻，描摹了少女的娇羞之态。"低头的温柔"与"水莲花不胜凉风的娇羞"，两个并列的意象妥帖地重叠在一起，表现的到底是人还是花？也可能既是花又是人。让读者无以分清，着实达到了"物我两忘"的境界。读到这里，让人感到有一股朦胧的美感透彻肺腑，像吸进了水仙花的香气一样沁人心脾。接下来，是阳关三叠式的互道"珍重"。这一声又一声的"珍重"，让人觉得情透出于纸背，意浓得化不开。特别是"蜜甜的忧愁"一句，应当是全诗的诗眼。它使用矛盾修辞法，把"蜜甜"与"忧愁"两个本来拉不到一起的词语结合成一体，不仅拉大了情感之间的张力，而且给人留下了想象不尽、体会不完的深意。最后，用一个对日语"再见"的音译词"沙扬娜拉"，含蓄地表现出"昔我往矣，杨柳依依"的挥手作别情态，又仿佛是呼唤日本女郎名字的声音，让人感到了他们之间的万般离愁、千种风情。总之，体会到了"物我化一"的意境之美。

意境其次指情景交融。是指人的情感与审美对象的统一，即情景统一。王国维说："文学中有二元质焉：曰景，曰情。"它实现了主客观的统一，即人的情感与审美对象的统一。因而发掘出最深的情，一层比一层更深的情；同时也透入了最深的景，一层比一层更透明的景。境中全是情，情具象而为境。也因而展现了一个独特的宇宙，崭新的境象。正如恽南田所说，"皆灵想之所独辟，总非人间所有"。在情景交融中，情与景相互升华，美化的情感投射到客观景象，使景象带上了主体的情感，景象使本来难以言说的情感获得了外在的形象，最后，形成了意境。并由于多种情与多种景的交融，使得意境变得更为宽广与深厚。如元人马致远的小令《天净沙》："枯藤老树昏鸦，小桥流水人家，古道西风瘦马，夕阳西下，断肠人在天涯。"也是前四句完全写景，而末一句写情，这情景交融使得全篇成为一片哀愁寂寞、怅惘无边的意境。清朝人王夫之所说："情景名为二，而实不可离。神于诗者，妙合无垠。巧者则有情中景，景中情。""景中生情，情中会景，故曰，景者情之景，情者景之情也。""情景一合，自得妙语。"王国维也说："昔人论诗词，有景语、情语之别，不知一切景语，皆情语也。"因此，情与景不仅互相渗透，而且互相生发，你中有我，我中有你，充满着生机，充满着活力，达到真正的审美意义上的"天人合一"。

意境也体现在有无相生。意境中的意与境的交融、情与景的交融，均包含着虚实相生、动静相生，而其根本则是有无相生，即有中生无、无中生有。追求"超以象外"的艺术效果，求得如镜中花、水中月，羚羊挂角、无迹可寻的超旷空灵意境。中国诗书画中都非常注重这空中点染、抟虚成实的表现方法，无中生有、有中生无，使诗境、书境、画境成为佳境。如诗作"明月松间照，清泉石上流""荒城临古渡，落日满秋山""行到水穷处，坐看云起时""二十四桥仍在，波心荡，冷月无声"等，都能以空虚衬托实景，都显示空花水月的意境之美。中国书法艺术中的"布白"，尤能反映这种有无相生的意境。唐·张怀瓘在《书议》里形容王羲之的用笔"幽若深远，焕若神明，以不测为量者，书之妙也"，就是说明王羲之的书法达到了"超以象外、得其环中"的妙境，具有有无相生之妙。中国画也是如此，画家在白纸的"无"上直接挥毫运墨，开径自行，养空而游，抟虚成实，表现出"有"；同时，在"有"中，又表现为"无"的空灵境界。正如笪重光所说的"虚实相生，无画处皆成妙境"，正是这个意思。

清代画家方士庶在《天慵庵随笔》里说，"山川草木，造化自然，此实境也。因心造境，以手运心，此虚境也。虚而为实，是在笔墨有无间……故古人笔墨具此山苍树秀，水活石润，于天地之外，别构一种灵奇。或率意挥洒，亦皆炼金成液，弃滓存精，曲尽蹈虚揖影之妙"。这里的虚实相生，也就是有无相生，无中生有，以成妙境。

古人将意境分为三个层次。蔡小石《拜石词》序里所说，"夫意以曲而善托，调以香而弥深。始读之则万萼春深，百色妖露，积雪缟地，余霞绮天，一境也。再谈之则烟涛颉洞，霜飙飞摇，骏马下坡，泳鳞出水，又一境也。卒读之而皎皎明月，仙仙白云，鸿雁高翔，坠叶如雨，不知其何以冲然而澹，倚然而远去"。江顺贻评之曰："始境，情胜也。又境，气胜也。终境，格胜也。"这就是说，意境可以分为三个层次，由象内之象——象外之象——无形大象，步入佳境，使人从"悦目"达到"应心"，再到"畅神"。

（四）气韵美

气韵是指文艺作品所体现出来的艺术风格及其所含有的韵味，是我国传统美学思想中的一个重要范畴。

先秦时期，古人就提出"气"为构成世界万物的最基本物质，天下万物统一于气。气分阴阳二气。在此基础上，又从不同的角度分出不同类型的气，如中医分出"天之六气"为风、寒、暑、湿、燥、火，又分为清气、浊气等。艺术作品中的气，是指艺术作品所蕴含的生命力量、精神思想。韵，本意是指和谐的声音，或者专指使声音和谐的音节的韵脚、韵母，也指在形式上、气质上和谐一致的"味"。艺术作品中的韵，指艺术作品所含有的情思给人留下的无穷回味。在很长的历史时期，气与韵是分别表达各自的意义的，并未结合成一个整体，更未成为一种美学范畴。

汉代，曹丕在《典论·论文》中说，"文以气为主，气之清浊有体，不可力强而致。譬诸音乐，曲度虽均，节奏同检，至于引气不齐，巧拙有素，虽在父兄，不能以移子弟"。曹丕论证了文章风格各异、成就不同的根本原因在于作家各有不同的气质、个性。后来，刘勰继承了曹丕的"文气说"并有所发展。在他的《文心雕龙·风骨》中说："缀虑裁篇，务盈守气，刚健既实，辉光乃新。"刘勰虽然说"才力居中，肇自血气"，表达了其所认为的先天气质、才性对创作有决定作用的不正确认识；但同时他也提出"功以学成""习亦凝真""学业在勤""素气资养"等观点，认为后天的学习对创作有很大的帮助作用。这是对曹丕"文气说"的发展。

到南北朝时期，画家谢赫首先把"气"与"韵"结合起来，作为绘画理论的基本范畴，这标志着气韵理论的产生。气韵，就是艺术作品所蕴含、释放出来的让人回味无穷的思想情感等。谢赫提出了绘画的"六法"。在《古画品录》中他这样说："六法者何？一曰气韵生动是也……"（"六法"：气韵生动，骨法用笔，应物象形，随类赋彩，经营位置，传移模写）他要求艺术家的视角不能只停留在事物的形象、颜色等外形方面，而要进一步表达出形象内部的生命活力，这就是"气韵生动"的要求。梁朝萧子显在《南齐书·文学传论》中说，"文章者，盖性情之风标，神明之律吕也，蕴思含毫，游心内运，放言落纸，气韵天成"，针对文章提出了"气韵天成"的审美追求。

魏晋时代，人物品藻由汉代的重"筋骨"一变而为重"神明"，即重视人物风度体现出来的内蕴性、超脱感、潇洒度，这就是魏晋风度中的"气韵美"。再加上魏晋时期人们思想活跃，在审美意识上显得更加狂放不羁，更加追求脱俗高雅的风姿神韵。因此狂放不羁、率性而为的行为成为人们欣赏与追求的目标。实际上，这就是追求"气韵"的表现。这一审美思想对后世中国美学影响很大。使气韵美更加成熟。

后来把这条美学标准从品藻人物、绘画、文章推广到整个文艺创作领域，并使它获得了新的内涵，即艺术作品不能只满足于追求事物的外在模拟和形似，而要力求表达事物内在的风格和神韵。这就使作品具有了"象外之意""味外之旨"，即具有了"气韵"。

唐宋以后，"气韵"理论还在不断得到丰富，而且成为艺术家们的审美理想和审美评价的标准。如五代的荆浩解释"气韵"二字，"气者，心随笔运，取象不惑。韵者，隐迹立形，备遗不俗"。这就是说，艺术家要把握对象的精神实质，表现出对象的本质内涵；同时在创造形象时又要隐去自己的笔迹，不使欣赏者看出自己的技巧。这样创造出的形象就能让欣赏者有丰富的想象的余地，也就是有了"气韵"。宋代，文人们将魏晋南北朝时期所提出的绘画美学理想——"意"，具体化为"韵"。如宋朝书法家黄庭坚直接说"书画以韵为主"。什么是"韵"？宋朝范温说"有余意之谓韵"。明代陆时雍说："有韵则生，无韵则死；有韵则雅，无韵则俗；有韵则响，无韵则沉；有韵则远，无韵则局。凡情无寄而自佳，景不丽而妙者，韵使之也。"也就是说，艺术表达需突破形象本身而具有更深远的意蕴，绘画应该有象外之旨，境出象外。即给画不以形似为目的，而根本目的在于能让人感悟到寓于画中的大化生机与天地之大美。宋代的苏辙一方面承认了"文者，气之所行"，另一方面又强调"气"在后天修养的重要，说"气可以养而致"。关于怎样养气，提出：一是内心加强修养，如孟子的善养浩然之气；二是增强外境阅历，如司马迁的"行天下，周览四海名山大川，与燕赵间豪俊交游"。对此两者，苏辙更重视后者。这比刘勰离开社会活动大谈作家气质、才性的观点，更前进了一步。当然，他所说的"行天下"与深入我们所说的社会实践还有很大的差距，这也是他难免的历史局限。

总之，气韵，是艺术作品不能拘泥于具体的环境、事件、形状等，而要表现出生命的活力、精神气质,给人留下联想和回味的余地。它是我国传统艺术创作特别是绘画创作的最高审美标准,也是绘画批评的主要标准,是艺术的最高境界。如中国传统山水画,既要表现山水之形,但更为重要的是,要"迁想妙得",抓住山水的"神"加以表现。对于山水之形,要么寥寥数笔,要么残壁断崖,要么若有若无,而总是不够真切,更不能从结构比例上加以细究。"在似与不似之间",这就是写意之法。但每一个"寥寥数笔",每一个"残壁断崖",每一个"若有若无",都是艺术家表现山水之神、表达内心情感的"代言人"。这就将山水之神与人之情思贯通、融合为一体,形成山水画独有的气韵生动之美。在这一气韵生动的境界里,物与我、物与物浑然一体。

宗白华先生在《论中国的绘画》里说,"它所表现的精神是一种'深沉静默地与这无限的自然,无限的太空浑然融化,体合为一'。它所启示的境界是静的,因为顺着自然法则运行的宇宙是虽动而静的,与自然精神合一的人生也是虽动而静的。它所描写的对象,山川、人物、花鸟、虫鱼,都充满着生命的动——气韵生动。""所以中国宋元山水画是最写实的作品,而同时是最空灵的精神表现,心灵与自然完全合一。花鸟画所表现的亦复如是。勃莱克的诗句:'一沙一世界,一花一天国',真可以用来咏赞一幅精妙的宋人花鸟。"这里我们看到的就是物我感应、主客交融所创造的气韵生动之美。

第三节 美 的 种 类

一、自然美

自然美是指客观世界中自然物的美。人类在社会实践中,改变了人与自然的某些关系,使原先对人有危害力的自然物受到支配、利用,成为"为我"之物,给人类带来了生产、生活之便,便产生了自然美。而且,随着人类社会实践活动的开展,自然美的范围逐渐扩大。没有人类的生产实践,就没有自然美。

(一)类型

根据人对自然物改造的程度,自然美分为 2 种基本类型:一类是没有经过人类生产实践活动加工改造过的自然物的美。比如山水、生物、天象、气象等,这一类自然美具有明显的自在的特点,多以色彩、声音、线条等属性和整齐一律、对称均衡、和谐多样、变化统一等组合规律取悦于人,缺少明显的人工改造加工的痕迹。另一类是经过人类生产劳动直接改造的自然物的美。这类自然美的突出特征就是通过人类的生产实践活动,直接地、不同程度地改变了自然原有的外貌,例如在山顶建个亭子、山坡上修条长廊、湖面上筑道堤坝、园林中造个假山等,这些亭台楼阁都分散在自然要素之中,随高就低,因山就势,与自然景物融为一体,对自然之景起着烘托、点缀的作用。

(二)特征

自然美具有独特的审美特征,主要表现为以下两个方面。

1. 侧重于形式 一切美都要求形式与内容相统一,自然美也是内容与形式的统一体。但是,在多数情况下,自然美的内容显得比较隐约、模糊和不确定。如一颗星星、一道彩虹、一座山峰等的美所蕴含的内容是不明确的,但它的形式却显得异常清晰,它总是以鲜明的形象给人以深刻的印象,激起人们强烈的审美感受。因此,色彩、声音、形状、线条、质料等就成为自然美最重要的成分,并在人类的审美活动中占有极为突出的地位。

2. 多变性　自然美的千姿万态、变幻无穷。第一，自然物的属性是多方面的，因而呈现在人们面前的美也是多方面的。同一自然物会因时间、环境的变化而表现出不同的美的形态和色彩，有时显现为这样一种美，有时又呈现为那样一种美。第二，自然物与人的关系广泛而复杂，这就使得自然物的美在一定条件下会有不同侧面的显示。因为自然物所呈示的美不是单一的，而是多层次、多角度、多侧面的。自然物这种与人的多种多样的关系，使得自然具有了美的多面性。第三，自然物本身变化无穷，甚至稍纵即逝。如同一自然物也会在不同的时间、不同的条件下显现出不同的景象。"昙花一现"以其变化之快往往给人带来怅然若失之感。

（三）欣赏方法

1. 做自然美的有心人　罗丹说："美是到处都有的，对于我们的眼睛，不是缺少美，而是缺少发现。"自然美是易逝的，所以，只有我们细心感知，才能真切地体会到自然之美。早晨，那澄碧的天空，灿烂的云霞，辉煌的朝日，欢飞的鸟雀，晶莹的露珠，无不是通过能感受形式美的审美感官这个"窗口"的感知向美感过渡的。正如我国美学家王朝闻所指出："只有诉诸感觉的东西，才能引起强烈的感动。"那么，我们怎样才能使审美感知变得丰富、深刻和健全呢？

首先，是要有充分的审美准备，要时刻以一种审美态度对待生活。如果你根本不想去感知美，你的审美感知对美就会闭锁着。那么你的美感就无从发生。例如，春游时，许多人首先注意的不是审美准备，而过多关注的是物质准备，带上许多好吃的东西，穿上鲜艳的衣服，准备的是吃一顿、玩一阵。于是到了春游的地点，尽管树枝的嫩绿已在透露春意，和煦的春风、温暖的阳光已在表达着春的信息……但一些人对春毫无感知。所以要丰富和深化我们的审美感知，第一点就是要做自然美的有心人，要以审美态度对待生活。

其次，要以情带动审美感知。多情是善感的一条重要的审美感知规律。审美始终是伴随强烈的情感活动的。无论是在仲夏之夜繁星闪烁的天空，还是破晓之际冲破云雾、跳出海面的日出，无不激起人们情感的波澜。可以说，没有情感就没有审美感知。情感与认识不同，它不是对客观事物本身的反映，它是客观事物能否满足人的需要而产生的体验。审美对象满足人的审美需要，人就产生肯定的情感：满意、愉悦、喜欢和热爱；反之则产生厌恶、烦闷的情感。审美感知是在情感推动下进行活动的。

第三，审美感知有选择和整合作用。美的事物是许多部分组成的，各部分又有不同的特征，但人不是孤立地去感知各个现象，而是有选择地把各部分整合在一起，成为统一整体去欣赏，这就是审美感知的整合作用。以白居易的《暮江吟》为例，诗中写道："一道残阳铺水中，半江瑟瑟半江红。可怜九月初三夜，露似珍珠月似弓。"暮江的景物是不计其数的，而作者在众多的景物中只把夕阳、碧水、露珠、弓月等，优先选择出来，凸现在前面，成为审美感知的对象，而其他部分，如蓝天、晚霞、夜空、绿草等则好像退到"后面"，作这审美感知的背景，使选择出来的东西，被感知得更充分、更深刻、更清晰。这就是审美感知的选择作用。在这首诗里，作者并不是把优先选择出来的景物或特征，去孤立地分别感知它的形象，而是把它们有机地构成一个艺术的整体，去欣赏暮江的光色斑斓、露珠弯月的静谧、夜色的幽美，通过整合把握暮江的自然美。所以，提高审美感知的选择和整合能力，在欣赏自然美中占据重要的地位。

2. 要充分发挥联想和想象力　前面说过，自然物有多方面属性和社会生活相联系。欣赏自然美总是使人想起美好的生活，而每种属性又总有与生活中某些事物相似之处，或在时间与空间上接近，这就唤起欣赏者的多种联想和想象，进入情景交融的审美境界。因此，欣赏自然美不仅要有敏锐的审美感知力，还要充分发挥丰富的审美联想和想象力。正是由于人们各自审美经验不同，审美联想和想象力强弱的差异，面对同一景象，获得美感体验会有所不同。例如月亮的美，使人浮想联翩。以李白赏月来看，"小时不识月，呼作白玉盘"，这是相似联想；待到"举头望明月，低头思故乡"，就把明月和故乡联想在一起了；当他说"月下飞天镜，云生接海楼"的诗句时，已是用来抒发自己辞亲远游追求理想的情感，对月的欣赏已进入想象境界了；"举杯邀明月，对影成三人"更赋予月亮以生命，达到"物我两忘"的地步。可见，没有想象和联想，就不能进入自然美的真正欣赏阶段，也无法领悟自然美丰富而深刻的意蕴。

3．要提高自身文化修养 欣赏自然美要有丰富的想象力，要达到情景交融，必须有一定的思想文化修养，否则是难以体验出深刻高尚的审美意境的。读过《爱莲说》后，当你再欣赏莲时，就会联想到"出淤泥而不染，濯清涟而不妖，中通外直，不蔓不枝，香远益清，亭亭净植"的品格。你就会理解为什么许多画家画荷。又如，你知道"小荷才露尖尖角，早有蜻蜓立上头"的诗句，若你身临其境，就会深感其中的诗情画意和生机盎然的趣味。

思想境界的高尚，是和自然美的境界相契合的，你的思想达不到一定的境界，就体会不到自然美的更深层次。正如写《爱莲说》，没有"出淤泥而不染"的品德，是写不出《爱莲说》的，因为他没有这种高尚的品德，就体会不到莲花的这一品德。又如竹子，"未出土时先有节，到凌云处还虚心。"正因为诗人有谦虚劲节的美德，才和竹子产生了共鸣。

4．要了解自然美的基本风格类型 自然美大体上可归纳成5种基本的风格类型：

（1）雄：雄的形式因素是巨大，包括数量上的巨大和力量上的巨大。数量上的巨大又包括空间巨大与时间久远两个方面。从自然景物的形式特征来看，它能给人一种崇高博大的气势和一种无限大的感觉。比如五岳之首的泰山，海拔只有1545m，但其雄居于齐鲁平原之上，就显得体积厚重而高耸、气势磅礴。当我们登上它时，上观苍天、下看大海，就会有"会当凌绝顶，一览众山小"的感觉，也就会有一种雄伟的美感。再如"天苍苍，野茫茫，风吹草低见牛羊"的塞外大草原；一望无际的海洋以及"茫茫五百里，不辨云与水""飘然一叶舟，如在天空里"的滇池，都显得无比雄伟壮阔。这是形式因素在空间数量上的巨大所造成的雄伟。有些自然景物因其时间久远，也同样显示出雄伟之美。如秦始皇陵的兵马俑，当我们面对它时，会被其雄伟所折服，原因除了它阵势宏大外，时间的久远是更为重要的一个方面。再如黄陵古柏20余株，其中最大者据说是由黄帝亲手所栽——轩辕柏，高19m，围11m，七人合抱有余，俗称"七搂八拃半，疙里疙瘩不上算"，为"世界群柏之父"，树龄约5000年。它从空间巨大和时间久远两方面共同显示出雄伟之美。有些风景区的古老建筑，在体积上不算大，但它历经人间沧桑，时间上可算久远，如泰山黑龙潭下有座古刹普照寺，建于六朝，距今约1500多年，这些时间上的久远，仍然使我们觉得它非常雄伟。力量上无限大的自然景象也很多。如汹涌澎湃的钱塘江大潮，"飞流直下三千尺"的庐山瀑布，气吞山河的黄果树瀑布，以及勇猛矫健的雄狮猛虎，大海中遨游的鲸、鲨，天空中回旋的苍鹰，等等，都具有雄伟之美。

（2）奇：奇是指自然物的形式与一般的均衡、对称、和谐等形式规律相对抗，显得曲折、离奇、变幻莫测，令人感到怪异，而经得起欣赏者的反复玩味。如"黄山天下奇"，不但有千姿百态的山峰，变幻莫测的云海，还有卧龙松、迎客松等奇树和飞来石、龟鱼石等异石。总之，黄山的奇峰、奇石、奇松、奇云共同构成了它奇美的风光，使游者如入仙境，叫人赞叹不绝。我国的地理学家徐霞客曾称赞道:"五岳归来不看山,黄山归来不看岳","登黄山天下无山,观止矣!"郭沫若也有"深信黄山天下奇"的佳句。如黄山有一奇峰,平空耸立,下圆上尖,像巨大的斗笔,故名曰"斗峰";峰尖石缝中长了棵奇松,绿荫一团,好像盛开的鲜花;峰下有一巨石,好像人在卧下思考,故将此景命名曰"梦笔生花"。又如黄山"迎客松",其姿态似乎是伸出巨大的一只手臂,邀请客人来临,十分奇特。云南的石林更是奇特之至。在那里,我们可以看到在1200多亩的土地上,那千根万根石柱竖立在一起,仿佛是一片森林。石柱中,有的高达30多米,形态不一;有的像莲花;有的像凤凰用嘴梳理翅膀;有的两柱并列,一大一小,前后相随,如母子偕游,极为有趣。还有桂林的七星岩、芦笛岩,岩洞深邃,洞中遍生的石钟乳、石笋、石花等组成瑰丽奇特的景色,使人惊奇不已,成为以奇创胜的自然美。

(3)秀:秀是指自然景物姿态舒缓优美,线条婉曲柔和,色彩碧绿凝翠,植被丰茂荫浓。如峨眉山的秀丽,黄山的奇秀,庐山的清秀,雁荡山的灵秀,武夷山的神秀,桂林山水的锦秀,西湖山水的媚秀,等等,都带有"秀"的特点。四川峨眉山,因其山势逶迤,"如蝶道峨眉,细而长,美而艳",故名之曰"峨眉",它林木葱茏,色彩凝碧,山明水秀,山石很少裸露,线条柔和流畅,是我国自然景观中"秀"的典型。欣赏秀丽的自然景色,犹如人在画中行走,使你赏心悦目,陶醉在大自然的秀丽、和谐之中。

(4)幽:幽深景致的特点是欣赏空间范围较小,环境幽静。这种风景常以丛山深谷和伸展的山麓为地形基础,并辅以繁密的乔木灌林,加上山谷的自然转曲,形成明暗阴影变化异常丰富的景象。山深而不局促,景浓而有层次。"山重水复疑无路,柳暗花明又一村"就是这种自然美的写照。幽,既可指深邃的视觉欣赏空间,又可指恬静的听觉环境,所谓"蝉噪林愈静,鸟鸣山更幽"就是这种境界。如四川青城山,纵观之,宛若一个天然陶铸的大青瓷瓶,幽雅古朴,沿着山间蜿蜒的小路,两侧苍松翠竹,溪泉清澈见底,蝉噪幽林,鸟鸣空谷,造成一种幽深之境界。青城山还有一"听寒亭",所谓"寒"也就是形容幽静的境界,在听寒亭前,清水一泓,晶莹见底,泉珠滴落池中,如琴弦轻拨。人在幽深的山水之中漫步,会顿觉神志清爽、心情恬静,与大自然融为和谐的整体。唐代诗人杜甫曾写诗句"自为青城客,不唾青城地,为爱丈人山,丹梯近幽意"来赞美"天下幽"的青城山。

(5)险:险峻的特点是山脊高而窄,坡度特别大,能以特殊的夸张形式打破某些平庸的调和而引起人们强烈的兴趣。如华山天下险,"远而望之若华状",故名之曰"华山"。鸟瞰它,犹如一方天柱,拔起于秦岭山前诸峰之中,四壁陡立,几乎与地面成八九十度的角。所谓"自古华山一条路",主要指青柯坪往主峰攀登的险道。青柯坪,即是登山路程之半,也是海拔高度之半,其下为幽深峡谷,其上是危崖绝壁的西峰。它与西峰顶水平距离只有600～700m,而高差竟达数千米。攀登这千米危崖,须历经千尺幢、百尺峡、老君梨沟、擦耳崖、苍龙岭五大险关,特别是苍龙岭长约一里,岭脊仅宽一米左右,经长期风化剥蚀,岭脊圆而光滑,形如龙脊鱼背。岭西,壁落深渊,直下700多米;岭东,绝壑悬崖,似觉无底。明代画家王履曾在此留下诗句,"岭下望岭上,天矫蜿蜒飞,背无一仞阔,旁有万丈垂,循脊匍匐行,视敢纵横旋,惊魂及坠魂,往往随风吹……"险美是一种惊心动魄的美感,"无限风光在险峰",当我们驾驭了它时,会感到无限的自豪与快慰。

我们把自然景物大致归纳为以上五类,但这只是相对的,因为在许多情况下,这些风格类型共生交错,相映成趣。因此,我们在欣赏自然美时,既要注意自然景象总的气势,总的风格,又要细心察看品评一些局部的景色特点,做到庞微结合、远近结合,较好地领悟和欣赏自然美景。总之，欣赏自然美，不仅应当注意文学、艺术、历史等文化的修养，更要重视树立正确的审美观，努力提高自己的思想境界，才能达到欣赏自然美的深层次。

二、社会美

社会美是指社会事物的美，它普遍存在于社会的各个领域，与人类的社会实践活动直接联系在一起，经常表现为对人在社会实践中的品德、智慧、性格、才能等的积极肯定。社会美与自然美一样，都根源于人类的社会实践活动。

（一）社会美的来源

1. 生产劳动创造了社会美 生产劳动是人类最基本的实践活动，这是一个人类向自然索取物质生活资料的过程。在这个漫长的过程中，人类对自然的认识由浅入深、由低级向高级发展，人的自由创造力和审美要求也随之发展起来，并在生产劳动中愈加鲜明地显示出了人的本质力量。如在距今约四五十万年前，中国猿人就开始制作和使用打制石器。而且原始人还逐渐地懂得了用石珠、兽牙、海蚶壳等装饰物装饰自己。在后来的生产实践中，劳动工具有了较大的改进，磨制石器和彩陶的出现就是一个很好的证明。因此，可以说劳动创造了社会美。在长期的生产劳动中，原始人充分发挥自己的自由想象力，较自觉、娴熟地运用对称、调和、变化、多样统一等形式美的法则，创造出了丰富多样的美的事物。

2. 阶级斗争丰富了社会美 在阶级社会中，阶级斗争是推动历史前进的重要动力之一。劳动人民为实现人类美好的理想而进行的阶级斗争和社会变革，从美学意义上讲，是社会领域里美与丑的斗争，体现了人类创造美、发展美的伟大力量。比如在我国两千多年封建社会的漫长岁月里，苦难深重的广大劳动人民为了摆脱被剥削、被压迫、被奴役的地位，奋起反抗，向封建地主阶级展开了一次次的英勇斗争，从根本上动摇了封建统治的基础，推动了历史的前进，展现他们自由自觉的创造力量，这是社会美最鲜明的体现。如大泽乡起义、黄巾起义、明末农民起义等。

3. 科学实验充实了社会美 科学实验活动是人类认识世界、改造世界的重要方面，是建设物质文明和精神文明的基础。人类通过科学实验活动，不断地探究隐伏在社会和自然领域深层的种种奥秘，改变了人类对世界原有的认识。例如指南针、印刷术、造纸术、火药、电灯的发明和应用，万有引力和相对论的提出，等等，都是人类在科学实验方面取得的成绩及其在社会实践中的应用。科学实验的主体——人及其过程、结果都显示出美。

总之，社会美的核心是人的美。人是社会生活、社会实践的主体，也是审美创造、审美感受的主体。人类在长期的实践活动过程中，认识和改造了客观世界，同时也认识和完善了自身。人在感受美、创造美的同时，也创造出了自身的美，并将其自身也作为审美客体进行审美。人的美可以分为人的外在美和人的内在美。外在美作为载体，是内在美的表现形式。人的外在美包括人体美、仪表美、语言美、行为美、服饰美，具有易见性、愉悦性、肤浅性、短暂性的特征；人的内在美是指人的内在精神世界的美，亦即心灵美，主要包括人生观、世界观、道德情操、行为毅力、生活情趣、文化修养、学识才华等方面的美。

（二）特征

社会美的审美特征主要表现为以下两个方面。

1. 侧重于内容 在社会生活中，有些事物外观上并不美，但却蕴含着人的美好品德和精神而具有了审美价值，成为美的事物被收藏、展出，甚至世代传诵。比如雷锋的千层底的袜子，就袜子的外观看，补丁摞补丁，补丁上的针脚大小不一，纵横不齐，已经无美可言，可是，这双不起眼的袜子却"走"遍了祖国的大江南北。这是一件极其宝贵的精神财富，是雷锋生前生活的真实写照，是我们大力提倡的朴素美的表现，特别是在当今的社会生活中有着极其重要的意义。雷锋在他的日记中这样写道："战士那褪了色的补补丁的黄军装是美好的，工人那一身油迹斑斑的蓝工装是最美的，农民那一双粗壮的满是厚茧的手是最美的，劳动人民那被晒得黧黑的脸是最美的，粗犷、雄伟的劳动号子是最美的声音，为社会主义建设孜孜不倦地工作的灵魂是最美的。这一切构成了我们时代的美，如果谁认为这些不美，那他就是不懂得我们的时代。"

2. 功利性　社会美的功利性是指其对社会有益、有利、有用的特性，也就是通常所说的善。社会美的产生使之与社会实践所追求的一定功利目的有着密切的联系。从美学角度看，最初是实用价值先于审美价值，一件劳动产品，首先对人要有益、有用，然后才有可能成为审美对象，亦即那些直接体现人类意志目的的劳动生活、环境和现象，才具有审美意义。比如生产劳动是美的，它虽然体现了劳动者自由自主的创造，但更重要的是它能够带来优质、低耗、高产的结果。劳动产品是美的，但首先必须要以实现其使用价值为前提，要能够满足人的实用目的要求。社会美的功利目的性，并不是在生产劳动中不注重运用审美规律，恰恰相反，人们更加注重实用与审美的结合。比如人们对服饰的要求就是如此。当然社会美的功利性不仅指实用功利，还包括精神功利，即让人获得精神享受。

课外阅读

青春与健美

　　人类是爱美的，古今中外，男女老少，人人都爱美、向往美、追求美。青春期是人的身心发展的关键时期，少男少女追求的是形神兼备的内在美与刚柔并蓄的外形美的统一。

一、青春期健美的标准

　　由于现代健美运动的发展，人们对人的形体美的要求大多是以健美为标准的。我国体育美学工作者综合了古今中外美学专家对人体健美的见解，归纳出了以下的基本标准：

　　1. 健康美　主要表现在皮肤美。皮肤，特别是脸色，是健康的镜子，它是营养状况、心理状态、卫生习惯与生活方式的综合反映。所以说，保持皮肤良好的弹性和健康的肤色是以上诸多因素良好作用的结果。

　　2. 体型美　主要标准是骨骼发育正常；肌肉发达匀称；皮下脂肪适度；双肩对称，男宽女圆，脊柱正视垂直，侧看曲度正常，人体各部分比例匀称，这是构成健美的基本条件。

　　3. 姿态美　主要表现为人在日常生活中处于静止或活动状态时，身体各部分位置的相互关系。正如我国谚语所说："站如松，坐如钟，行如风，卧如弓。"一个人的健美姿态的形成，首先始于正确的站、坐、走。

　　4. 仪表美　是指人的修饰和风度美。中学生应该注重衣着整洁、美观、大方，服装能够表现自己的青春活力；同时举止言谈大方、得体，讲究文明、礼貌，表现出行为美。

　　5. 心灵美　是指一个人的外在美只有与内在美有机结合起来，才是真正的美。同学们在注意自己健美锻炼的同时，还应注重心理与精神的健康，使自己内心世界保持平稳和健康，努力培养自己，形成完美的、健全的人格，这是心灵美的重要内容。

二、影响健美的不良心理与行为

在青春期，由于身体和心理的发展都还未定型，有些同学只看到自己身体发育方面的一些不足之处，或是把一时的现象当作不可改变的问题，再加上自己又缺乏有关的科学知识，就可能出现一些影响健美的不良心理和行为。这主要表现在"体像烦恼"和由此产生的行为上，如有人因对自己的长相不满意，或是对自己的身材不满意，整天照镜子；又如有人认为自己个子矮，太胖，或是五官哪个部位不漂亮，而不愿见人，害怕参加集体活动，逐渐脱离群体，造成自我封闭的性格，这样就会产生心理障碍，影响学习和正常生活，当然更谈不上积极进行健美锻炼。由于发生这类问题，人的整个精神面貌都不可能健康完美了。还有些同学，因为对自己的体型不满意，而盲目地节食，造成营养缺乏，身体免疫力下降，这便极易诱发各种疾病，如贫血、肺结核和其他感染性疾病；还有的得了神经性厌食症，甚至造成休学和退学。此外，吸烟、饮酒，不爱运动，生活无规律，都会对身心健美产生消极的影响，也需要注意克服。追求健美，最好的方法是积极参加健美锻炼。

三、健美锻炼的科学方法

人的体型可以通过改善营养状况、形体训练、各种力量和耐力项目的锻炼而发生变化，这是因为人体的运动器官具有较大的可塑性。经过长时间的机械用力，骨骼、关节、肌肉和韧带等都可以发生适应性的变化。青少年正处在身体成长发育的关键时期，在体育运动学中称这一阶段为身体素质的敏感期，所以，中学生如果紧紧抓住这个珍贵的素质敏感期，有针对性地进行健美训练，定能收到显著的效果。

与人体健美有关的体育运动很多，如跑步、登山、游泳、划船、徒手操、健美操、减肥操、韵律操、健美舞蹈等。健美运动是很适合青年人的一项运动。它是利用一定的器械，主要发展肌肉的力量、体积和形状，以调整形体的专门训练。健美运动应该遵循的原则是：

1. 目的明确，方法得当　应请体育老师或专门的健美运动教练，帮助分析自己的体质和现状，据此制订科学的锻炼计划，选择适合自己的健美运动项目。中职生尤其应上好体育课，坚持适量的课外锻炼。

2. 运动负荷要得当　练习时间的长短，负荷重量的大小，都要循序渐进，要有一个逐步适应的过程，每次训练的间隔时间要适当，一般以隔日做一次较好。

3. 要注意训练的全面性　内脏器官和肌肉同时锻炼，尤其不可忽视心肺功能的锻炼；全身肌肉都要得到锻炼，注意大肌肉群和小肌肉群的结合，收缩肌和对抗肌的结合。

4. 练习时还要注意呼吸的配合　正确地呼、吸、屏气，掌握好呼吸的节奏，可使健美动作更自然潇洒。

5. 在健美训练中，要注意养成正确的姿势和动作。同时，日常生活中也更要注意保持风度美和仪表美，例如坐、立、卧、行、跑、骑车，以及讲演、交往等都应有健美的姿态和健康的情绪，这样才能使青春期的健美渗透到生活的方方面面。

6. 善于将内在的美适度地表现出来　青春的魅力，生命的活力，气质的高雅，人格的感染力等，都是青春健美所不可缺少的内在精神世界的美，所以，青春健美的基础便是心灵之美。

三、艺术美

艺术美就是艺术作品所呈现的美。艺术美是对现实美的反映,是艺术家审美意识的集中表现和物态化的成果。

(一)艺术美与现实美的关系

1. 艺术美来源于客观现实 艺术家的创作激情、创作素材都来源于现实生活。国画大师徐悲鸿认为:"学画最好以造化为师,故画马必以马为师,画鸡即以鸡为师,细察其形象和动作,务扼其要,不尚其细。"艺术家通过对现实生活中特定事物的观察、体验、把握,形成对该事物的审美意识和情感,这种审美意识和审美情感的物化形态(借助于一定的物质材料,如画家的色彩、画布,雕塑家的石、泥块等)就是通常所说的艺术形象。人们只有通过对艺术形象的欣赏,才能感受到艺术作品的美,艺术作品的魅力来源于千姿百态、生动可感的艺术形象。

2. 艺术美高于现实美 艺术美是现实美的能动反映。艺术美虽然来自现实,但并不就是现实的翻版,而是对现实美的能动的反映,即要通过艺术家对生活的感受、理解、研究、分析、提炼等创造性的劳动,经过去粗取精、去伪存真、由此及彼、由表及里的改造制作功夫,把生活中的美更清楚、集中和强烈地呈现在人们的面前。

(二)特征

艺术美的审美特征主要表现以下两个方面。

1. 典型性 艺术美往往把现实生活中不集中、不充分、美丑混杂的东西提炼、概括、加工,熔铸成比现实美更集中、更带有普遍性、更强烈的艺术美。艺术美的典型性必然是概括性与个别性的统一,是以个别反映一般,通过具有独特个性的人物和具体的矛盾冲突反映某一特定时代的社会面貌。典型性主要是指艺术中的人物典型形象,它是来自实际生活,是实际生活的真实反映,但又比普通的实际生活更高、更鲜明,更有集中性,更带普遍性,从而更富有审美价值。典型形象具有一定的代表性,又有鲜明的个性,是个性与共性的统一。托尔斯泰在《同作家莫欣谈》中指出:"假如直接根据一个什么真人来描写,结果就根本成不了典型,只能得出某个个别的、例外的、没有意思的东西。而我所需要做的恰恰是从一个人身上撷取他的主要特点,再加上我所观察过的其他人的特点,那么这才是典型的东西。"同时,艺术美要通过典型环境中的典型人物反映社会生活的本质和规律。鲁迅笔下的祥林嫂,就是由多个模特儿的经历缀合而成一个典型形象,又通过典型环境(祝福)来显示。如把改嫁、孩子被狼吃掉、捐门槛等毫无关系的事情都集中在祥林嫂一个人身上。鲁四老爷的原型也没有那么凶,鲁迅先生却把许多地主的凶恶面目集中到鲁四老爷身上。这样一集中,祥林嫂更苦了,鲁四老爷更凶了。经过如此典型化的形象才能深刻地反映出旧中国四大绳索(政权、族权、神权、夫权)对妇女的严重束缚与摧残。

2. 理想性 审美理想是指人们对美的一种完善形态的愿望、憧憬和理想,是人们对未来远景的创造性想象。它是人类审美意识高度发展的产物。艺术家在创造艺术美的过程中,必然把自己鲜明的爱憎感情、强烈的审美理想熔铸于艺术形象之中,化为作品的血肉和灵魂,使之表现出有意蕴,把现实生活本身更加理想化。审美理想能动地指导和规范着艺术创造,正是由于审美理想的不同,才使不同时代人、不同阶级、不同民族的物态化的艺术品各具神姿,表现出它们之间迥然不同的特殊性和时代精神。比如在我国,奴隶制早期青铜饕餮所体现的狞厉之美,汉代画像石刻所体现的深沉雄大、古朴雅拙之美,北魏北齐雕塑的秀骨清相、飘逸含蓄所体现的神秘之美，唐代绘画的肥硕丰腴所体现的雍容华贵之美，宋代以至明清绘画建筑的纤秀华美所体现的圆熟典丽之美……这就是不同时代的审美理想的积淀。同是水泊梁山一百零八人，由于艺术家审美理想的巨大差异，写成了两部截然不同的小说。一个作者站在进步的立场上，把这一百零八人写成了一百零八个杀富济贫、反抗黑暗朝廷的英雄好汉，小说名叫《水浒传》；另一个作者站在反动的立场上，把这一百零八个人写成了一百零八个奸淫掳掠、杀人放火的恶魔，小说名叫《荡寇志》。艺术美的理想性，不仅使艺术作品具有强烈的感染力，而且使其具有深刻的意蕴，从而使欣赏者从艺术品的感性形式中提升出来，使其精神境界得到升华。

3. 普遍性 现实美总是受到时间和空间的局限，它是一时一地的，只能供一时一地的人欣赏。艺术美则通过物质手段把现实美和一定时代人们的审美意识凝固在物态化的艺术作品中，成为"永久的现在"。这种具有固定形象的艺术美，不仅能供当时当地的人欣赏，也能供他时他地的人欣赏。人们可以从中欣赏到不同时代、不同地域的人情美、道德美、风格美、景物美，感受到不同时代人们的审美心理、情趣和时尚。也就是说，艺术美克服了现实美在时、空上的局限性，能够被普遍的人进行普遍的欣赏。正因为有这一特点，艺术美在推动社会生活前进方面，有着特殊价值。艺术美虽然有供人娱乐、消遣的一面，但更重要的是，它负有推动社会生活前进的特殊使命。艺术美是通过征服人心、鼓舞人心而达到推动生活前进的目的的。朗吉弩斯说：文章不仅打动听觉，而且打动整个心灵……通过文字本身的声音，把作者的情感传到听众的心里，引起听众和作者的共鸣。这样，使我们心醉神迷地受到文章中所写出的那种崇高、庄严、雄伟以及其他一切品质的潜移默化。艺术美能够征服人心，鼓舞人心，在人们心灵燃起为实现理想的生活而斗争的火焰，以达到推动社会生活前进的最后目的。艺术家通过特别的技术，使艺术形象产生无穷的艺术魅力，从而发挥艺术美的价值。真正优秀的艺术作品，能经受时间的严格考验，显出永久的魅力。

本章小结

　　本章内容为美学基础理论，其目的在于为今后的美育打下理念基础。第一部分为形式美，讲述了形式因素与形式规律两个方面；第二部分为传统美学范畴，讲述了中国传统美学范畴中的中和、白贲、意境、气韵与西方传统美学范畴中的优美、崇高、悲剧、喜剧；第三部分为美的种类，讲述了自然美、社会美、艺术美。

（汪宝德）

思考题

1. 形式美有哪些组合规律？
2. 分别举例说说中和、白贲、意境美。
3. 比较优美与崇高、悲剧与喜剧美的特点。
4. 如何欣赏自然美？请举例说明。

第三章　实用艺术

学习目标

1. 掌握建筑与工艺的审美特征。
2. 熟悉欣赏建筑美和工艺美的方法。
3. 了解建筑和工艺的有关知识。

实用艺术是指实用与审美相结合的表现性空间艺术，一般包括建筑艺术和工艺艺术等。实用艺术是所有艺术种类中最普及、最常见的类别，它与人们的衣、食、住、行、用等日常生活关系密切。实用艺术最基本的特征是实用性和审美性相结合，既有实用价值，又有审美价值。狭义的实用艺术专指那些运用一定造型手段和艺术技巧，对生活实用品和陈设品进行艺术加工的装饰艺术，如染织工艺、家具工艺、陶瓷工艺、装饰绘画、象牙雕刻、商业广告艺术等；广义的实用艺术则指那些既能满足人们的实用需求，又能满足人们的审美需求，融科学与美学、技术与艺术于一体的作品，一般包括建筑艺术、工艺（或工艺美术）、园林艺术与设计艺术等。

第一节　建筑艺术

建筑是指建筑物和构筑物的通称，是人类用物质材料修建或构筑的居住和活动的场所。建筑是一种实用艺术，它的基本功能是实用，而审美功能则是建立在实用功能之上的。建筑是人类创造的最值得自豪的文明之一，是人类为满足自身居住、交往和其他活动的需要而创造的空间环境。

一、建筑艺术的基本知识

（一）建筑艺术的起源与发展

建筑艺术是通过对建筑物的实体与空间（包括周围的自然环境）的统一组织和处理，使之既具功能又达到人们审美要求的一种造型艺术。建筑艺术源于实用，实用先于审美。

1. 西方建筑　西方古代建筑的范围，是指从古希腊到英国工业革命前的建筑，主要以石块砌垒为主。西方近现代建筑以 19 世纪浪漫主义古典复兴主义建筑到美国沙利文摩天高楼群的建筑为代表，以条形框架砖石承重钢筋混凝土结构为主。

古希腊是欧洲建筑艺术的源泉与宝库，公元前八世纪希腊人建造了如神庙、剧场、竞技场等各种建筑物，在许多城邦中出现了规模壮观的公共活动广场和造型优美的建筑组群。

此时期的建筑风格是和谐、完美和崇高,帕特农神庙是代表建筑(图3-1)。

图3-1　帕特农神庙

古罗马建筑是古罗马人沿袭亚平宁半岛上伊特鲁里亚人的建筑技术,继承古希腊建筑特点,在建筑形制、技术和艺术方面广泛创新的一种建筑风格。罗马人发明了由天然的火山灰、砂石和石灰构成的混凝土,在拱券的建造技术方面取得了新的成就,古罗马角斗场是代表建筑之一(图3-2)。

图3-2　古罗马角斗场

罗马灭亡后,欧洲进入封建教会时期,其间流行的是以天主教堂为代表的哥特式建筑。哥特式建筑以其高超的技术和艺术成就,在建筑史上占有重要地位。这种建筑外观的特点是有许多大大小小的尖塔和尖顶,窗户细高,雕刻精巧华丽,早期的哥特式教堂的代表是巴黎圣母院(图3-3)。

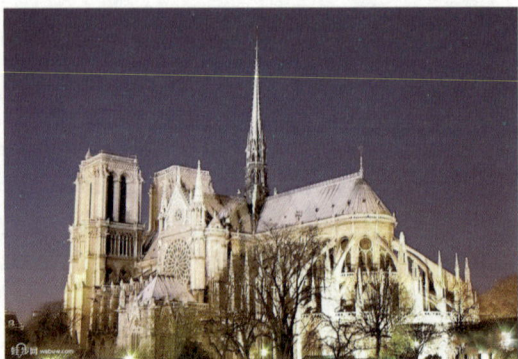

图3-3　巴黎圣母院

文艺复兴、巴洛克和古典主义是 15—19 世纪先后流行于欧洲各国的建筑风格,其中文艺复兴与巴洛克建筑源于意大利,古典主义建筑源于法国。此时期欧洲的建筑发展又进入了一个新时期,各种拱顶、券廊特别是柱式又重新受到人们的重视,以圣彼得大教堂作为典型代表,高 137.8m,拱顶的直径达 42m(图3-4)。从此直到 19 世纪,以柱式为基础的古典主义一直在西方建筑中占据着绝对的统治地位。

图3-4　圣彼得大教堂

课外阅读

巴洛克风格建筑

巴洛克建筑是 17—18 世纪在意大利文艺复兴建筑基础上发展起来的一种建筑和装饰风格。其特点是外形自由,追求动态,喜好富丽的装饰和雕刻、强烈的色彩,常用穿插的曲面和椭圆形空间。它的风格自由奔放,造型繁复,富于变化,只是有的建筑装饰堆砌过分。西班牙圣地亚哥大教堂为这一时期建筑的典型实例。

从 19 世纪末叶开始,现代主义建筑在西方建筑界居主导地位。该建筑主张:建筑师要摆脱传统建筑形式的束缚,建立现代派建筑,大胆创造适用于工业化社会的条件、要求的崭新建筑,具有鲜明的理性主义和激进主义的色彩,如联合国总部大厦就是典型代表(图3-5)。

图3-5　联合国总部大厦

2. 中国建筑 早在五十万年前的旧石器时代，中国原始人就已经知道利用天然的洞穴作为栖身之所，南方多为巢居，北方多为穴居。如六七千年前的浙江余姚的河姆渡遗址发现了使用榫卯构筑木架房屋（图3-6）；仰韶文化时期黄河流域的西安半坡遗址（图3-7），发掘的草泥木构小屋就有四五十座。这个阶段是我国古代建筑艺术的创始阶段。

图3-6 河姆渡遗址

图3-7 西安半坡遗址

从春秋直到南北朝，中国古代建筑体系已经定型，是我国建筑史上的成型阶段。在构造上，穿斗架、叠梁式构架、高台建筑、重楼建筑和干栏式建筑等相继确立了自身体系，并成了日后2000多年中国古代木构建筑的主体构造形式。在类型上，城市的格局、宫殿建筑和礼制建筑的形制、佛塔、石窟寺、住宅、门阙、望楼等都已齐备，阿房宫是这个时期的典型代表。

第三阶段是中国建筑的成熟阶段，是中国古代各民族间建筑第二次大融合的年代，这一历史阶段又可分为前、后半期。前半期包括隋、唐两个朝代，此期的建筑气势雄伟、粗犷简洁、色彩朴实；后半期包括五代、宋、辽金各朝，此期的建筑风格趋于精巧华丽，纤缛繁复、色彩"绚丽如织绣"。这个阶段的建筑成就表现在建筑类型更为完善，规模极其恢宏；在建筑设计和施工中广泛使用图样和模型；建筑师从知识分子和工匠中分化出来成为专门职业；建筑技术上又有新发展并趋于成熟——组合梁柱的运用，材分模数制的确立，铺作层的形成。由此中国传统建筑文化发展到成熟阶段，唐代增建的大明宫就是典型代表（图3-8），气势恢宏而高大雄壮，充分体现了大唐盛世的时代精神。

图3-8 大明宫复原图

第四阶段是元、明、清（1840年前）时期。此阶段的建筑遗存十分丰富，重要的有明、清北京城、故宫（图3-9）和一些大型的皇家园林、众多的私家园林及许多著名的寺观建筑。这一阶段的建筑特点包括木构造技术的变革——拼合梁柱的大量使用、斗拱作用的衰退、模数制的进一步完成促使设计标准化、定型化以及砖石建筑的普及；施工机构的双轨制及设计工作的专业化；个体建筑形制的凝固，总体设计的发达。

图3-9　故宫

第五阶段是以1840年鸦片战争为开端，中国步入了半封建半殖民地的近代社会，在强大的外来冲击、挑战下，固有的建筑体系显得很不适应而开始解体。以此为开端的中国近代建筑的历史进程，也由此被动地在西方建筑文化的冲击、激发与推动之下展开了。一方面是中国传统建筑文化的继续，另一方面是西方外来建筑文化的传播，这两种建筑活动的互相作用（碰撞、交叉和融合），使中国近代建筑的历史呈现出中与西、古与今、新与旧多种体系并存、碰撞与交融的错综复杂状态。中国近代建筑正是这种不断发展的多元文化下的历史见证。

第六阶段是指新中国成立后至今的中国现代建筑时期，此期的中国建筑具有西洋古典建筑文化、中国传统建筑文化及现代建筑文化三重建筑文化观念的特点。改革开放前的建筑反映了建筑工作者在困难条件下对建筑事业的献身精神。改革开放后，建筑学术思想日趋活跃，提高了我国的建筑学术水平，建筑活动出现了全国繁荣的新局面。

（二）建筑艺术的要素

古罗马一位名叫维特鲁威的建筑师曾经提到了建筑必须"实用、坚固、美观"。建筑构成的三个要素，即建筑功能、物质技术和建筑形象。

1. 建筑功能　建筑功能是指建筑物在物质和精神方面必须满足的使用要求，即建筑的实用性。不同类别的建筑具有不同的使用要求，例如交通建筑要求人流线路流畅，观演建筑要求有良好的视听环境，工业建筑必须符合生产工艺流程的要求，等等；同时，建筑必须满足人体尺度和人体活动所需的空间尺度，以及人的生理要求，如良好的朝向、保温隔热、隔声、防潮、防水、采光、通风条件等。

2. 物质技术　建筑的物质技术是实现建筑功能的物质基础和技术手段。物质基础包括建筑材料与制品、建筑设备和施工机具等；技术条件包括建筑设计理论、工程计算理论、建筑施工技术和管理理论等。其中建筑材料和结构是构成建筑空间环境的骨架，建筑设备是保证建筑达到某种要求的技术条件。而建筑施工技术则是实现建筑生产的过程和方法。例如，钢材、水泥和钢筋混凝土的出现，解决了现代建筑物的大跨度和高层建筑的结构问题。由于现代各种新材料、新结构、新设备的不断出现，使得多功能大厅、超高层建筑、薄壳、悬索等大空间结构的建筑功能和建筑形象得以实现。构成建筑形象的因素，包括建筑群体和单体的体形、内部和外部的空间组合、立面构图、细部处理、材料的色彩和质感以及光影和装饰的处理。

3. 建筑形象 建筑形象是指建筑物的内外观感，是建筑体形、立面式样、建筑色彩、材料质感、细部装饰等的综合反映。包括建筑体形（矩形、塔形、圆形、L形等）、立面处理（横向分格、竖向分格等）、内外空间的组织装修、色彩应用等。好的建筑形象具有一定的感染力，给人以精神上的满足和享受，例如朴素大方、简清明快、生动活泼、绚丽多姿等。建筑形象并不单纯是一个美观的问题，它还应该反映时代的生产力水平、文化生活水平和社会精神面貌，反映民族特色和地方特征等。

建筑功能、物质技术和建筑形象三者是辩证统一的，又相互制约。大多数建筑物是为功能而建造的，所以建筑功能经常起着主导作用，满足功能要求是这一类建筑物的主要目的。建筑技术是手段，依靠它可以达到和改善功能要求。在建筑功能和技术手段一定的条件下，为了创造某种美的意境，或求得某种形象效果，需要功能、技术和形象的协调、统一，甚至有时将建筑形象置于主导地位。

（三）建筑艺术的分类

建筑可以从不同角度进行分类：

1. 按照实用功能 分为居住建筑、公共建筑、工业建筑和农业建筑。

2. 按照民族风格 分为中国式、日本式、泰国式、伊斯兰式、意大利式、俄罗斯式等。

3. 按照建筑物类型 分为住宅、别墅、写字楼、商业和宗教建筑。

4. 按照承重结构材料 分为木结构建筑、混合结构建筑（如砖木、砖混和钢混等）、钢筋混凝土结构建筑和钢结构建筑等。

5. 根据建筑的时代风格 分为：

（1）古希腊式：古希腊的建筑属梁柱体系，早期主要建筑多用石料，其中以多立克柱式、爱奥尼柱式、科林斯柱式和女郎雕像柱式等四种柱式为代表。

（2）古罗马式：古罗马式建筑因为使用了强度高、施工方便、价格便宜的火山灰混凝土，所以拱券结构得到推广。

（3）拜占庭式：拜占庭式建筑是在继承古罗马建筑文化的基础上发展起来的，该建筑具有鲜明的宗教色彩，其突出特点是穹隆顶。

（4）哥特式：哥德式建筑的特点是尖塔高耸、尖形拱门、大窗户及绘有圣经故事的花窗玻璃。

（5）文艺复兴式：文艺复兴式建筑最明显的特征是扬弃了中世纪时期的哥特式建筑风格，而在宗教和世俗建筑上重新采用古希腊罗马时期的柱式构图要素，拥有严谨的立面和平面构图。

（6）巴洛克式：巴洛克式建筑的特点是外形自由，追求动态，喜好富丽的装饰和雕刻、强烈的色彩，常用穿插的曲面和椭圆形空间。

（7）古典主义式：古典主义式建筑是以古典柱式为构图基础，突出轴线，强调对称，注重比例，讲究主从关系。

二、建筑美欣赏

建筑既可满足人们的实用需要，也可以满足人们的审美需要。法国雕塑艺术家奥古斯特·罗丹曾经说："美是无处不在的，对于我们的眼睛，不是缺少美，而是缺少发现。"人们通过不同的角度欣赏建筑，从而获得艺术美的享受。

（一）从功能美入手欣赏

建筑的功能通常是建筑师最关注的方面，尽管建筑因自己的形式美而吸引着人们的目光，但人们往往不会只停留在对形式美的欣赏上，人会自觉或不自觉地从感觉外在的形式美到功能、技术、环境等方面的理性认识上。建筑首先是为了满足人们对自然空间的居住要求，即必须符合实用功能的目的。看看现实生活中的建筑，似乎很难发现一种毫无实用价值的建筑。当然，建筑的功能也不仅仅局限于实用，它还有认识功能和审美功能等，但实用功能却是最基本、主要的功能。

（二）从形式美入手欣赏

形式美是指构成事物的物质材料的自然属性（色彩、形状、线条、声音等）及其组合规律（如整齐一律、节奏与韵律等）所呈现出来的审美特性。

1. 多样与统一　建筑的形式美追求"多样化的统一"。如果只有多样化，而没有整齐统一，就会显得杂乱无章、支离破碎，这样容易让人迷失，甚至令人不快；如果只有整齐统一，而没有多样变化，就会显得呆板、单调，这样显得毫无生气，更谈不上激发心理快感的美。如盖里于1998年设计和建造完成的西班牙毕尔包市的所罗门·古根汉姆艺术博物馆（图3-10），虽然看起来是由杂乱的塑性体块组成整个建筑，但是曲线和钛合金在每一个建筑单元中出现形成了一定的秩序，这正是多样化的统一。当然，在建筑中突出对高度、色彩、尺度、形态等方面的呼应，也同样可以形成秩序，达到多样化的统一。因此，建筑形式的美，不在所谓的"多样"，也不在所谓的"统一"，而在多样与统一的和谐。正如一部乐曲，要有一个贯穿全曲的主旋律；一篇文章，要有一个立意，同时具有丰富多样的表现，方为上乘。

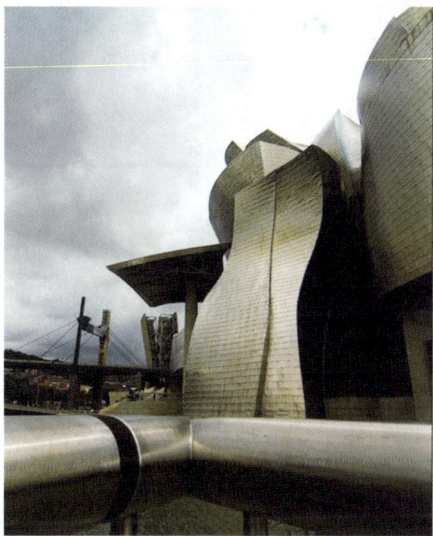

图3-10　西班牙所罗门·古根汉姆艺术博物馆

2. 比例与尺度　协调的比例可以引起人们的美感。文艺复兴时期，大画家兼建筑师达·芬奇曾说过："美感完全建立在各部分之间的神圣比例关系上。"比例是整体与局部间合乎逻辑的必要关系。经过长期的探索发现，长方形的长宽比最佳为 $1:1.618$，这就是著名的黄金分割原理。法国的巴黎圣母院，其立面高与宽的比例为 $8:5$，它的每扇窗户的比例也都符合黄金分割律。

另一个与建筑比例有密切关系的建筑形式美的是建筑形式的尺度。这一尺度是对人而言的，只要能够契合一定的生理与心理需要，就是适度。尺度是指具体尺寸，但是，尺度一般不是指真实的尺寸和大小，而是给人们感觉上的大小印象同真实大小之间的关系。它是审美主体与建筑客体之间协调的比例关系。

3. 对称与均衡　对称是指建筑的外在形式和内在质量都以中轴线而形成在两侧均等的状态，对称本身就是一种均衡。均衡而稳定的建筑不仅安全，而且感觉上也是舒服的。中外建筑史上有无数优秀的建筑都采用了对称的组合形式，不仅给人以稳定感、秩序感，还能令人感到庄严神圣，古朴安详，如印度的泰姬陵就是典型的对称均衡建筑（图 3-11）。不对称均衡因为没有严格的约束，适应性强，显得生动活泼，如承德避暑山庄烟雨楼（图 3-12）。

图 3-11　泰姬陵

图 3-12　承德避暑山庄烟雨楼

4. 色彩与质感　色彩的对比和调和，质感的粗细和纹理变化对于创造生动活泼的建筑形象都起着重要作用。建筑物的色彩是最具视觉冲击力、最具表现力、最具造型活力的因素，如果能够合理地利用色彩，可以将人引入联想，产生更高层次的美感追求。建筑色彩不仅能够体现出建筑的人文特征，同时还是城市时代风貌的见证，它与众多其他建筑因素相互作用，对建筑的表现形式产生了极大的影响。

当建筑物选择不同建筑材料就会形成不同的建筑质感，与建筑色彩关系尤为密切的，是建筑材料所造成的建筑形式的质感。人们通常选择的木材、石块、砖、玻璃等材料可以产生温暖、粗重、规则和虚幻之感。

欣赏示例：

1. 哈利法塔（图 3-13）　原名迪拜塔，位于阿联酋的迪拜市。哈利法塔始建于 2004 年，2010 年 1 月 4 日竣工，高 828m，楼层总数 162 层。修建总共使用 33 万 m³ 混凝土、6.2 万吨强化钢筋，14.2 万 m² 玻璃。哈利法塔的建筑理念是"沙漠之花——Desert Flower"，平面是三瓣对称盛开的花朵，立面通过 21 个逐渐升高的退台形成螺旋线，整个建筑物像含苞待放的鲜花。这朵鲜花在沙漠耀眼的阳光下，幕墙与蓝天一色，发出熠熠光辉。迪拜塔共有 160 层，内设有住宅、办公室和豪华酒店，位于第 124 层的景观层可以将整个迪拜市容尽收眼底，甚至能将被誉为世界第八奇迹的"棕榈岛"一览无余。

图 3-13　哈利法塔

2. 鸟巢（图 3-14）　中国国家体育馆，又名鸟巢，因如同一个由树枝编织成的鸟巢而闻名。2003 年 12 月 24 日开工建设，2008 年 3 月竣工，总造价 22.67 亿元。主体建筑呈空间马鞍椭圆形，南北长 333 米，外形结构主要由巨大的门式钢架组成，共有 24 根桁架柱。钢结构总用钢量为 4.2 万吨，混凝土看台分为上、中、下三层，屋顶钢结构上覆盖了双层膜结构，即固定于钢结构上弦之间的透明的上层 ETFE 膜和固定于钢结构下弦之下及内环侧壁的半透明的下层 PTFE 声学吊顶。

鸟巢以钢为主体结构，远远望去，就像一只大鸟的巢穴，在灯光的配合下给人强烈的立体感，以鸟巢为其形状，预示着与自然的统一，体现人与自然的和谐相处。以“鸟巢”为名，寓意“筑巢引凤”“百鸟归巢”，象征着全世界运动健儿的大聚会将盛况空前。鸟巢里面的体育场看台呈碗状，碗在中国传统文化代表“食禄”和“财禄”，“鸟巢”藏“碗”象征盆满钵满。巨大的“鸟巢”位于北京城的城市中轴线北端，使这座具有几千年历史的名城大放异彩，其吉祥寓意可想而知。

图 3-14　鸟巢

第二节　工　艺　美　术

工艺美术通常指美化生活用品和生活环境的造型艺术。它的突出特点是物质生产与美的创造相结合,以实用为主要目的,并具有审美特性。故通常具有双重性质:既是物质产品,又具有不同程度精神方面的审美性。五彩缤纷的生活需要工艺美术丰富的点缀,如果没有工艺美术精彩生动的装饰,我们美好的生活将单调乏味。工艺美术美化了我们的生活环境,所以工艺美术的发展与进化是人类共同的责任。

一、工艺美术的基本知识

工艺是指劳动者利用各类生产工具对各种原材料、半成品进行加工或处理,最终使之成为成品的方法与过程;美术泛指创作占有一定平面或空间,且具有可视性的艺术。工艺美术是以美术技巧制成的各种与实用相结合并有欣赏价值的工艺品,为造型艺术之一。它以“工艺”和“美术”的存在为前提。这就是说工艺美术是指以美术技巧制成的各种与实用相结合并有欣赏价值的工艺品,通常具有双重性质:既是物质产品,又具有不同程度精神方面的审美性。

(一)工艺美术的起源与发展

工艺美术大多是劳动人民直接创造的,同人们的物质生活和精神生活密切相关。它的产生,常因历史时期、地理环境、经济条件、文化技术水平、民族风尚和审美观点不同而表现出不同的风格特色。冰河时期的艺术家们发展了几乎是艺术生产的各种加工技巧,包括石质的、骨质的、象牙的、泥土的圆雕、浮雕以及这些材料上的各种刻画符号。从出土的石器时代的文物看,原始人的工具上常常有各种动物形或几何形的装饰,因其加工的精美,我们很难分辨出它们究竟是工具还是工艺美术品,故认为工艺美术起源于人类开始制造工具的时代。

距今五六十万年以前的蓝田人和北京周口店人使用的石器虽然比较原始,但是到后来就逐步修整,有了一定的形制;到新石器时代广泛流行通体磨光的石器,由于打磨和切锯技术的提高,石器的造型更加准确多样、锋利光润。随着人们对材料性能的掌握以及审美力不断提高,出现了玉斧、玉锛等作为实用工具的玉器,而玉玦、玉璜、玉珠、玉环的出现说明玉器已从实用为主转为以装饰欣赏为主了。就这样人类从制造的第一块石器开始到装饰物类——串饰,进而出现彩陶、青铜器、漆器、瓷器、各类织物等,形成了一条源源不断的自古延续至今的实用艺术之河。

中国工艺美术是中华民族造型艺术的重要组成部分,既体现了工艺美术的一般本质特征,在内涵和形式上保持着实用性与审美性的统一,又显示了中华民族文化自身所具有的鲜明个性。中国工艺美术以其悠久的历史、别具一格的风范、高超精湛的技艺和丰富多样的形态,为整个人类的文化创造史谱写了充满智慧和灵性之光的一章。中国工艺美术的历史呈现着两条清晰的发展脉络:以实用为主体的民间工艺美术和以观赏为主体的宫廷及文人士大夫工艺美术体系。它们作为在不同社会环境和条件下生长发展起来,代表不同阶级利益的两种工艺文化形态,有着不同的生产方式、组织结构、功用目的和美学特征。民间工艺美术主要是自然经济的家庭手工业,生产的目的主要是为满足生产者自身的需要。生产与消费的统一,使民间工艺美术产品完美地体现了实用、审美一体的基本原则,具有朴质、刚健、明快的品质。宫廷及文人士大夫工艺产生于官营或私营手工业作坊之中,迎合贵族和文人阶层的需要和趣味,因而侧重于显示观念意蕴和追求观赏把玩价值,推崇精雕细刻、矫饰奇巧。

凝聚着中华民族物质文明和精神文明的中国工艺美术,在国际性贸易和文化交流中,对世界文化的发展产生了深远的影响。中国古代的丝绸之路不仅西传了精美的丝织品,也西传了东方的养蚕和织造技术;陶瓷之路更是跨越中世纪东西世界的一条纽带,瓷器的外销不仅把中华民族的伟大发明转化为全人类的文明财富和世界性生产产业,而且也影响了所到之地人民的生活方式和文化观念。中华人民共和国建立后,工艺美术生产在继承优良传统的基础上,有了空前的发展。我国工艺美术品,经历了恢复—发展—创新的发展阶段,使内销工艺品数量有了大幅度的增加,在此基础上又扩大外贸出口,促进了国际经济文化交流。中国工艺美术品类繁多,分十几大类,数百小类,品种数以万计,花色不胜枚举。大类包括陶瓷工艺品、雕塑工艺品、玉器、织锦、刺绣、印染手工艺品、花边、编结工艺品、编织工艺品、地毯和壁毯、漆器、金属工艺品、工艺画、首饰等。20世纪中叶后,中国工艺美术更是全面地走向世界,进一步促进了国际文化经济的交流。

(二)工艺美术的基本要素

工艺美术是美的设计、工艺生产和实用功能的有机结合,材料、技术、艺术成为工艺美术的基本要素。

1. 材料 所有的工艺美术品都是由一定的材料构成,工艺美术的历史,实际上是一部不断发现材料、利用材料、创造材料的历史。材料是体现工艺美的物质条件,历来受到工艺美术家的重视。从石器时代、陶器时代、青铜时代,直到工业时代与今天的信息时代,都因材料的发展而改变着人们的生活。人们把材料分成自然材料和人工材料两大类,自然材料如玉石、青铜、泥土、羽毛、竹子、木头、象牙等;人工材料如金属、纸张、塑料、玻璃及各种复合材料等。材料美是创造工艺美的物质基础,认识、鉴别材料并做到合理使用材料则是创造工艺美的前提。所以当材料的个性特征得到恰如其分的表现时,这件工艺品的材料就会被认为是美的。

只有最大限度地利用、发挥和保护材料的各个特征,才能制作出优秀的工艺美术品。如俗话说"珠圆玉润",中国人以圆为美,在人们的一般印象中,珍珠都是圆球状的,直径越大、形状越圆、光泽度越亮、瑕疵越少的珍珠越珍贵。而异形珍珠虽然不够圆正,但是它可贵之处在于,它们独一无二、不拘方圆的夸张造型,每一颗异形珍珠都有自己的独特之美。当设计师充分利用珍珠本身的造型,再结合设计师的天马行空、奇思妙想,设计出各种形态各异的首饰,每一件创造出来的珍珠首饰都是独一无二的作品(图3-15)。

图3-15 异形珍珠作品

不同材料的使用会产生不同的造物类别和不同的使用价值。材料自然美的发掘与发挥是工艺美术的构思与创作的重要原则,而材料的认识和使用水平取决于科技的发展,这往往是衡量一个国家和民族科技实力的重要标志。

2．技术 工艺技术是指产品的加工制造方法，包括从原料投入到包装全过程，即原料配方、工艺路线、工艺流程、工艺流程图、工艺步骤、工艺指标、操作要点、工艺控制等。作为工艺美术创作必要的物化手段，技术水平的直接制约工艺水平的高低，技术的不同会影响造型、装饰效果的具体体现。因此，在工艺美术创作中，在工艺形象的创造中，处处体现着技术的美。

在大机器工业革命以前，技术主要表现为手工劳动者的技艺。它是劳动者在长期社会实践中，造物活动中积淀起来的技巧、手艺、劳动手段和方法。大机器工业的兴起，生产方式和劳动手段发生革命性变更：个人性的技能、技巧在生产中的作用降低，机械工具的重要性增强。以人类对材料的加工利用为起点的工艺技术，就这样从简单到复杂、从低级到高级不断积累不断发展着。

技术是工艺美术造型的手段，没有工艺技术就没有工艺品的独特形态。工艺技术的进步极大地丰富了工艺美术品的形式。从制陶工艺的发展来看，从陶土的不淘洗到淘洗、选择，从手捏成形、泥条盘筑到慢轮修整和快轮制作，从装饰上的磨光到画纹饰、刻花、堆纹，从露天烧制到发明竖式窑和横穴式窑，陶瓷工艺品越来越精美，独有的艺术魅力也越来越动人。

虽然工艺技术如此重要，但在工艺美术的创造中，技术必须与艺术相结合，统一起来才能正确体现技术美的价值。否则，单纯追求技术的精湛，会导致矫饰与平庸。工艺技术的最高境界应是与艺术的完美交融，不留痕迹。

3．艺术 技术的一部分走向了科学，另外一部分走向艺术。工艺美术就是工艺技术与艺术的综合体。工艺美术的艺术性主要体现在装饰美方面：

（1）造型：工艺美术的造型是设计者艺术构思借以表现的具体形象，是审美观念得以表现的物质条件。造型要遵循适用、经济、美观的原则，考虑到人的各方面的需求，同时又要遵循造型形式美的相关法则进行构思与制作。工艺美术由于受到实用要求的局限，造型一般是抽象化的提炼，形式美得到广泛的运用。如对称与均衡、节奏与韵律等，表达出一定的情绪和意味，体现出艺术的表现力。甘肃武威出土的汉代著名铜器"马踏飞燕"反映了我国工艺美术造型的较高成就，"铜马"肌体骠健、气势昂扬，马尾在急速中高高扬起，表现出力量、运动及由之而形成的气势美（图3-16）。

图 3-16 马踏飞燕

（2）色彩：精美、切合的材料加上美丽适宜的色彩，构成了工艺美术品外观美的基础。不同的色彩及其搭配，引发不同的视觉与心理感觉，具有不同的艺术感染力。工艺美术的色彩一般是注重色彩的和谐与装饰美的作用。其面貌、形式与风格总是与物质材料的性能、加工工艺及制作手段直接相关。如颜色釉瓷是江西景德镇汉族陶瓷烧造的珍品，其釉色可谓五彩缤纷，晶莹夺目，被誉为人造宝石，是瓷都四大传统名瓷之一。颜色釉瓷是指在釉中掺入不同金属氧化物和天然矿石为着色剂，施在瓷器的胚胎上，再将胚胎高温焙烧，烧成后呈现不同颜色的瓷器（图3-17）。由于窑变的不确定性，每件颜色釉瓷都是独一无二的孤品、绝品。

（3）装饰：装饰是工艺形象的一个组成部分，在表现工艺美术的形象风格时，装饰具有重要的作用。装饰是表现性的、形式化的，它作为一种艺术手段，以规律化、秩序化、程式化为要求改变和美化事物。工艺美术的装饰发展，主要是建立在实用的基础上，从几何图形、对称规律，到图形化、图案化，它都是一种秩序的认识过程。装饰的图案要遵循形式美的规律如统一与变化、对比与协调、节奏与韵律。装饰的艺术趣味反映了一定的时代性、民族性。如2008年北京奥运会火炬的创意装饰（图3-18），祥云是具有代表性的中国文化符号，是古代汉族吉祥云纹。云为自然界中常见景象，被赋予祥瑞的文化含义，故有此名。火炬造型的设计灵感来自中国传统的纸卷轴。纸是中国四大发明之一，通过丝绸之路传到西方。人类文明随着纸的出现得以传播。源于汉代的漆红色在火炬上的运用使之明显区别于往届奥运会火炬设计，红银对比的色彩产生醒目的视觉效果，有利于各种形式的媒体传播。火炬上下比例均匀分割，祥云图案和立体浮雕式的工艺设计使整个火炬高雅华丽、内涵厚重。

图3-17　黄金釉瓷

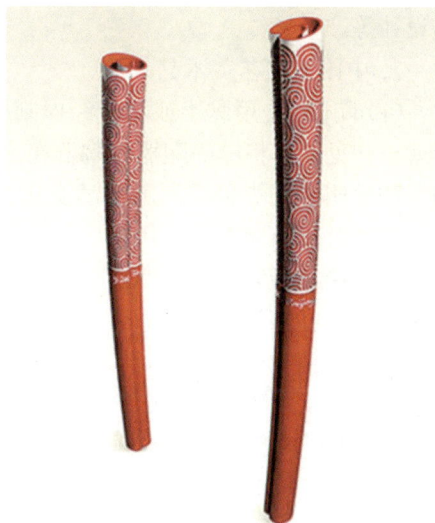

图3-18　祥云火炬

（三）工艺美术的分类

1. 工艺美术分类　工艺美术的范围非常广泛，种类繁多，主要分为以下几类。

（1）按工艺美术的功能价值可分为实用工艺美术和陈设工艺美术。实用工艺美术即含有审美意蕴的生产、生活用品，如服饰、首饰、器用和工具等；陈设工艺美术即集中展示材美工巧或造型装饰之审美意蕴而专供观赏的工艺品，如牙雕、玉雕、景泰蓝等。

（2）按工艺美术的历史形态可分为传统工艺美术和现代工艺美术。传统工艺美术即具有悠久历史、浓郁地方特色和民族风格，反映中国古典文化精神的工艺造物。如四大名绣、北京雕漆、宜兴紫砂陶、广东象牙球、扬州玉器等；现代工艺美术即在现代工业文明基础上新兴并反映现代文化精神和生产需要的工艺造物，如现代陶艺、广告设计、书籍装饰、包装装潢等。

（3）按工艺美术的生产方式可分为手工艺美术和工业设计。手工艺美术，即采用手工制作的工艺造物；工业设计，即运用现代材料和工业技术制造的工艺造物。

（4）按工艺美术的生产者和消费者的社会层次可分为民间工艺美术、宫廷工艺美术和文人工艺美术三类。民间工艺美术是作为生产者的劳动大众为自身需要制作的工艺造物，宫廷工艺美术是按封建贵族统治者的需要制作的工艺造物，文人工艺美术则是为封建文人阶层的需要制作的工艺造物。以陈设品为主的宫廷和文人工艺美术是封建时代的产物，在进入社会主义时代以后，作为民族文化遗产即特种工艺被加以保护和继承。在新的历史条件下，由职业设计家和艺匠制作的工艺美术品，成为既有实用价值又有审美价值的商品。

（5）按工艺美术材料和制作工艺可分为雕塑工艺（牙骨、木竹、玉石、泥、面等材料的雕、刻或塑）、锻冶工艺（铜器、金银器、景泰蓝等）、烧造工艺（陶瓷、玻璃料器等）、木作工艺（家具等）、髹饰工艺（漆器等）、织染工艺（丝织、刺绣、印染等）、编扎工艺（竹、藤、棕、草等材料的编织扎制）、画绘工艺（年画、烫画、铁画、内画壶等）、剪刻工艺（剪纸、皮影等）种类。现在习惯上通常将传统工艺美术分为雕塑工艺、织绣工艺、编织工艺、金属工艺、陶瓷工艺和漆器工艺六类，随现代工业生产发展起来的现代工艺美术则一般按产品对象分为室内环境设计、染织设计、服装设计、日用工业品造型设计、日用陶瓷设计、商业美术设计和书籍装饰设计等。

2. 中国的工艺美术品

（1）陶器：是用黏土或陶土经捏制成形后烧制而成的器具。陶器历史悠久，在新石器时代就已初见简单粗糙的陶器。陶器在古代作为一种生活用品，在现在一般作为工艺品收藏。陶器的发明是人类最早利用化学变化改变天然性质的开端，是人类社会由旧石器时代发展到新石器时代的标志之一。

我国最早最完整的彩陶工艺品出现在五千多年前，用红、黑、白等色绘成花纹的彩陶。其装饰绘画在烧造之前，题材多以各式几何形为主。按照出土分布的区域，彩陶可分为黄河上游的仰韶文化彩陶、甘肃和青海的半山-马厂文化彩陶、长江流域的大溪口文化彩陶、辽宁的红山文化彩陶，以及东部沿海的青莲岗文化彩陶和大汶口文化彩陶等。彩陶的装饰效果很独特，形式也丰富多样。仰韶文化中半坡类型彩陶的纹饰多以墨色绘成，显著特点是动物形花纹较多，有人面、鱼、鹿等，这正是渔猎经济在彩陶上的反映，代表作有三鱼纹盆（图3-19），在一只卷唇折腹圆底盆上，盆沿装饰有宽带纹，腹外壁绘有三条露有牙齿的鱼，唇部翘起，有吸水游动之感。造型古朴生动，手法简练、笔致粗放。

（2）瓷器：中国是瓷器的故乡，瓷器是古代劳动人民的一个重要的创造。从中国陶瓷发展史来看，一般是把"陶瓷"这个名词一分为二，为陶和瓷两大类。通常把胎体没有致密烧结的黏土和瓷石制品，统称为陶器。其中把烧造温度较高，烧结程度较好的那一部分称为"硬陶"，把施釉的一种称为"釉陶"。相对来说，经过高温烧成、胎体烧结程度较为致密、釉色品质优良的黏土或瓷石制品称为"瓷器"。瓷器的前身是原始青瓷，它是由陶器向瓷器过渡阶段的产物。中国最早的原始青瓷，发现于山西夏县东下冯龙山文化遗址中，距今约4200年。

图 3-19 三鱼纹盆

　　中国传统陶瓷的发展，经历过一个相当漫长的历史时期，种类繁杂，工艺特殊，原始瓷器起源于三千多年前的商周时代，用高温烧成的青釉硬陶已具有某些瓷器的特点。发展到汉晋已有青瓷，烧结度较高，胎骨坚硬细致紧密，气孔率和吸水率很低，叩之清脆有声，已是真正的瓷器。到隋代，白瓷的烧造已具有一定水平，到唐代窑场已遍布全国。至宋代已是瓷业最为繁荣的时期。宋朝的钧窑、哥窑、官窑、汝窑和定窑被并称为五大名窑。江西的景德镇自元代始成为全国制瓷业的中心，官窑、民窑数以千计，工匠名师四方云集。由于分工细、选料精、技艺高、烧制的青花玲珑瓷制作技艺精湛。要在瓷胎上镶嵌一个个碧绿透明的玲珑眼，难度很大，从原料配方到高温烧成要经 50 多道工序，他人几乎无法仿制。这种产品造型端庄优美，装饰新颖别致，青翠欲滴，玲珑剔透。青花玲珑瓷一出世便风靡一时，成为景德镇的传统名瓷之冠。多姿多彩的瓷器是中国古代的伟大发明之一，"瓷器"与中国在英文中同为一词，充分说明了中国瓷器的影响之大。

　　唐三彩是一种低温铅釉陶器（图 3-20），在色釉中加入不同的金属氧化物，经过焙烧，便形成浅黄、赭黄、浅绿、深绿、天蓝、褐红、茄紫等多种色彩，但多以黄、赭、绿三色为主。它主要是陶坯上涂上的彩釉，在烘制过程（经过修整、晾干后，放入热火中烧烤先经过 1000℃

图 3-20 唐三彩

55

烧制，冷却后涂上挂彩，再放入火中以 900℃继续烧烤）中发生化学变化，色釉浓淡变化、互相浸润、斑驳淋漓，色彩自然协调，花纹流畅，是一种具有中国独特风格的传统工艺品。唐三彩在色彩的相互辉映中，显出堂皇富丽的艺术魅力。唐三彩用于随葬，作为冥器，因为它的胎质松脆，防水性能差，实用性远不如当时已经出现的青瓷和白瓷。

唐三彩种类很多，包括人物、动物、碗盘、水器、酒器、文具、家具、房屋，甚至装骨灰的壶坛等。大致上较为人喜爱的是马俑，有的扬足飞奔，有的徘徊伫立，有的引颈嘶鸣，均表现出栩栩如生的各种姿态。至于人物造型有妇女、文官、武将、胡俑、天王，根据人物的社会地位和等级，刻画出不同的性格和特征，贵妇面部丰圆，梳成各式发髻，穿着色彩鲜艳的服装，文官彬彬有礼，武士刚烈勇猛，胡俑高鼻深目，天王怒目威武、雄壮气概，足为我国古代雕塑的典范精品。

（3）青铜器：由青铜合金（红铜与锡的合金）制成的器具，诞生于人类文明时期的青铜时代。合金具有硬度大、熔点低的优点，还可产生光亮美丽的色泽，铸出极精细的花纹。最早的青铜器出现于 6000 年前的古巴比伦两河流域。苏美尔文明时期雕有狮子形象的大型铜刀是早期青铜器的代表。中国的青铜器主要指 4000 多年前用铜锡合制的青铜器物，简称"铜器"，包括有炊器、食器、酒器、水器、乐器、车马饰、铜镜、带钩、兵器、工具和度量衡器等。出现并流行于 4000 年前直到秦汉时代，以商周器物最为精美，最初出现的是小型工具或饰物。

商夔龙纹觚为侈口，口径较大，体高腰细。其腹前后饰二兽面纹，高圈足上以回纹为地，上饰夔龙纹，腹足纹饰上下也各有一周圆圈纹（图 3-21）。该青铜器整体端庄厚重。觚是青铜器中的饮酒器，造型秀美修长，有亭亭玉立之感。尽管上大下小，但在结构上采用了宽边喇叭口形的高圈足，就使重心安排在器物的中部，丝毫没有头重脚轻的感觉。该器在花纹装饰上，颈部采用狭长形的蝉纹，而腰部足部用雷纹、夔龙纹和四条棱扉饰之，使整个器物的结构和高、中、低三层、立体感很强的纹饰巧妙地结合成一体，充分体现了静态中的平衡与和谐。商夔龙纹觚其中的纹饰不仅保留和发展了新石器时代彩陶上的几何图案纹，而且以夸张的形式，将上古时代幻想中的动物头部融进了花纹图案中，庄重典雅又自然得体。该夔龙纹觚的锈色斑斓，层次丰富，由内部向外延伸，变化多端，非人力所及。从觚身的锈斑剥蚀处观其铜质，有大小不等的砂眼和气孔，其都是晚商青铜觚的基本特征。

图 3-21　商·夔龙纹觚

（4）玉器：玉器是指用玉石雕刻成的器物。玉石质地坚硬，晶莹细腻，色泽美丽。玉可以分为软玉和硬玉，两者为两种不同的矿物。在中国境内出产的绝大多数为软玉，而"羊脂白玉"则为软玉中之珍品，质地细致而颜色洁白，很多精湛的玉器艺术品均以软玉雕琢而成。硬玉的主要产地为缅甸，较软玉更罕有。

我国有丰富的玉石，新疆的白玉、云南的翡翠、东北的玛瑙、山西岩玉、湖北的松石、台湾和南海诸岛的水晶和珊瑚、河南的密玉等。由于玉的硬度很高，难用刀刻，所以虽然通称玉雕，实际是用琢、磨、碾、钻等方法制作出来的。玉雕工艺品不仅色润形美，而且永恒不变，能长久保存，因而受到人们的喜爱和赞赏。玉石工艺是最古老的工艺品种之一，从新石器时代算起来也有四、五千年到一万年的历史。在新石器晚期已有制作精美的玉铲、玉镯、玉指环等，到商代无论在技术，还是在艺术上都已达到成熟阶段。商周时代已有工具类：玉铲、玉斧、玉刀等；武器类：玉戈、玉矛、玉刀等；日用器物类：玉梳、玉簪、玉耳挖等；佩饰类，如珮玉中的玉人、玉龙、玉凤、玉虎等；礼玉类：玉圭、玉璧、玉琮、玉磬等。器物大都雕工精细，形象生动。战国时玉石工艺突破了过去礼仪的陈规，除制作造型极为洗练的人物、动物佩饰外，还出现了玉制器皿如食具、耳杯。汉代以后，玉器的主要功能逐步转换到观赏陈设和实用等方面，出现了工程浩大的金缕玉衣和银缕玉衣等。随着社会的发展，玉器题材造型日益世俗化，观音菩萨、子母狮等非常流行，吉祥图案占有越来越大的比重。

玉器制品通常分首饰、艺术品和玉石盆景等三类。玉器艺术品又分玉件人物、玉件花鸟、玉件兽与器皿等。不同地域的玉器在风格上各有不同，呈现出各具千秋的艺术特色。如：2008年北京奥运会，奖牌的背面镶嵌着取自中国古代龙纹玉璧造型的玉璧（图3-22），背面正中的金属图形上镌刻着北京奥运会会徽，奖牌挂钩由中国传统双龙蒲纹璜演变而成。整个奖牌尊贵典雅，中国特色浓郁。既体现了对获奖者的礼赞，也诠释了中华民族自古以来以"玉"比"德"的价值观，是中华文明与奥林匹克精神在北京奥运会的完美结合。

图3-22　北京奥运会奖牌

（5）漆器：漆器是用天然漆树汁液精炼成的多种性能的漆做成的工艺美术品，它以木、竹等材料为胎，以调色或不调色的大漆髹饰，大漆涂饰于胎骨上，既可防腐，又是装饰。漆器形态各异，花色繁多，技艺精湛，是我国工艺美术的代表之一。漆的使用和漆器的制造在中国至少有七千年的历史，其技术风格在不断发展和演变。春秋战国时期已有专门部门管理漆工艺生产，由于木胎漆器比青铜器、陶器更轻便、耐用、防腐蚀，可彩绘装饰，大大扩展了当时漆工艺的使用范围：生活用具有耳杯、盘、豆、盒、奁等；大件家具有几案、床、车器等；乐器有鼓、瑟、钟架、鼓架等；兵器有盾、矛、弓、箭箙等；丧葬用具有棺椁、灵床、雕花板、镇墓兽等。秦汉漆器，无论从生产上说，或从艺术上说都是一个高峰时期。"张成造"剔

57

红栀子花纹圆盘（图 3-23），元，高 2.8cm，口径 16.5cm。清宫旧藏。盘以黄漆为底，以写实手法在盘中雕刻一朵硕大盛开的双瓣栀子花，间有四朵含苞欲放的花蕾，枝叶舒卷自如，肥腴圆润，布满全器。盘背边雕刻香草纹，线条峻深而圆转自如。近足处有"张成造"三字针划细款。"张成造"剔红栀子花纹盘，髹漆肥厚，刀法浑厚圆润。它既是元代雕漆的精品，又代表了当时雕漆工艺的最高水平。

图 3-23　元·剔红栀子花纹圆盘

随着技术的发展，到唐宋时期，雕漆迅速发展起来，用朱漆堆于胎上，厚至数十百层，半干时雕刻各种图案。到了清代，漆艺逐步形成多样的地方特色。如在北京地区形成雕漆、剔红、剔黄、剔墨、剔绿、剔彩等。雕漆的主要工序为雕，主要原料为漆。北京雕漆有金属胎和非金属胎两种，前者是珐琅里，后者为漆里。着漆逐层涂积，涂一层，晾干后再涂一层，一日涂两层。涂层少者几十层，多者三五百层，然后以刀代笔，按照设计画稿，雕刻出山水、花卉、人物等浮雕纹样。所用的漆以朱红为主，也有用黄绿、黑等作底色。工艺过程十分复杂，要经制胎、烧蓝、作底、着漆、雕刻、磨光等十几道工序，各工序技术要求都很高。其他，扬州的螺钿，四川的研磨彩绘，福州的脱胎，湖北的金漆梅花等漆器，也各有不同的艺术特色。

（6）四大名绣：刺绣是针线在织物上绣制的各种装饰图案的总称。刺绣分丝线刺绣和羽毛刺绣两种。刺绣是中国民间传统手工艺之一，在中国至少有二三千年历史。在长期的封建社会里，刺绣向两方面发展：一方面是民间自绣自用；另一方面是封建统治者设置绣坊，为统治阶级需要服务。秦汉之前，刺绣工艺主要是在服装用品上刺绣各种图案的规矩花纹。到魏晋时则已有专用于观赏的用锁绣法绣出的复杂花鸟画。随着佛教的传入，刺绣的佛像也开始兴起，到唐时，更有了刺绣的佛经。宋代刺绣更有高度发展。随着刺绣范围题材的扩大，针法有了创新，实用技法也普遍提高。元明清时刺绣也取得了很大成就，当时已有专门追求书画效果，以名家手笔为粉本的"绣画"和"绣字"；有依照刺绣本身处理素材的传统技法，专作日常服饰用品，花纹由作者自由描绘或剪样照绣。当时刺绣不光是家庭副业，甚至有小型作坊制作出售。明代出现了著名的"顾绣"，上海露香园的顾家媳妇韩希孟善画工绣，摹绣古今名画尤为神妙，后发展为顾绣。色彩和谐，针法多样，行针平匀。多少年来，绣工们创造了丰富的刺绣针法，如汉代的锁绣，近代的双面绣锦纹绣，套针、抢针等，共有四十多种。刺绣工艺品名闻天下，是历史上"丝绸之路"运输的重要商品之一。随着历史的发展，因地区的不同和技艺的演变，我国刺绣工艺形成了苏绣、湘绣、粤绣、蜀绣等四大名绣。

苏绣的历史长达两千多年。以江苏苏州为中心。苏绣自古便以精细素雅著称于世，其构图简练，主题突出，技巧精湛。苏绣精细之极，所用最细的线不为一般人的肉眼所能看清。

湘绣以湖南长沙为中心，这是在吸收苏绣和其他刺绣长处的基础上发展而来的。湘绣使不同颜色的丝线相互掺和，逐渐变化，色彩丰富饱满，色调和谐。湘绣的图案借鉴了中国画的长处，所绣内容多为山水、人物、走兽等，尤其是湘绣的狮、虎题材，形象逼真、栩栩如生。

粤绣构图饱满，繁而不乱，装饰性强，色彩浓郁鲜艳、绣制平整光滑。粤绣的题材广泛，多为百鸟朝阳、龙凤等图案。

蜀绣以成都为中心，以软缎和彩丝为主要原料，针法多达 100 多种，充分发挥了手工绣的特长，短针细密、针脚平齐、片线光亮、变化丰富，具有浓郁的地方风格。蜀绣题材大多为花鸟、走兽、虫鱼和人物等，品种除绣屏之外，还有被面、枕套、靠垫、桌布、头巾等。

（7）明式家具：明式家具是我国明代形成的一项艺术成就，被世人誉为东方艺术的一颗明珠，在世界家具体系中享有盛名。主要指那种以硬木制作于明代和清代前期，设计精巧，制作精良，风格简约的优质家具。明式家具在工艺制作和造型艺术的成就已达到当时世界上最高的水平。是中国智慧的杰出代表。明式家具没有时间限制，不仅明代的优秀家具称为明式家具，清代初期的家具仍保留着明式的风格特点，仍属于明式家具。后来乃至我们今天按明代式样仿制的也属于明式家具。自明代中叶以来，能工巧匠用紫檀木、杞梓木、花梨木等制作的硬木家具。虽然明式硬木家具在全国很多地方都生产，但以苏州为中心的江南地区汉族能工巧匠制作的家具最得大家认可。我国的家具工艺有着悠久的历史和优良的传统。河南信阳楚墓即有卧榻式木床和凭几，钜鹿也有宋代家具出土。明代家具在宋元家具的基础上发展成熟起来，形成了最有代表性的民族风格——"明式"。

明式家具的种类和样式繁多，包括椅凳类、桌案类、床榻类、屏风类、台架类等，仅桌案就有书桌、酒桌、方桌、书画案等十多种。这些家具的长宽高低基本符合人体体形的尺度比例，可从各方面满足人们的使用要求。家具造型稳健，简练质朴，线条雄劲而流利，显得大方隽永，细腻精致。明式家具充分体现了简、厚、精、雅的艺术特色。

（8）剪纸：剪纸是一种用剪刀或刻刀在纸上剪刻花纹，用于装点生活或配合其他民俗活动的民间艺术，是历史悠久、流传很广的一种民间艺术形式。剪纸，从字面上讲就是用剪刀铰纸。若在一定审美观指导下剪成图样，专供人欣赏，则可称谓"剪纸艺术"。一般职业艺人、工匠和剪纸艺术家也使用特别的刻刀刻纸，其效果与"剪"大体相同，所以通称剪纸艺术，简称"剪纸"。剪纸是一种乡土艺术，扎根于民间，是劳动人民为满足自身的物质和精神生活的需要而创造的。千百年来，剪纸一直结合各地的习俗和民众的愿望而进入千家万户，传遍乡村和城镇。它寄托着劳动人民的美好情怀和理想，抒发着生产者的喜怒哀乐，伴随着喜庆节日、礼仪祭典，或装饰于门窗壁舍，或点缀于喜庆什物之上，或张贴彩楼纸扎之中，或作为刺绣鞋帽的底样，美化着生活的角角落落。因此，剪纸是我国历史最悠久、最具民族特点和地方色彩、最富有大众性和最广泛最普及的民间艺术。

剪纸起源于远古的传统工艺，脱胎于陶器、骨器、玉器、金属、皮革的雕镂饰物工艺。至西周有剪桐叶仿圭分封"剪桐"的典故；至汉则有立春剪丝织品制彩幡来祭青帝劝农的习俗；魏晋时则于正月初七剪彩为人形或镂金箔为人形，佩戴在头上或贴在屏风上，开始用剪纸美化居室；南北朝的剪纸已很盛行，已有实物出土；唐代剪纸有了大发展，剪纸已广泛运用于人类生活的各个方面，剪刻技艺也有很大发展；宋代出现了专业性很强的剪纸手工艺者，现场剔剪，即时出售；明代佛山的剪纸从业者达三百多人，作品市场广阔，除内销华北、东北、华东外还大量远销东南亚各国。随着社会的发展，传统的中国剪纸艺术正在不断发展进步，中国剪纸同其他传统艺术一样，作为一种民族传统艺术形式在国际上也日益受到了赞誉和重视。目前中国剪纸已被列为世界艺术文化遗产，正以自己的艺术步伐昂首走出国门，走向世界。

剪纸的种类按制作方法可分为：①剪纸：在稿样下钉垫数张色纸，以剪刀依样铰剜出图形。优点是剪迹干净，线条流畅，棱角锋利适合。缺点是不便于镂空和效率不高（每次仅剪2、3片）；②刻纸：以锋利的斜口刀，在特制的蜡盘上上下走刀，一次能刻10～50张。特点是线条有顿挫和切割感；③撕纸：用手撕纸，不借助任何工具，图形边缘现出自然毛边，有苍老、浑厚古朴之感。

按剪纸材料又可分为单色剪纸和复色剪纸，单色剪纸又分单张剪纸和折叠剪纸，折叠多次可剪成团花，对称二方连续和四方连续图案。复色剪纸则又分衬色、拼贴、点染色、填色、勾线、木印。

按剪纸使用范围可分为：窗花、门笺、喜花（喜庆装饰用品、礼品）、墙花、炕围花、顶棚花、灯笼花、纸扎花（丧葬装饰物品）等。

剪纸的内容很多，通过特定的形象及其组合，或象形或谐音或寓言，使蕴藏更深的内涵，满足人们祛凶求祥的心理要求。如娃娃葫芦、莲花等图案象征多子，五只蝙蝠围着"寿"字，象征幸福长寿等。神话传说、历史故事、诗词歌谣、戏曲乐舞、风俗礼仪、人物、花卉、果蔬、器用、山水建筑、文字等都可成为剪纸表达的内容。

剪纸制作简便、造型简洁单纯。要求结构紧凑，平视构图、布局匀称；要求造型抓住对象的特征，采用夸张和变形手法，做到简洁传神，对素材大胆取舍，删繁就简，用简练线条进行图案概括。剪纸表达题旨具有隐喻性，分别利用寓意、象征、比拟、谐音、符号、文字等手法来反映人们对幸福和美好意愿的企求。

二、工艺美欣赏

（一）要从工艺品的材质美去欣赏

材质美是指通过巧妙设计加工，体现出材料质地的美感。例如：象牙雕刻、金银制品、玉器等，分别具有各自材质的美。工艺技术就是对工艺材料的加工利用为起点而逐渐发展成熟起来的，工艺材料的质地优劣对实用与审美有着重要影响。如明代楠木嵌黄花梨黄杨木四件柜（图3-24），此柜以楠木嵌黄花梨黄杨木制成，选材精良，制作精美。框架以格肩榫卯相接，四门对开，门板雕卷草灵芝龙纹，线条婉转流畅，龙态威猛。柜下有闷仓，面板雕四簇云纹，构思精巧，雕琢细腻。面叶光素，制作亦颇为讲究。整器观之，华美大气，于气势磅礴之中蕴藏一丝文心雅趣，实属难得。

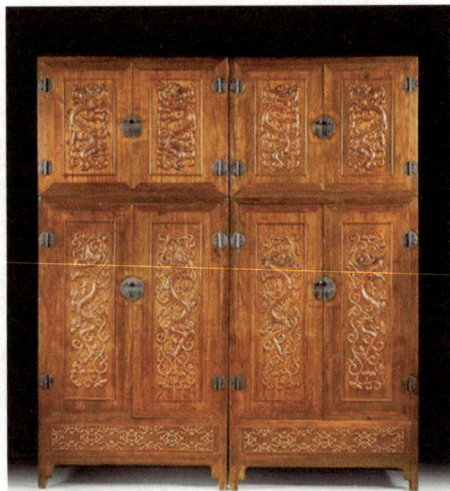

图3-24 楠木嵌黄花梨黄杨木

（二）要从工艺品的技术美去欣赏

工艺技术是工艺品创作必要的物化手段，工艺水平的高低直接受技术水平的制约。技术的不同会影响到造型、装饰效果的具体表现。为此，技术能与艺术完美结合就会充分体现技术美的价值。如：最初的石器制造技术是以石块的互相敲击、碰击使之形成刀口，随着修整技术的形成，又创造出了压制法，使石器工具趋于精细。粗细石器的不同，就是技术进步的结果。石器时代穿孔技术的发明是石器制作技术上的一项突破，基本上分为钻穿、管穿、琢穿三种。钻孔技术导致了带柄石器工具的产生，也才有了后世精美的金缕玉衣、银缕玉衣和各种精美的项链。

（三）要从工艺品的装饰美去欣赏

首先是造型，工艺品的造型要遵循适用、经济、美观的原则，从发挥功能和人的需求考虑，同时遵循形式美的相关法则进行构思与制作。工艺品由于受到实用要求的局限，造型一般是抽象化的提炼，形式美得到广泛的运用。如对称与均衡、节奏与韵律等，表达出一定的情绪和意味，体现出艺术的表现力。其次是色彩，工艺品的色彩包括材料的固有色彩和人工色彩，优秀的作品一般都能注意色彩的和谐与装饰美的作用。如在人工的漆器工艺品上镶嵌以自然的螺钿，漆的光泽和质感与宝石般闪光的贝壳会取得对比统一的艺术效果。最后是装饰，这是一种艺术手段，以规律化、秩序化、程式化的要求，从几何图形、对称规律，到图形化、图案化去美化工艺品，可以扩大工艺美的表现力。

（四）要从工艺品的意趣美去欣赏

法国雕塑家罗丹说："艺术，也是趣味。艺术家一切的制作，都是他们内心的反映，是对于房屋、家具……人类灵魂的微笑，是渗入一切供人使用的物品中的感情和思想的魔力。"意趣美正是艺术家在工艺品上运用造型、色彩、装饰等审美手段，来发挥其"感情和思想的魔力"的体现。河南博物院的镇院之宝"莲鹤方壶"（图3-25），这个春秋时铸造的青铜器高116cm、重64.28kg，铜壶平面呈正方形，上部是长长的壶颈，下部是向外突起的壶腹，底部是两条巨龙撑托器身。壶颈的两侧勾首回望的龙形怪兽构成了壶的双耳，那狰狞的面目，正是商周神秘、威严之风的残留。壶的顶部是写实意味浓厚的双层莲瓣，中部立一展翅欲飞的仙鹤，似在睥睨鸿蒙，展望封建新世纪的曙光，郭沫若先生将此高度评价为时代精神的象征。素洁高雅的明代青花瓷瓶，椭圆形的瓶身、精细适度的瓶颈引出一个自然的小喇叭口，显得稳重、大方、端庄，还有一种厚实、朴素的韵味。它的色彩虽只有单一的青色，但和洁白如玉的瓷质相映生辉，"艳而不俗，鲜而不佻"；供奉案头或陈列柜橱，古色古香，凝重、典雅。难怪，欧洲的工公贵族以拥有中国的青花瓷为荣。据说十五世纪的萨克森国王，用了四队近卫军才与邻国君主换了十二个青花瓷瓶。宜兴的一把"竹意"紫砂陶茶壶更是展现了意趣美的魅力：壶的造型考究，高矮比例别具风格，色彩朴实无华；壶嘴、壶把具有竹根竹枝之意趣，壶体具有竹筒之含蕴，加上壶盖几片淡淡的竹叶雕刻，整个茶壶古色古香。有人说观赏它的"壶味"，比它泡的茶味还要浓得多。

图3-25 莲鹤方壶

61

欣赏示例：

苏绣《猫蝶图》(图 3-26)

苏绣是中国优秀的民族传统工艺之一，是苏州地区刺绣产品的总称，其发源地在苏州吴县一带，现已遍衍无锡、常州等地。新中国成立后，苏州艺人成功地创造了双面绣，也叫两面绣，是汉族优秀的民族传统工艺之一，双面绣始于宋代，是在同一块底料上，在同一绣制过程中，绣出正反两面图像，轮廓完全一样，图案同样精美，都可供人仔细欣赏的绣品。其代表作是"双面猫"。

1962 年 1 月，叶圣陶参观苏州刺绣研究所，其作者顾文霞以所绣的《猫蝶图》贺寿，猫蝶谐音耄耋，寓意长寿。很多人见到顾文霞绣的猫，都惊呼"简直是活的"。特别是那双猫眼，无论从哪个角度看，都灼灼有光，逼真传神。为了达到这样的效果，顾文霞不厌其烦地把一根丝线劈成 24 丝镶色、衬光，根据瞳孔受光部位的不同色彩，选用 20 多种颜色的丝线，用集套针，换针换线向圆心套绣藏针，纤纤线绒，丝丝相嵌，呈现出水晶体眼球的

图 3-26　苏绣《猫蝶图》

质光感，使眼睛发亮有神。叶圣陶赞赏到："顾文霞同志以所绣《猫蝶图》见贻，精妙非凡，受之欣然，题十四韵为酬。'小猫仰蝴蝶，定睛微侧首。侧首何所思，良难猜之透。未必食指动，馋涎流出口。未必如庄生，蝶我皆乌有。猜之亦奚为，但赏针法秀。小品状二物，恍睹春晴昼。制作者谁欤，文霞传顾绣。投邮远见贻，受之感意厚。文霞擅此艺，勤习始自幼。功到二美兼，灵心并妙手。往尝涉重洋，神技当众奏。观者咸惊叹，丝绘顷刻就。声誉驰异域，荣光宁独受。精进愿无涯，以为文霞寿。'"

本章小结

　　本章介绍实用艺术，其目的在于介绍如何进行实用艺术的鉴赏。第一部分为建筑艺术，讲述了建筑艺术的基本知识和建筑美的欣赏；第二部分为工艺美术，介绍了工艺美术的基本知识和工艺艺术品的欣赏。

(刘立祯)

思考题

1. 什么是实用艺术？狭义的实用艺术包括哪些艺术？
2. 什么是建筑？建筑构成的三要素有哪些？
3. 工艺美术的基本要素有哪些？根据功能目的不同，可分哪几类？
4. 简述怎样欣赏工艺美。

第四章　造型艺术

学习目标

1. 掌握造型艺术的欣赏方法。
2. 熟悉造型艺术的基本要素、审美特征。
3. 了解造型艺术的概念、发展及分类。

　　造型艺术是艺术形态之一。是指以一定物质材料（如绘画用颜料、墨、绢、布、纸、木板等，雕塑用木、石、泥、玻璃、金属等）和手段创造的反映社会生活、表现艺术家思想感情的静态视觉形象艺术。它是再现性空间艺术，也是一种静态的视觉艺术。

　　造型艺术不仅包括古老的绘画艺术、雕塑艺术，还包括新诞生的摄影艺术。

第一节　绘画艺术

　　绘画是在二维的平面空间上描绘具有虚幻三维空间的艺术形象，展示现实生活与想象世界的多样景观，传达人们丰富的思想感情的艺术形式。它采用笔、墨、刀、颜料等物质材料，通过线条、色彩、形体及明暗、透视、构图等手段造型，属于造型艺术。

一、绘画艺术的基本知识

（一）绘画产生与发展

　　人类绘画创作的历史可以追溯到远古时代，当原始人还居住在洞穴里的时候就能用绘画表达自己对外部世界的认识和感受。距今两万多年前的洞穴壁画、数千年前的彩陶上的图案，都是人类早期绘画的例证。随着社会的发展，绘画材料逐渐从简单到多样，绘画的种类也随着不同的艺术功能要求丰富起来。

　　石器时代是中国绘画的萌芽期，近年来考古发现的以内蒙古阴山岩画为代表的西南地区的岩画可以为证。诞生于新石器时代的陶器上有许多原始图画，仰韶文化的半坡彩陶，刻有动物形象或动物纹样，以鱼形纹样为主；庙底沟文化以鸟形纹样为主。鱼和鸟反映了两个原始部落不同的图腾崇拜，具有明显的宗教象征意义。春秋早期绘画之事逐渐兴起，《周礼·考工记》记载，用五种杂色，以象山水、鸟兽，可见当时绘画的情形。春秋战国时期，楚先王庙、公卿祠堂，多画天地、山川之神，古代圣贤之像。秦汉时期是中国绘画繁荣而有生气的第一个重要时期，秦代的画像石、画像砖，表现出古典淳朴的画风。西汉时期的"锦画"已相当的精致和考究了，1972年从长沙马王堆一号西汉墓发掘出的彩绘《西汉帛画》真可谓气象万千，美不胜收，震惊中外。魏晋南北朝绘画艺术更加丰富多彩，绘画作品作为艺术而独立存在，出现了中国历史上有明确记载的第一批画家和较为完备的绘画理论著作。唐代是中国绘画走向成熟的时期，人物、山水、花鸟画均取得了重要成就，名人如林，群星璀璨。技法上不仅产生了"皴法"还出现了"白描"。北宋继承前朝旧制，在宫廷中设立了"翰林图画院"，宋代的院画对绘画发展起了推动作用，同时培养了一大批绘画人才。山水画更加注意写生和技法的探索，呈现出巨匠辈出、异彩纷呈的繁荣景象。南宋的画风与北宋有所不同，山水画家一部分仍沿袭北宋，以全景式的构图，雄浑的自然山水为表现题材。而真正能够代表南宋山水风格的是着重意境，以抒情为目的的偏角山水。其构图简洁，意境完整，主体鲜明，笔触大胆泼辣，水墨发挥得更加充分。技法方面，马远的"大斧劈皴"，夏圭的"拖泥带水皴"是一个重大发展。文人画在实践中创造了杰出成就，梅、兰、竹、菊四君子画成为文人画的特殊题材。元代绘画取消了画院制度，文人画兴起，人物画相对减少。绘画注重诗书画的结合，舍形取神，简逸为上，重视情感的发挥，审美趣味发生了显著的变化，体现了中国画又一次创造性的发展。明代是中国书画艺术史上的一个重要阶段，出现了一些以地区为中心的名家和流派，如以戴进为代表的浙派，以沈周、文徵明为代表的吴门派，董其昌、赵左的松江派，华亭派，苏松派，蓝瑛的武林派，等等。山水、花鸟成绩卓著，前期以仿宋院体为主，中晚期水墨文人画占据主流。清朝初期，以四王和吴恽为代表的画坛六大家成为正统派。四僧和金陵八家、新安画派、江西派等各擅其长。清朝中期，以扬州八怪、宫廷画家和高其佩为代表的画家成为这一时期的主流。清朝后期以海派和岭南派画家为主体，海派画家主要聚集在上海，为适应新兴市民阶层需要，绘画在题材内容、风格技巧方面都形成了新的风尚，代表画家有赵之谦、虚谷、任熊、任颐、吴昌硕；岭南派画家汲取素描、水彩画法所形成的中西结合画风，为中国画的新发展作出了有益尝试。现代中国画是在近百年来西方美术潮流冲击的文化环境中发展的，受西方美术的影响和冲击，中国画技法突破传统模式。中国绘画大师齐白石和徐悲鸿，把中国现代的绘画美推向了一个更加丰富、更加灿烂、更加辉煌的艺术高峰。

西方绘画作品产生于旧石器时代晚期，最杰出的原始绘画作品发现于法国南部和西班牙北部地区的几十处洞窟中，其中最著名的是法国的拉斯科洞窟壁画和西班牙的阿尔塔米拉洞窟壁画。阿尔塔米拉洞窟长270m，大部分壁画分布在长18m的侧洞顶和壁上，主要有红、黑、紫色的成群野牛，还有野猪、野马和赤鹿等，总数达150多只，画得细腻生动，栩栩如生。其中一头野牛受伤卧地，低头怒视前方，把牛的野性表现得十分逼真，被公认为人类历史上原始绘画的代表作。奴隶社会时期，那些文明古国谱写了人类艺术辉煌的历史篇章。美索不达米亚（即幼发拉底河和底格里斯河之间地区，又称两河流域）的雕塑，如巴比伦王国的"汉漠拉比法典"浮雕，讲述战争和狩猎紧张场面的浮雕手法极为写实，充满着激烈的动势。古希腊的自由民主创造了具有民主思想的建筑、雕刻和绘画作品，如《掷铁饼者》《米洛斯的维纳斯》等，其魅力无穷。欧洲进入封建中世纪后，受基督教制约，艺术无视现实、追求虚幻的玄秘思想，使艺术创作完全依赖于主观的臆想。文艺复兴时期的画家以坚持现实主义方法和体现人文主义思想为宗旨，创造了最符合现实人性的崭新艺术。最杰出的画家有达·芬奇、拉斐尔·桑西和米开朗基罗。这一时期留下了很多经典的绘画作品，代表作有达·芬奇的《蒙娜·丽莎》、拉斐尔·桑西的《西斯廷圣母》、米开朗基罗的《雅典学院》等。继文艺复兴时期之后的"巴洛克艺术"时期，绘画艺术追求激情和运动感的表现，强调华丽绚烂的装饰性，取得最高成就的代表是荷兰画家伦勃朗，代表作有《夜巡》等。19世纪后期在法国产生了印象派，印象派着力追求自然界的光和色的变化，开辟了现代绘画的新思路和全新的绘画形式和方法，代表画家有马奈、莫奈、雷诺阿、德加、毕沙罗、西斯莱等。随着印象派的发展，出现了新印象主义和后期印象主义。后期印象主义的代表人物主要有塞尚、凡·高和高更。凡·高的绘画着力于表现自己强烈的情感，色彩明亮，线条奔放，代表作《向日葵》。高更的画多具有象征性的寓意和装饰性的线条和色彩。塞尚绘画则追求几何性的形体结构，他因而被尊称为"现代艺术之父"。20世纪至今流派迭起，1905年诞生了以马蒂斯为代表的野兽派绘画，创始人是西班牙人保罗·毕加索，他的作品《格尔尼卡》通过简化、变形、扭曲形象的手法，同时展示一个物体的几个不同方面，表达了反对战争、渴望和平的情感。1908年崛起了以布拉克和毕加索为代表的立体派绘画，它继承了塞尚的造型法则，将自然物象分解成几何块面，从而从根本上挣脱传统绘画的视觉规律和空间概念。抽象主义的美术作品大约于1910年前后产生，其代表画家有俄罗斯画家康定斯基和荷兰画家蒙德里安，之后还出现有表现派、达达派、未来派、超现实主义派等绘画流派。

（二）绘画艺术的分类

绘画艺术的分类比较复杂，目前还没有统一的分法。人们喜欢按照地域划分，把绘画艺术分为东方绘画、西方绘画两大体系。同时人们还根据绘画使用的物质材料、题材内容、艺术形式、表现技巧、风格流派等把绘画艺术分为不同的种类。

1. 从地域分 可分为东西方两大绘画体系，东方绘画以中国绘画为主，而西方绘画则以油画为主。东西方两大绘画体系的根本区别和差异在于它们赖以发展的思想基础和美学理念的不同。中国绘画作为我国独有的绘画形式，具有独特的民族风格，有着较为稳定的内在结构和自己的完整体系。西方绘画的发展，是与西方文明的发展相同步的。东西方两大绘画体系在发展的历史进程中，形成了各种不同艺术风格的众多流派，属东方画的中国画，历史上又有南宗、北宗、浙派、吴派、江西派等风格流派，各派之下，还有许多风格不同的画家。西方绘画体系中的近代绘画，在发展过程中出现了新古典主义、浪漫主义、现实主义、印象主义等流派。现代绘画中又出现了新印象主义、后印象主义、野兽主义、表现主义、立体主义、未来主义等众多的风格流派，并正在继续发展和变化。

2. 从画种分 根据使用的物质材料、工具或表现技法不同，绘画艺术可以分为中国画、油画、版画、水彩画、水粉画、素描、速写等。中国画用线造型，用色为墨，中国绘画中的线讲究曲直、粗细、浓淡、疏密等形态变化和组织统一，以及笔法刚柔、轻重、疾徐等所形成的运动感和节奏感，体现出线条造型的艺术美。如吴道子的《天王送子图》等古代人物画，特别是梁楷的《李白行吟图》通过寥寥几根线条就把诗仙李白那豪放的性格和才思横溢的风度跃然纸上。中国绘画的用色讲究的是以浓墨淡彩为特点，追求的效果是薄而透明，如五代时期南唐著名画家顾宏中的《韩熙载夜宴图》中对歌妓舞女的描绘。油画用块面造型，用色为色彩，它是利用色彩的色相、明度以及光的明暗表现客观形象，强调光色效果和立体空间的真实效果，讲究色块厚重，注重对客观对象的色彩的真实再现的描绘，以色彩的丰富变化为特点，如乔尔乔涅的《暴风雨》和达·芬奇的《最后的晚餐》等。版画是以"版"作为媒介来制作的一种绘画艺术，艺术家运用刀、笔或其他工具，在金属、石板、木板、纸板、塑料板等不同板材上，进行绘制、雕刻、腐蚀等方法的制版过程，再通过印刷而完成的艺术作品均被认为是版画。水彩画和水粉画采用不同的颜料和不同的画法，由于所用材料和技法的不同而使绘画作品产生不同的艺术效果。

3. 从绘画的表现形式分 绘画又可以分为写意和写实两种方式。这与中西方绘画思维方式的不同有关。中国绘画注重表现写意，即强调感性，绘画多采用散点透视法；而西方绘画注重再现与写实，即强调理性，多采用焦点透视法。中西方绘画的表现手法不同决定绘画种类的不同。中国画不固定在一个立脚点作画，也不受固定视域的局限，而是根据画者的感受和需要，使立脚点移动作画，把见到的和见不到的景物统统摄入自己的画面，即运用了散点透视法。如范宽的《溪山行旅图》和黄公望的《富春山居图》等，它们虽不能准确地再现现实景象，但却气韵生动，能带给人一种意境之美。西方画家则是理智地进行构图，采用科学的透视学和色彩学来表现近大、远小焦点透视和色彩的空间变化，形象的立体感很强，逼真肖似，具有典型性。如文艺复兴时期的拉斐尔的《雅典学院》和西班牙的著名画家委拉斯凯兹的《教皇英诺森十世像》等。文艺复兴时期由于解剖学、透视学的发展，西方传统绘画的再现性特点达到顶峰，如达·芬奇的《岩间圣母》，圣母居画的中心，她右手扶婴儿圣约翰，左手下坐婴儿耶稣，天使在耶稣身后，构成三角形构图，并以手势彼此响应，背景则是一片幽深岩窟，花草点缀其间，洞窟通透露光。画中人物、背景的微妙刻画，烟雾状笔法的运用，科学的写实以及透视、缩形等技术法的采用，表明了他在处理逼真写实和艺术加工的辩证关系方面高超的水平。

4. 从绘画表现的题材内容分　一般习惯把绘画分成山水画、人物画、花鸟画、风景画、风俗画、历史画、军事画、肖像画和静物画等几种。同样地，这几种绘画也不限于使用同一种物质材料和工具，即油画可以画肖像画、风俗画、历史画、风景画和静物画，其他画种也大都可以用来画上述几种题材的绘画。人物画是绘画艺术中最重要的一种，先于山水画和花鸟画的出现。无论中外，在早期绘画的发展史上，都以人物画为主，而且都为宗教或政治服务。具有悠久传统的中国画，除了上面一些区分方法外，以画体划分，又可分为工笔画和写意画两类，写意画又可以分为小写意和大写意。同时，同一幅画，从不同的角度分，又可以兼有几种不同的类别，比如德国女画家凯绥·珂勒惠支的名作《面包》，是西洋画，又是版画；既是单幅画，又是人物画。

（三）绘画艺术的要素

绘画艺术主要由线条、色彩、构图三大要素构成。

1. 线条　线条是绘画艺术最基本的语汇，是绘画形式美的重要因素。中国著名国画大师潘天寿说："画者，划也，即以线为界，而成其画也。"绘画艺术大师达·芬奇曾说："绘画科学首先从点开始，其次是线，再次是面，最后是由面规定着的形体。"法国新古典主义画家安格尔说"线条是绘画的主角"。线条分为直线与曲线两种形式，直线又分为水平线、垂直线、斜线三类。不同的线条有不同的艺术语言，表达不同的情感内容：水平线常用来表现舒展、开阔、深远的场面，表达宁静、平稳的感受；垂直线具有伟岸、挺拔、庄严、宏大之感；斜线则具有激荡、运动、危急、冲突之感；曲线分为圆线、螺旋线、抛物线、波纹线等，与直线相比，曲线具有柔和、流动、变化、优美等特征，可以表现轻快、愉悦、婉媚、飘逸等意趣。但由于东西方文化的不同，东西方在线条韵律与美感表现上也有不同。西方绘画中的线条注重于较强的理性特征，突出塑造形体的功能，东方绘画中的线条更注重于表现情感，更富于韵律美和装饰美。但两者并不是相对立的，而是相通的。米开朗基罗的《创世纪》，用直线表现挺直、雄放、气势磅礴的意境；拉斐尔的《圣母像》，用曲线表现圣母的秀美、典雅、和谐；波提切利的《维纳斯的诞生》，优美的线条随轮廓和结构起伏转折，塑造了优美、动人的维纳斯形象；张择端的《清明上河图》用繁而不乱、疏密相间、错落有致的充满浓郁装饰意味的线条，勾画出了众多的人物、繁杂的结构、壮观的场面、博大的气势。

2. **色彩** 马蒂斯曾说:"如果线条是诉诸心灵的,色彩则是诉诸感觉的。"在绘画艺术中,色彩作为表达语言,和线条一样同样具有理性与感性两个方面的作用。一方面是塑造人物、描绘景物;另一方面则是创作的情感表达。合理使用色彩能使绘画作品给人的印象更强烈、更深刻、更富有吸引力和艺术感染力;同时也更能有利于感情的表达,引起观者的共鸣。我们观赏西方油画大师们的作品时,第一眼映入眼帘的整体感觉总会是色彩,对印象派大师们色彩的真实美感到眩目,对表现主义大师们色彩的抽象美感到他们才华的横溢。从提香笔下的《神圣与世俗的爱》中那带着地中海沿岸细腻而丰富的色彩美,到莫奈的《日出·印象》一瞬即逝的光影绚丽的色彩美,到康定斯基的《乐曲》理性却极具感性的抽象的色彩美,每一个时期的作品都充实着画家对绘画艺术美的不断追求,其中色彩是他们作品的外在灵魂,直接摄入每一个欣赏者的心中。如果说西方的色彩是表现性的,那么中国的色彩则表现出功能的品质。在传统中国画中,颜色可分为两类,一是矿物质颜色,又称石色,是从各种有色的矿物石中提炼制作而成的颜色;一是植物质颜色,又称水色,是从各种植物的根、茎、叶中提取汁液加工制作而成的颜色。早在魏晋时期,在色彩的探索、研究和运用上已相当成熟,在理论上强调色彩运用的类型化、意象化、平面化与装饰化;在运用上,与西方绘画走上了截然不同的道路,不以客观环境为依据,崇尚人的主观感受,从不重视光的作用,不重视不同光线条件和空间环境中色彩的微妙变化,认为世间万物的色彩是固有的,即使在漆黑的夜里。这一时期的作品线条空实明快,色彩辉煌灿烂。南朝时期宗炳的《画山水序》强调色彩在表现对象、塑造形体方面有着重要的作用,"以形写形,以色貌色""画家布色,构兹云岭"。唐朝张彦远在《历代名画记》中记载,当时颜料的品种就达72种之多。宋之后,由于大兴水墨之风,一改"以色貌形"的观念,色彩在画面上逐渐淡化,施彩的原则也发生了变化,仅仅用一些透明的淡色或少许矿物质颜料。据王译在《写像秘诀》彩绘章中记载,到元朝时中国画的颜料就只有30多种。当代著名画家把欧洲油画描绘自然的直观生动性、油画色彩的丰富细腻性与中国传统艺术精神、审美理想融合到一起,转变成为我们自己的色彩情感,如吴冠中绘画的江南水乡景色,表现初春的新绿、薄薄的雾霭、水边村舍、黑瓦白墙,和谐、清新的色调,宁静、淡美的境界,使画面产生一种抒情诗般的中西交融的色彩表达感染力。

3. **构图** 构图是绘画语言的重要组成部分之一,是画家通过对画面各个元素细心地经营构建的视觉空间,它不仅要充分表现画面的美感,还要表达艺术家的审美观念。构图的优劣透露出画家对具象物体的安排力与统率力。一幅好的绘画作品构图,首先绘画语言与绘画思想要得到统一;其次要合理安排复杂的多种物体,对客观事物进行艺术概括,突出所要表现的主题;再次就是画面构图要对称、均衡。上下或者左右的形状相同,体积相同,则给人有种平静、稳重、安定之感,能产生一种协调美,显得庄重而严肃,画面均衡可以使原本杂乱无章的画面有一个比较清晰的表达。最后就是疏密的关系要合适,松紧有度,疏密统一。合理安排人物之间、人与背景之间和环境与背景之间的疏密关系,并且互相衬托,主次才会合理,主题才能突出。画家的绘画风格与表达主体思想的形式是多样性的,所以不同作品的构图形式都有不同的特点和规律。达·芬奇的《最后的晚餐》运用了辐射构图,使耶稣在画面当中处于全局的中心位置,把人们视线不由自主地拉到中心位置上,使画面紧紧联系到耶稣身上,起到视觉上集中的作用。达·芬奇的另外一幅画《蒙娜·丽莎》采用立三角构图,通过一个普通市民女性的形象,表达了人们对自身的肯定及对美好生活的向往,更加突出了画中人物的成熟、稳重、端庄、典雅的内在气质。我们熟悉的小学课本中有一幅图画

《狼牙山五壮士》也是立三角构图，让人们感受到的是敌人的逼近，五个八路军战士视死如归、坚不可摧的精神。贝拉斯的《巴托罗的殉教》，画面以倒三角构图传递出不稳定、失衡、危险和需要回避等一些画面，表现的是观者内心的一种害怕、担忧、慌张的心理反应。

二、绘画美欣赏

（一）绘画艺术的审美特征

绘画是以色彩、线条、形状作为艺术传达的媒介，它有自己独具的审美特征。

1. 绘画艺术是二度空间艺术　绘画以色彩、线条、形状作为艺术传达的媒介，在二维的平面上，感性具体地展现广阔的社会生活图影。它一方面偏重于客观对象再现；另一方面又突出了艺术家的主体表现，从而使绘画艺术更为个性化。在二维的平面上，绘画艺术运用色彩赤、橙、黄、绿、青、蓝、紫的不同，深浅浓淡的极细微的差别，把表现主体的情绪、情感、精神、心理状态，与外界各种各样的事物接触时心中引起的特别兴趣、情感都渲染出来。它能反映极其丰富多彩的社会生活内容，可以容纳自然的天地造化，人工的精巧创造，也可容纳面目各异的人物，社会生活的方方面面。绘画大大扩展了客观的主体性艺术反映社会生活的能力和范围，其题材的广阔性造成了其样式的多样性，除了人物肖像画外，风景画、静物画、人物情节画等也占有不小的比重。其艺术传达手段的特殊性与多样性，也造成了其体裁的多样性。

2. 绘画是瞬间的艺术　绘画艺术是静态的视觉艺术形象，往往受画面的局限，表现人物和事件的发展过程，不能像小说、诗歌、电影、戏剧等艺术形式那样自由舒展，只能选择最富于表现力的一瞬间来反映现实生活，表达人们的审美感受。因而，绘画对形象的概括和提炼更为集中、凝练和巧于构思。比如，法国浪漫主义大师籍里柯的《梅杜萨之筏》，是一幅取材于当时现实生活的杰作。它描绘的是法国巡洋舰"梅杜萨"号触礁沉没的事件，这一事件牵扯面广、人物多、时间长，需要描绘和表现的地方非常多。但是《梅杜萨之筏》只选择了幸存者初见"阿古斯号"而欣喜若狂、呼唤求救的一瞬。不仅表现了船员们遭难的惨痛景象，还表现了船员求生的强烈愿望和意志，使观众不由得联想到发生灾难的过去，产生了震撼人心的艺术效果。

"梅杜萨"号触礁沉没的事件：1816年7月2日，法国巡洋舰"梅杜萨"号载着大批法国移民、政府职员和军人驶往塞内加尔途，在西非布朗海岬触礁沉没。其直接原因是由于波旁王朝任命了一个昏庸无能的贵族、保皇党分子肖马勒当舰长，指挥不当造成的。触礁后，7月5日晚上，一部分人被海浪冲走，第二天发生兵变，混乱中死去65人。第三天因饥饿、口渴、风吹日晒，一些人开始吞食尸体。到了第六天，木筏上仅剩15人，他们又继续在海上挣扎了一个星期，终于在第十三天早上被一艘寻找"梅杜萨"号上财产的船只"阿古斯号"发现，15个幸存者获救。对于这一事件，波旁王朝竭力封锁消息，掩盖事实真相，包庇肖马勒。不久，幸存者陆续回国，其中随舰外科医生萨维尼将遇难情况写成报告，全国舆论为之哗然。波旁王朝被迫审讯肖马勒，但却重罪轻判，仅给予降职、徒刑三年处分。而揭露事实真相的萨维尼和另一个幸存者地理学者科莱阿反而遭到禁闭。

3. 绘画是可以突破时空限制的艺术　绘画虽然是瞬间艺术，但它所表现的可以是已经过去的一瞬间，也可以是正在发生的一瞬间，也可以是运用想象对未来一瞬间的描绘。绘画不但可以描画可见的具体的事物，也可以表现抽象的不具体的事物，比如人的精神、思想等。西班牙画家委拉斯贵支的《教皇英诺森十世画像》，把一个自尊心极强、阴险奸诈、毒辣凶狠的人物的精神表现了出来。绘画还可以借助读者的联想和想象以及一些特殊的表现手法来突破时间和空间的限制表现艺术形象。这在中国画方面表现尤为突出。如宋徽宗赵佶当政的时候,曾以"竹林桥边锁酒家"为题让画家们作画。当时许多应试者都集中心思考虑如何重点表现酒家,所以大多以小溪、木桥和竹林作陪衬,画面上应有尽有,样样摆出。然而,画家李唐却独出机杼,在画面上巧妙地画出一弯清清的流水,一座小桥横架于水上,桥畔岸边,在一抹青翠的竹林中,斜挑出一幅酒帘,迎风招展。画面虽未画出酒家,酒家深藏于竹林之中却是一看便知,而且深得"竹锁"意趣。

(二)绘画艺术欣赏方法

绘画的视觉空间特征决定了绘画欣赏的方式是用眼看,因而提高绘画欣赏力的唯一方法也是学会用眼看。绘画语言中的线、光、色、结构等要素都是具有审美感染力的表象符号,不同艺术家运用它们的方式不同,所产生出的艺术作品也充满着个性化特征。因此,对于欣赏者而言,面对风格各异的作品,欲获得欣赏的愉悦,达到欣赏的层次,需要掌握一定的知识与方法。概括而言,有下列几个方面。

1. 结合作品的时代背景与思想内容进行赏析 绘画作品饱含着作者对现实生活的感受和评判,反映了特定时代的社会生活状态,留有作者生活时代的印记,体现着作者的审美感受和艺术风格。欣赏绘画要结合作品产生的时代背景、从思想性入手进行欣赏,才能准确理解作品蕴涵的思想寓意。罗中立的《父亲》(图 4-1)堪称是一幅意境深远的经典之作。创作于 19 世纪 80 年代的改革开放初期,轰轰烈烈的"文化大革命"刚刚结束,人们开始正视中国社会现实。画面中的这个农民形象的父亲,脸上布满皱纹、额头流淌着汗水,手里端着一个粗瓷大碗,望着前方。作者表达了对"父亲"的"同情、怜悯、感慨",同时也表达了"文革"结束后人文精神回归大潮下人们普遍的一种愿望:正视中国农民、中国人的真正生存状态。作者把握住了"父亲"那有些昏花又很安详的眼神,细致地描绘了那一道道像蚀石般深刻又像蜘蛛网般细密的皱纹,"父亲"前额画上一粒粒的汗水。观众看到的是生活的苦难和艰辛,千百年来农民的慈善和逆来顺受,每日起早摸黑的辛勤劳作,观众会在心里默默流下泪水。《蒙娜·丽莎》是用油画的方式来细细描绘其脸部表情和幽雅的体态。它代表达·芬奇的最高艺术成就,成功地塑造了资本主义上升时期一位城市有产阶级的妇女形象。达·芬奇的《蒙娜·丽莎》创造了人物肖像的典型形象,这种以歌颂人为主题的肖像

图4-1 《父亲》

画,一反过去宗教内容绘画的传统,是对欧洲中世纪压抑人性的神学和禁欲主义的一种反叛,是一场精神革命的开始。正是这种新思潮、新观念使得该画成为文艺复兴时期人文主义的旗帜,有人说,"一个女子的微笑,唤起欧洲人性的醒觉"。

2. 把握作者情感,培养审美情趣 吴冠中说:"我深信,今天的人民和明天的人民,永远欣赏烙印着真挚感情的作品"(《吴冠中谈美》)。一幅充斥着生命力的绘画作品,一定是散发着作者感情、充满着艺术灵魂的作品。因此,欣赏绘画作品必须从情感把握入手,才能获得绘画欣赏更宽泛的审美享受。如初唐画家阎立本的《历代帝王图》,描绘的是光武帝刘秀,

平叛四方，统一全国，建立东汉，不愧为一代帝王。其人物刻画深刻传神：刘秀相貌堂堂、威武英明；隋炀帝画得脑满肠肥、四体臃肿、面色虚浮，一副"萎靡不振"之相。作者作画时一定对刘秀怀着一种崇敬、仰慕而又虔诚的心态，对荒淫无道的昏君隋炀帝怀着鄙夷、痛恨而又不得不为之的心态。此作品所表现的人物特色之鲜明，说明画家倾注了满腔的情感因素在里面。《秋风纨扇图》是明代唐寅水墨人物画的代表作。一位手执纨扇的仕女伫立在瑟瑟秋风之中，侧身凝望着无尽的远方，端庄优雅，亭亭玉立……但当你仔细观察时会发现，从她的眉目之间传达出来的却是一种哀愁，一种茫然而又神伤，孤苦无助又无奈的神情。萧瑟的秋风吹着她的衣裙飘动，我们又似乎听到了她内心的哀怨与轻轻的叹息。背后的大片空间更让人感叹世间的虚无缥缈。唐寅在画中自题诗曰："秋风纨扇合收藏，何事佳人重感伤。请托世情详细看，大都谁不逐炎凉？"如果对照历史的话，我们对这幅画的理解又会增加一分，唐寅个人不幸的生活遭遇借画中女子哀怨的神情真实地写了出来，也借诗抒发了自己的怀才不遇。

因此，一幅独具艺术魅力的画作体现的是作者的主观思想、内心感受和对表现对象的一种感情介入，它能使欣赏者感悟和领会到此种"只可意会，不可言传"的魅力之姿，可以使欣赏者在潜移默化中陶冶情操，获得美的享受，进而提高审美能力。

3．了解绘画发展脉络，把握代表作品特征　绘画世界是一个立体的现象。要想更好地欣赏作品，就必须积累文化史和艺术发展史的知识，把握绘画的发展脉络，以对绘画这个立体现象的宏观把握为基础，进行具体作品的欣赏。如：

（1）波堤切利（1445—1510）：是早期文艺复兴画家中的代表。他和当时的画家力求恢复古典艺术对人本身的肯定和讴歌的传统，以古典艺术形象作为美好、正义的象征。他的代表作《春》（图4-2），创作于15世纪70年代，其意图在于引导人们把目光追溯到遥远的古代，在纯净的神话王国里寻求美好与永恒。画中，春的女神抱着鲜花前行，花神与微风之神跟在后面，远处是牵手起舞的三女神；那代表一切生命之源的维纳斯站在中间；小爱神在天空飞射着爱之箭。草地上、树枝上、春神的衣裙上、花神的口唇上，到处布满鲜花。整个世界充满春的气息和爱的欢悦——这就是画家的理想与憧憬。波堤切利是一个富有诗人气质的画家，他用诗一般柔美的线条勾画女性形象，在温婉、优雅的女神姿态中添加了她们略为惘然的情绪。妩媚与忧郁、飘逸与神秘，在他的画中奇妙地合为一种动人的情采。浮想联翩，情意缠绵，那个时代对纯洁与神圣之美的追求，在波堤切利的画中充分显露出来。

（2）17世纪荷兰画家伦勃朗（1606—1669）：他的油画则体现出深沉的意境与舒缓的情调。伦勃朗的身世载浮载沉，前半生家业腾达、主顾盈门、饮誉四方，后半生家道中落、丧妻丧子、遭人诋毁。自身经历的坎坷和对当时社会现实的冷峻透视，使他在绘画中寄寓了对真与善的执着追求，赋予笔下形象博大深邃的精神感召力。他是画史上以肖像出名的画家，特别是以自画像著称。他的百来幅自画像不仅是从少到老的形象记录，还是他前半生荣华、后半生贫困的现实写照，更是关于人的生命与意志的形象塑造。《犹太老人》这件作品体现出了伦勃朗艺术的典雅风格。在形象刻画上，十分注意人物的心理情感和现实生活留下的痕迹。虽然是半身肖像，但足以显现人物饱经岁月磨难的身世。在艺术手法上，着重刻画人的内心世界、五官特征，尤其是眼睛，是人的心灵的窗户，作者作了精微的、细致的艺术描绘。手的刻画也是塑造人物性格的重要手段。强调光与影的丰富、微妙的变化，是伦勃朗绘画的另一特色。他的许多作品被称为"光与影的交响乐"。他的用笔也非常独特，把笔触的痕迹显露在画面上，形成特有的笔触美；时而轻染薄敷，时而重涂厚堆，用缜密错综的笔

图 4-2 《春》

触形成透明而深厚的色彩，从人物肌肤表现隐隐可见充盈活力的血脉。从主题到风格，伦勃朗的独特魅力就在这种质朴、含蓄的画风与浑厚、苍茫的情调之中。

（3）印象派画家：这派画家的变革从色彩入手，他们认为一切物体只有在光线照耀下才为人所见，光线的变化就引起色彩的变化，画家要捕捉的应是瞬间的光影效果。他们还认为阴影中也有色彩，不应像古典油画那样画成黑重的暗部。"印象派"的领袖莫奈（1840—1926）外出写生时往往准备十多块画布，面对一处景色，从早到晚按光线变化换着画布写生。在画法上，印象派符合科学的"视觉混合"原理，即不是在调色板上调好一种颜色后再往画布上画，而是在画布上根据感觉用小笔触并置各种颜色，近观似乎一片杂乱，但在一定距离之外看，小笔颜色因视觉作用而构成丰富的色块。这样，在印象派的画上，人们第一次看到了前所未有的鲜明色彩。第一次领略到色彩的组合可能形成的美感。莫奈的《日出·印象》（图 4-3）画的是迷雾未散、日光熹微的海边，水面与岸边屋影、帆影浑然难分，轻松的笔触造成了水光的反射与颤动。他对色彩极其敏感，技巧也已达到炉火纯青的境地，到晚年在双目几近失明的状态下，也能凭感觉画出长达几十米的组画《睡莲》。印象派画家主要画的是风景，也有表现社会现实的作品。画家列宾（1844—1930）就是通过在伏尔加河岸的生活体验，感受纤夫的生活现状，才画出了著名的《伏尔加河纤夫》，表现一群荷重的劳动者缓慢而艰辛地走在无尽的路上，一曲低沉的劳动号子在炎夏的闷热中与河水的悲吟交织在一起。

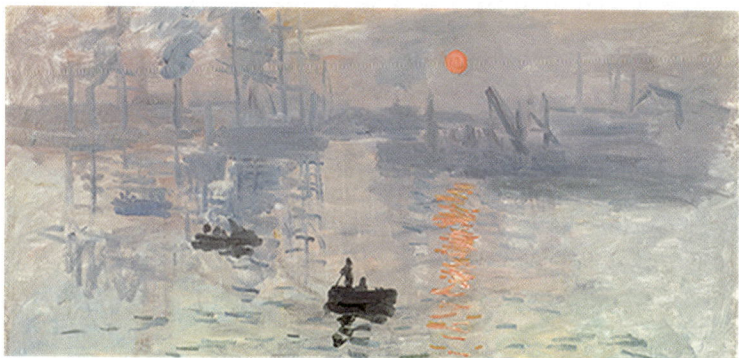

图 4-3 《日出·印象》

（4）现代派油画的特征：首先，画家从主要描绘外部世界转为表现内心世界；其次，艺术形式作为绘画的主要内容受到高度重视；第三，古典油画曾有的"美"消失了，美的标准起了变化。荷兰画家凡·高（1853—1890）是古典油画向现代油画过渡时期的画家之一，他从研究古典大师作品脱颖而出，发展了自己个性的风格。在艺术语言中，他选择色彩表达自己对人生境遇的感觉，构筑他执着憧憬的生命世界。面对强烈的太阳，他的内心与之呼应，画出太阳射出的箭般的光芒，画金黄色的麦浪和向日葵。在他的画面上，没有任何平稳安静的气氛。《夜间星辰》画的是夜景，但充满着生命的躁动：画中的树木直指天际，夜空中的流云和星月吐纳着气息，类似急流中漩涡浪花的笔触互相追逐，以紧张的运动和旋律造就全幅的氛境。凡·高的作品具有不可重复的个性，那种饱含生命力的形式无不打动、震撼着观众的心扉。

（5）中国画的特点：散点透视，用线条造型，诗书画印一体。南唐的董源（?—约962）居金陵、游江南，针对南方山峰多宽远舒展、江河多绵长透迤的特征，创出了用横式长卷收览的样式。他的《潇湘图》引人进入温厚秀媚的郊野，平现春景的安闲与恬静。在形式上，董源善于用松、湿、淡的笔墨塑造平、秀、虚的山水形象。画中的山势比较平缓，从左到右、从近往深都没有大起大落，而是紧凑地连成一片。以横方向的长线条为主的笔势，均成了景色的静谧宽远，特别是使用他所擅长的圆润墨点在山体上松快地点染，层层叠叠，斑斑簇簇，点出了山土湿润蓬松、灌木春草葱翠幽深的感觉，传达了江南景色的精神。花鸟画是中国画的另一支脉。工笔花鸟是在绢、绫或熟宣纸上用严谨工细的线条画出形象后，填以重彩并渲染背景而成的。题材大多是有美好、吉祥象征的花卉和鸟禽，如牡丹、松、竹、梅、菊、孔雀等；在题款上取谐音，以体现喜庆、富贵的气氛。宋代是工笔花鸟的鼎盛期，一幅团扇形式的《荷花》虽无作者署名及年款，但细丽的造型和柔和的敷色，既表现了花卉的质感，又刻画出沐露荷花的娇憨妩媚之态。郑板桥的竹有独到的内涵，即用竹的形象表达他复杂的官场意绪和对现实的关注之情。在他辞去淮县知县官职时，他画了《墨竹》，题诗曰："不过数片叶，满纸俱是节，万物要见根，非徒观半截。"可见他画竹是为了表白自己对"节"的见解。从风貌上看，郑板桥的竹不属于萧疏淡泊圭老一体，也不属于狂放霸悍怪诞一格，它有对自然之竹千锤百炼后塑造的坦荡与落拓面貌。

古往今来，绘画作品是人类历史的形象记录，通过历史我们理解绘画，通过绘画欣赏我们了解历史的真实。

4. 尊重自我感受，尊重自己的直觉与联想 绘画欣赏是一种"见仁见智"、原无定法的创造性活动。欣赏绘画的动机，在于人们希冀通过艺术理解历史文化，理解自身的意义。由于欣赏主体的年龄、经历、修养与趣味各异，同样看一幅画，获得的感受结果自然也相异，这是正常的。

第二节 雕 塑 艺 术

雕塑艺术是造型艺术的一种，又称雕刻，是雕、刻、塑三种创制方法的总称。指用各种可塑材料（如石膏、树脂、黏土等）或可雕、可刻的硬质材料（如木材、石头、金属、玉块、玛瑙等），创造出具有一定空间的可视、可触的艺术形象，借以反映社会生活，表达艺术家的审美感受、审美情感、审美理想的艺术。

一、雕塑艺术的基本知识

（一）雕塑艺术的起源与发展

在漫长的人类历史中，雕塑几乎与人类文明相伴而生。早在旧石器时代晚期，人类的祖先就用石头、兽骨制造出各种立体几何形象，可以说这就是雕塑的雏形。

中国迄今发现最古老的雕塑，属新石器时代氏族公社繁盛阶段的遗物。这一时期雕塑的造型还都是依附整体器物上的饰物，均为粗略的、夸张式的，具有极强装饰性。其中最具代表性的当属陶塑人像。商周时期，雕塑作品侧重于动物外形的器皿、饰物和人物的捏塑，形体小巧，造型粗略，带有浓厚的人情味。青铜器艺术代表了商周雕塑的最高水平。《司母戊大方鼎》就是此期间最著名的作品之一。秦代在建筑装饰雕塑、青铜纪念雕塑、墓葬明器雕塑等方面，都取得了划时代的辉煌成就。最为壮观的是被称为世界"第八奇观"的秦始皇陵出土的兵马俑。汉代雕塑在继承秦代恢弘庄重的基础上，更突出了雄浑刚健的艺术个性。这一时期的墓葬雕塑特别发达，霍去病墓的石刻群雕，是中国古代雕塑艺术发展史上的一座里程碑，《马踏匈奴》是整个群雕作品的主体，作品风格庄重雄劲，深沉浑厚，寓意深刻，对后世陵墓雕刻的艺术风格产生了极其深远的影响。魏晋南北朝时期，统治者利用宗教大建寺庙，凿窟造像，最具代表性的石窟有敦煌石窟、云冈石窟、龙门石窟、麦积山石窟等。隋唐是中国封建社会的鼎盛期，宗教造像艺术、陵墓的装饰雕刻艺术、陪葬的陶瓷雕塑艺术、肖像造型艺术等都进入一个空前繁荣时期。比较有代表性的有敦煌石窟、龙门石窟等。宋代的彩塑较为发达，佛雕造像以观音菩萨居多。明清的雕塑艺术多趋于装饰化和工艺化，雕塑大多更强调实用性与玩赏性功能，体现出工艺品的特色。辛亥革命及五•四运动前后到 30 年代，许多青年赴英国、美国、日本等国学习雕塑，他们成为中国近现代雕塑艺术的开拓者，这个时期比较大的创作有为纪念孙中山和其他民主革命家塑制的纪念像和设计抗日战争英雄纪念碑等。中华人民共和国建立后，中国现代雕塑艺术有了很大发展，出现了许多优秀的雕塑作品，许多城市都建立了一些大型纪念性雕塑和园林雕塑，如广州的《五羊雕塑》、珠海的《渔女》、南京的《莫愁女》、厦门的《郑成功》等，这对于美化城市环境、丰富人民精神生活、潜移默化地对人民进行审美教育发挥着重要作用。

西方比较著名的史前雕塑是距今 25 000 年前的威伦道夫的维纳斯。西方雕塑的传统发源于古希腊和古罗马文化，古希腊雕塑又深受古埃及雕塑影响。埃及金字塔就是最著名的雕塑，其中最高的是胡夫金字塔，金字塔前的巨大狮身人面像采用一整块巨大岩石雕成，是古代最庞大、最著名的雕刻。希腊雕塑的题材大部分取自神话或体育竞技，雕刻家米隆的《掷铁饼者》是著名的作品。古罗马雕塑对西方现实主义雕刻的发展作出了杰出的贡献，雕刻家在罗马的建筑、广场、纪念柱等上面装饰了许多圆雕和浮雕。雕刻家米开朗基罗的作品，则标志着文艺复兴时期的雕刻艺术发展到了最高峰。他以写实的手法，用准确的人体解剖学，塑造人物形象，使人的形态有很强的力度感。代表作《大卫》被公认为世界上最伟大的雕塑作品之一。罗丹是 19 世纪著名的天才雕塑家，它善于用雕像的动态和姿势表达内心的情感和内涵，代表作有《青铜时代》《思想者》《雨果》《巴尔扎克》等。20 世纪是一个色彩缤纷的时代，各种思潮和流派不断产生并流行，如立体派、表现派、未来派、超现实主义、抽象构成和照象写实等，他们都是决裂于传统艺术的新形式。20 世纪雕塑的两大主流之一是罗马著名的雕塑家康斯坦丁•布朗库西，他创始了形式简洁、强调形体的象征物，被尊称为彻底抽象与单纯化的前卫雕刻代表人物，代表作品有《吻》（1908）、《睡着的缪斯》。另一个是立体派的雕塑，创立人是毕加索，他的作品《妇女头像》的问世，标志着 20 世纪立体主义掀开了雕塑史的现代部分新篇章。现代雕塑流派是指罗丹、马约尔之后的西方雕塑艺术，他们企图摆脱古典雕塑的束缚，追求新观念、新价值，并采用新的表现形式。现代流派艺术家重感性和主观内在精神表现，其雕塑特点是不拘一格。代表人物是布朗库西，被称为"现代雕塑之父"。他的作品追求高度单纯和抽象化，开启了西方雕塑一代新风，代表作有《吻》和《波嘉尼小姐》。

（二）雕塑艺术的分类

1. **按雕塑的基本形式分** 圆雕、浮雕、透雕（又称镂空雕）等。圆雕是指形象凌空，可以从四面观赏，即可以环绕 360 度观赏的雕塑。雕塑内容与题材丰富多彩，可以是人物，也可以是动物，甚至于静物；材质上多彩多姿，有石质、木质、金属、泥塑、纺织物、纸张、植物、橡胶等。圆雕一般没有背景，完全是立体状态，是雕塑的主要形式。如《维纳斯》《秦兵马俑》《马踏飞燕》《思想者》等雕塑都是圆雕。浮雕是雕塑与绘画结合的产物，是在平面上雕出凸凹不平的半立体雕塑形象，靠透视等因素来表现三维空间，并只供一面或两面观看。浮雕一般是附属在另一平面上的，因此在建筑上使用更多，用具器物上也经常可以看到。耸立在天安门广场上的人民英雄纪念碑（图 4-4），它上面的浮雕再现了中华民族近代反抗外来侵略的光辉历程。透雕，是把浮雕的背景镂空，可供两面观赏，分单面镂空雕和双面镂空雕，如雕刻作品《牙球》（图 4-5）就是双面镂空雕。

图 4-4 《虎门销烟》

图 4-5 《牙球》

2．按雕塑所用的材料分　骨雕、贝雕、砖雕、玉雕、石雕、木雕、冰雕、沙雕、面塑、泥塑、石膏塑、陶塑、铜塑等。

3．按雕塑的功能分　架上雕塑、城市雕塑、建筑雕塑、园林雕塑、纪念碑雕塑等。

4．按雕塑的表现手法分　静态雕塑、动态雕塑、古典雕塑、现代雕塑、具象雕塑、抽象雕塑等。

（三）雕塑艺术的要素

1．形体　形体是雕塑的核心要素。形体是指雕塑家用点、线、面、体等形态材料做出的方、圆、尖、钝、软硬、凸凹等诸多体态或复杂或单纯的组合，构成的"物理"概念下占有空间的体积。它传达了作者的思想感情，进而感染着观众。

2．空间感　雕塑与绘画的最大差别在于绘画是在平面的二维空间创造出具有三维立体空间感的形象，这种三维立体空间感是虚幻的，是通过透视原理和想象来实现的，且只能限于180°的范围观赏，不能触摸；而雕塑作品却是在三维立体空间中塑造形象，不仅可以观赏，而且还能触摸。甚至还可以在360°的范围自由观赏。

3．质感　造型艺术中把对不同物象用不同技巧所表现把握的真实感称质感。雕塑的质感是通过材料的自然特性如硬度、色泽、构造，经过凿、刻、塑、磨等手段处理加工，从而在纯粹材料的自然质感的美感和人工质感的审美美感之间建立起来的。用不同质量的材料塑造不同的雕塑形象具有不同的艺术表现力。例如表现红军长征艰难岁月的群雕，采用红色花岗岩的雕塑材料就比较符合主题需要，而罗丹的雕塑作品《思》，则采用大理石的材料效果更为理想。

4．光感　在雕塑创作中很少使用颜色，光感给了雕塑色彩般的感觉。欣赏雕塑作品离不开光，而不同的光源会在雕塑作品的观赏中产生不同的艺术效果。例如著名的雕塑家罗丹在灯光布景下欣赏维纳斯女神像时说："你瞧这些金光，像云雾一般的，在神圣的身躯最细致部分上颤动的微光，这些明暗交接线，处理得如此细致，像要融化在空气中……难道不是黑与白的卓绝的交响曲吗？"

二、雕塑美欣赏

（一）雕塑艺术的审美特征

雕塑艺术有着独特的审美特征，这种特征决定了雕塑和其他造型艺术形式的区别。

1．雕塑的形体美　雕塑是三维空间立体艺术。它所塑造的形象具有实际的高度、宽度、深度，是真正的静态艺术，具有艺术本身的形体美。形体美是雕塑艺术的灵魂。三维形式的雕塑形体之美胜于绘画，欣赏一幅，我们只能站在画的对面，雕塑则不然，我们可以全方位地去欣赏，而且不同的角度可以获得不同的效果。苏联美学家鲍列夫说过："米开朗基罗塑制的将死的奴隶有挺起身躯的意向，而且观众也开始相信，他确能站起来。但是，只要从另一角度看一眼雕像，你就会重新看出他的躯体正在无力地倒下来，再改换一个角度，死者挣扎的徒劳感又为希望所代替。就这样，这个注定要死的奴隶世世代代企图站立起来，却一次又一次地倒了下去。"

2．雕塑的动感美　雕塑被称为"凝固的舞蹈"，它以静态的空间形象给人以动态的美感。由于艺术形式的局限性，雕塑不可能自由、充分地叙述、交待、描绘事物所处的环境与相互的关系，因而雕塑家借助某种定型及最具内蕴和表现力的瞬间动作和情态，调动人们的审美想象，使作品"活"起来，以静态形象展现动态之美。希腊雕塑家米隆的《掷铁饼者》，选取运动员弯腰将铁饼摆回到极点即将转身抛出前的一瞬间，他张开的双臂，拉满弓弦，引而未发，让人感受到他腰际间凝聚起的巨大力量，获得极强的运动感、力量感和节奏感。贝尔尼尼所塑的《大卫》将动态诠释得淋漓尽致，人物正在投弹抗击敌人，紧咬的嘴唇显示了此时、此刻的高度专心和用力。面对这尊雕像时，我们似乎可以感觉到石弹将飞快地与我们擦身而过。还有一些小的细节，譬如像右脚脚趾站在座基边缘微微勾屈站得更稳等，可使人们更感到事件的紧迫性，感觉自己置身其中。

3. 雕塑的形象与内涵的统一美　黑格尔认为："雕塑形象的基本任务在于把还未发展的主体的特殊个性的那种精神实体灌注到一个人体形象里，使精神实体与人体形象协调一致，突出地表现出与精神相契合的身体形状中一般的常住不变的东西，排除偶然的变动不居的东西，而同时又使形象并不缺乏个性。"也就是说雕塑艺术不仅要给人以形体的美感，更重要的是形象必须具有个性特征，富有精神内涵，这样雕塑才真正具有艺术生命力。法国雕塑家罗丹的雕塑以既重视外在形式真实，又重视精神和生命内蕴而在雕塑史上名垂不朽。罗丹闻名于世的雕塑作品《思想者》，表现了一个正在思考的人——低垂着头，默视着地，右手托着下颌，弓背蜷腿，肌肉紧张收缩，流露出深沉而痛苦的内心情感。整个身体造型构成了一个凝重的问号，意味深长。高超的艺术技巧被赋予了强劲的生命力和丰富奇特的精神内涵，且有一种深沉、厚重、崇高之美，这是一个形象与内涵完美统一的典范。

4. 雕塑的材质美　雕塑艺术品不仅具有恒久的生命力，而且雕塑所用的物质材料有天然的形式美，因此雕塑的材料选择非常讲究。物质材料原生态的朴素、天然、简单的形式美，是自然形态的形式美，将这种自然形式美与艺术美完美融合，才会提高作品的审美价值。雕塑使用的物质材料有不同的质感，大理石的细腻润滑，能使人产生纯洁、优雅、宁静的联想，适合表现造型细腻、完美的形象。花岗岩粗糙、坚硬、厚实，能让人产生坚强、质朴、粗犷的联想，适合于表现整体造型简练、有力的大型作品。如《圣彼得大教堂》、西汉《马踏匈奴》等。木头质地质朴，纹理流畅，装饰性强，如中国许多建筑、物件都有木雕作装饰。铜质材料坚固、富丽，适合表现崇高和高贵的主题，如罗丹塑造的《老妓欧米哀尔》就是用青铜作为材料的，增添了作品沧桑、悲凉的意味。而塑造少女的《思》及青年男女的《吻》使用的是大理石材料，有一种纯洁、无邪的感觉。发掘材料属性和特点与作品意蕴相一致，才能极大地提高作品的感染力。

5. 雕塑作品与环境的协调统一美　自古以来，雕塑作品和其陈列的空间就是一种"剪不断，理还乱"的关系。同一件雕塑作品，不同的环境映衬下会得到不同的视觉感受。很多非常精彩的作品，因为和陈列的环境发生矛盾，就会产生视觉上的不协调，其艺术效果在视觉上就会大打折扣。而一件相对平淡的作品，因为陈列环境恰当，就会收到事半功倍的效果。一个国家、地域、城市都具有独特的地貌风格和形象，这些构成了各自不同的文化特征。雕塑作品大多是为某一特定环境制作的，使作品作用于环境，并使环境成为作品的组成部分共生出新的景观。环境雕塑在所处的环境中绵亘数千年，随着时光的流逝，它与环境闪耀着完美与和谐的光彩，散发出历史和文化的诱人气息，构成特定地域的文化标志。今天，环境的作用有越来越重要的趋势。爱德华的《美人鱼》，置于丹麦哥本哈根海滨公园中的巨石上，她倚坐在水边礁石上，使礁石、海水、天光、倒影都成为作品内涵不可缺少的部分。美国的《红色立方体》是纽约海上保险公司大厦前的雕塑，矗立在林立的高楼大厦间，倾斜的几何体与几何形楼群形成了正与斜的对立统一关系，暗示了保险公司。强烈的红色使它成为公共环境中的点睛之作。

（二）雕塑艺术欣赏方法

艺术作品欣赏一般从思想性、观赏性、艺术性三方面入手，其三者好像人的精、气、神一样互为一体，相辅相成，缺一不可，共同支撑起整件作品的灵魂。雕塑艺术的欣赏在重视以上三方面的同时，更应注意从以下几方面欣赏。

1. 掌握雕塑的艺术风格　在雕塑艺术发展的进程中，由于人们所处的地域、民族、时代、文化等不同，形成了许多不同种类的艺术风格和流派。总体来讲，东方雕塑偏重写意，强调"神似"，表现手法较为夸张；而西方雕塑风格写实，注重形似，特别强调人体结构的准确。现代雕塑的共同特征是注重个人的主观感受，以主观意志为中心，表现手法更为抽象和概括，作品具有较强的象征寓意性。随着时代的进步和科技的发展，无论是雕塑的内容和形式、材料或技法，都有很大的变革和创新。20世纪以来，雕塑作品更多地从展览馆走向了城市街头、园林景观、广场和原野等，在装点环境、美化生活、纪念重大历史事件和历史人物、丰富人们的精神生活方面，发挥着越来越大的作用。雕塑作品因其使用的材料、表现手法、技法不同，自身所具有的艺术特性也不相同，因此，把握作品的艺术特性也非常重要。

2. 理解雕塑材料的审美效应　雕塑是立体形象，需要通过视觉与触觉来欣赏，因此，欣赏者不同，产生的审美效应也不同。再者，由于雕塑使用的物质材料不同，也会产生不同的审美效应。优秀的雕塑家很懂得根据作品的内容和它所要取得的艺术效果，来选择雕塑使用的物质材料。例如罗丹的雕塑作品《思》，是用大理石雕刻的，少女的头像经过精心的打磨后显得细腻和光洁，仿佛像真正的肌肤一样富有弹性，甚至感觉有温度；而罗丹的另一尊铜制的雕塑作品《巴尔扎克》，则采用粗犷的表现手法，表现了略带忧伤和困倦的巴尔扎克身着睡袍，在深夜里苦苦思索、夜不能寐的情状，生动地表现了一代大文豪深沉的思想力量。

3. 把握雕塑的光影空间效应　雕塑的光影空间效应，是通过背景、天幕以及环境映衬的综合效应来体现的。雕塑只有存在于符合展示自身美的环境中才能表现出完美的艺术形象。人们欣赏雕塑也不只是对雕塑作品本身的感受，而是感受环境、空间的全方位立体效应。罗丹的铜制雕塑作品《巴尔扎克》，耸立在巴黎拉斯巴依大道上。雕塑家采用了简洁、明快的表现手法，使作品犹如一块未经最后修整的巨石从乱石中迸发出奔放无羁的激情，作品以特有的气质和风采感染着无数过往的游客。

（三）雕塑作品欣赏示例

1. 米隆的掷铁饼者（参见图1-4）

作品简介：掷铁饼者，大理石雕复制品，高约152cm，罗马国立博物馆、梵蒂冈博物馆、特尔梅博物馆均有收藏，原作为青铜，米隆作于约公元前450年。

艺术特点：这尊被誉为"体育运动之神"的雕像，一望而知是表现投掷铁饼的一个典型瞬间动作：人体动势弯腰屈臂，呈S形。这使单个的人体富于运动变化，但这种变化常常造成不稳定感，所以作者将人物的重心移至右足，让左足尖点地以支撑辅助，以头为中心两臂伸展成上下对称，从而使不稳定的躯体获得稳定感。身体的正侧转动，下肢的前后分列，既符合掷铁饼的运动规律，又造成单纯中见多样变化的形式美感。米隆的这尊雕像解决了雕塑的一个支点的重心问题，为后来的雕塑家创造各种运动姿态动作树立了榜样。

艺术价值：《掷铁饼者》取材于希腊的现实生活中的体育竞技活动，刻画的是一名强健的男子在掷铁饼过程中最具有表现力的瞬间。这尊雕塑的造型是铁饼摆回到最高点、即将抛出的一刹那，有着强烈的"引而不发"的吸引力。虽然是一件静止的雕塑，但艺术家把握住了从一种状态转换到另一种状态的关键环节，达到了使观众心理上获得"运动感"的效果,成为后世艺术创作的典范。掷铁饼的强烈动感与雕像的稳定感结合得非常好。雕像的重心落在右腿上,因此右腿成了使整个雕像身体自由屈伸和旋转的轴心,同时又保持了雕像的稳定性。掷铁饼者张开的双臂像一张拉满弦的弓,带动了身体的弯曲,呈现出不稳定状态,但高举的铁饼又把人体全部的运动统一了起来,使人们又体会到了暂时的平衡。整尊雕像充满了连贯的运动感和节奏感,突破了艺术上时间和空间的局限性,传递了运动的意念,把人体的和谐、健美和青春的力量表达得淋漓尽致。体现了古希腊的艺术家们不仅在艺术技巧上,同时也在艺术思想和表现力上有了一个质的飞跃。这尊雕像被认为是"空间中凝固的永恒",直到今天仍然是代表体育运动的最佳标志。

2. 乐山大佛

作品简介:乐山大佛(图4-6)地处四川省乐山市东,岷江、青衣江、大渡河三江汇合的凌云山上,"佛是一座山,山是一尊佛",大佛高71m,头高14.7m,发髻有1021个,耳长6.72m,鼻长5.33m,眼长3.3m,肩宽24m,手的中指长8.3m,脚背宽9m,长11m,可围坐百人以上,比起曾号称世界最大的阿富汗帕米昂大佛(高53m)还要高出18m,它是世界上迄今最大的一座石刻佛像。乐山大佛是一尊弥勒佛。唐代崇拜弥勒佛,按佛教教义,弥勒佛是三世佛中的未来佛,象征着未来世界的光明和幸福,在佛祖释迦牟尼死后的五十六亿七千万年以后将接替佛祖的地位,于华林园的龙华树下广传佛法,普度众生。大佛双手抚膝正襟危坐的姿势,造型庄严,排水设施隐而不见,设计巧妙。佛像开凿于唐玄宗开元初年(公元713年),是海通和尚为减杀水势、普度众生而发起,招集人力、物力修凿的,至唐德宗贞元19年(公元803年)完工,历时90年。大佛两侧的岩石是红砂岩,乐山的红砂岩是一种质地疏松、容易风化的岩石,比花岗岩软,是很好的适宜于雕塑的材料。总之,乐山大佛具有很高的艺术价值及历史保护价值。

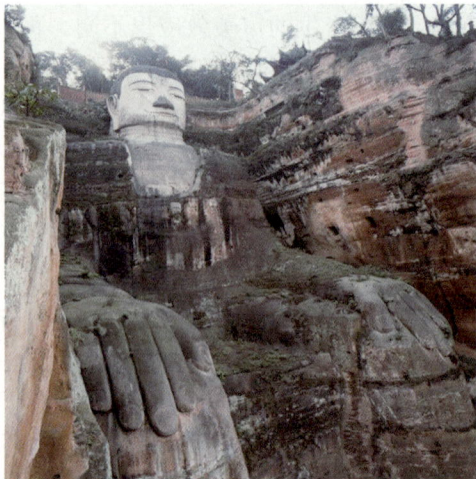

图4-6 乐山大佛

第三节 摄 影 艺 术

摄影是指使用某种专门设备(机械照相机或者数码照相机)进行影像记录的过程,摄影通常也会被称为照相。摄影艺术是摄影家以照相机和感光材料为工具,运用画面构图、光线、影调(或色调)等造型手段来反映社会生活和自然现象、表达思想感情,并求得其艺术形象的艺术。它是以摄影为手段的一门独立艺术,是区别于美术、音乐等其他门类的艺术,同时也有别于非艺术的摄影。既具有独特的表现形态和特殊的造型语言,又具有独特的社会功能和独到的审美价值,是独立于新闻摄影和实用摄影之外的一种摄影,是艺术中的摄影。

一、摄影艺术的基本知识

(一)摄影艺术的发展

1839年8月19日,在法国科学院和艺术学院举办的一次会议上,会议主席向全世界宣布是日为摄影术诞生日。随着科学技术的发展，170多年后的今天，摄影不仅成为现代最大众化的视图传媒和无所不在的摄影图像文化，而且已发展成为一门成熟的视觉平面造型艺术。

摄影艺术受制于摄影技术，它们相互依存，相互促进，其发展可分为以下几个阶段：

1. 孕育期（1825—1839）　这一历史时期是摄影术的探索和实验时期。早在公元11世纪世界就有了"阿拉伯暗箱"，1826年法国光学机械商C•舍瓦利耶制造了可供拍摄影使用的"照相机"，尼埃普斯利用感光乳剂与沥青涂布在纸上，以8小时曝光时间成功地将窗外的风景拍摄成历史第一张照片《窗外景色》。1841年诞生了可供真正使用的感光材料和冲洗方法。

2. 早期（1840—1889）　是摄影本体特性的探索时期。绘画主义贯穿这一时期。19世纪中叶，摄影技术在人们追捧时尚的过程中迅速发展，人们运用摄影技术"记录"所见名胜古迹、风光花卉、人物肖像。这个时期的摄影艺术出现了两个流派：①写实摄影艺术流派：写实摄影流派是现实主义创作方法在摄影艺术领域中的反映，至今仍是摄影艺术中基本的、主要的流派，作品以其强烈的现实性和深刻性而著称于摄影史。如英国勃兰德的《拾煤者》，美国R-帕的《通敌的法国女人被剃光头游街》，法国韦丝的《女孩》等。②绘画主义摄影流派：它产生于19世纪50年代初的英国，1857年达到顶峰。这一流派的主要摄影家和作品有：普莱期的《男爵之宴》《鲁宾逊漂流记》《宝塔情景》；罗宾林的《当一天工作完了的时候》《秋天》《两个小姑娘》《弥留》《拿着毒药瓶的朱丽叶》《黎明和落日》；雷兰德的《伊菲吉尼亚》《优迪特与荷罗佛尼斯》；J.M.卡梅隆夫人的《无题》等。

3. 近代（1890—1917）　是摄影艺术的成熟时期。这个时期"画意摄影"艺术理念逐渐成熟，产生了自然主义派摄影、印象派摄影、未来派摄影和纯粹派摄影。自然主义摄影诞生于19世纪末，以彼得•亨利埃默森的《自然主义摄影》书为标志，它提倡对自然的直接感受。其著名的摄影家有爱默生、戴维森、苏克利夫、欣顿等。著名摄影艺术作品有爱默生的《拉运芦苇》《采集睡莲的人》，欣顿的《洼地》等。"印象派摄影"来自于印象主义绘画，著名摄影家有德马查、斯泰肯、伊文斯、约翰斯顿、库恩、库伯恩。著名作品有戴维森的《葱田》、德马查的《午台后面》、诺特曼夫人的《在庭院》、拉克罗亚的《扫公园的人》、普跃的《风景》、戴德利耶《利物普•印象》、凯利雷的《梦幻》等。纯粹派摄影在摄影艺术上刻意追求优良的"摄影素质"，不借助任何造型技术手段，准确、直接、精微自然地表现被摄对象的光、色、线、影、纹、质等。名作有斯蒂格里茨的《日光与阴影》《赛马场》，斯特兰德的《白色栏杆》、伊文斯的《台阶》、斯泰肯的《摩尔根肖像》和希勒的《内部》。未来派摄影出现于20世纪初，稍后于绘画，最先引入并倡导的摄影家是意大利人布拉加利阿。

4. 现代（1918—1959）　摄影艺术多元发展，相互辉映。1917年出现了"抽象摄影"，1918年"达达主义摄影"问世，1923年"新即物主义摄影"产生，1924年"超现实主义摄影"和1949年"主观主义摄影"兴起。

5. 当代（1960—今）　摄影艺术进入后现代主义时期。这个时期摄影有以下几方面的特征：①摄影已经成为当代人一种日常"自娱"和"他娱"的文化行为；②摄影和摄影文化日益国际化；③摄影主流彩色化；④照相机电子化和数字化；⑤摄影艺术商业化。

（二）艺术摄影的分类

摄影可以分为记录摄影与艺术摄影两大类。艺术摄影是人们通过艺术创作的手法得到的摄影作品，被称为艺术摄影作品。艺术摄影通常分为：

1. 风光摄影　以山水田园为主要拍摄对象，拍摄技巧和手法不限，体现的是令人如痴如醉、仙境般优美和壮观的景色。摄影术刚诞生时由于工艺技术的限制，拍的大都是风光片,现在仍是摄影家们主要的拍摄题材。

2.新闻摄影 以时事新闻为主要拍摄对象。报道突发事件为主要目的。作品的优劣取决于是否能体现"真准快"的新闻要素。与纪实摄影的区别是时效期短,不用跟踪报道。

3.纪实摄影 拍摄对象和目的与新闻摄影一致。但采用连续跟踪,系列报道的形式。与新闻摄影的区别是时效期长,少则几天,多则几十年的分期拍摄。作品的优劣取决于是否能真正体现"真准全"的要素。

4.体育摄影 以体育赛事、人物为主要拍摄对象。集所有的摄影技巧手法于一体,表现力极强,好的作品能催人奋进。报道形式包含新闻和纪实摄影的所有要素,在表现上更充分体现了美学要素。

5.战地摄影 以战争时事为主要拍摄对象。在战争现场抓拍的新闻或纪实类作品。体现的是战争的残酷无情,因风险极大,作品尤为珍贵。现在也出现了商业性的模仿战场和军人形象的人像作品。

6.建筑摄影 以城乡建筑为主要拍摄对象,能充分表现由光和影构成的几何图形在二维空间上形成的立体效果。展现和记录各类建筑物的雄伟华丽、凝重淳朴以及城乡发展的辉煌历史。

7.广告摄影 典型的商业摄影。以推销产品为主要目的,拍摄对象、技巧和手法都不限,因用途而宜。作品以猎奇、冲击力强、令人过目难忘、能激起人们对商品的购买欲望为上乘之作。

8.动物摄影 以飞禽和走兽为主要拍摄对象。拍摄技巧不限,手法以抓拍为主。高水平的摄影师可以把这些人类的朋友拍得活灵活现,栩栩如生。尤以细腻、猎奇为上乘之作。

（三）摄影艺术的三要素

1.构图 构图是摄影艺术的第一要素,是摄影艺术的重要表现手段之一。所谓构图是指在摄影创作过程中,根据美学原则和摄影题材、主题的要求,在照片上布置、安排所要表现的物象的各个部分与各种因素,使之成为一个完整的艺术形象的过程。摄影构图的原则:①画面构图要简洁。首先摄影构图要遵循"减法"规则,删繁就简,去粗存精,一幅画面反映一个典型事实或内容或情况。其次,画面立意要明确,处理好主体与陪体的关系,主次要和谐,主题要鲜明。第三,画面要有生气。人物摄影一定要有精气神,风景构图要有意境,有自然之美,静物和广告摄影要有情趣。②画面视觉印象要完整。画面构图形象的整体结构要完整,反映的内容意义的形象要完整。视觉艺术上的"完整"并不等于形象上的"完全",摄影构图时,有时表现的是某一事物的局部,但是,就是用这种不完全的形象使读者得到完整的视觉效果。例如,英国摄影记者韦尔斯拍摄的,在荷兰世界新闻摄影比赛中被评为最佳新闻照片的《乌干达旱灾的恶果》,韦尔斯将一只白人的营养丰富的、肤色红润且富有弹性的手,同一只乌干达少年瘦骨嶙峋、软弱无力的手放在一起,衬着干裂的土地。画面简洁,从外形上看是不完整的。韦尔斯就是运用了"不完全求完整"的构图手法,向读者完全传达了乌干达灾情的严重性,也传达了外部世界向乌干达人民伸出的援助之手,通过形象对比的方法更加强了艺术的冲击力。③摄影构图要均衡。摄影构图均衡方法:一是画面布局均衡。摄影者用取景框框取画面,安排摄影主体,根据主体位置再相应处理陪体、环境与空白,取得画面的均衡;二是用光影均衡画面;三是用点、线、形均衡画面;四是用内在联系之物均衡画面;五是用形象的虚实均衡画面;六是用动与静均衡画面;七是用色彩的冷暖、色彩的重量感均衡画面。摄影的构图形式多种多样,每种构图都具有各自不同的艺术感觉。

其中主要有以下几种：一是平衡式构图，画面结构完美、安排巧妙，对应而平衡。常用于月夜、水面、夜景、新闻等题材。二是对角线构图，能有效利用画面对角线的长度，使陪体与主体发生直接关系，富于动感，主体突出。三是九宫格构图（也叫井字构图），具有突出主体，并使画面趋向均衡的特点。四是垂直式构图，能充分显示景物的高大和深度。常用于表现万木争荣的参天大树、险峻的山石、飞泻的瀑布、摩天大楼，以及竖直线形组成的其他画面。五是曲线式构图，具有延长、变化的特点，使人看上去有韵律感，产生优美、雅致、协调的感觉。常用于河流、溪水、曲径、小路等。六是框架式构图，能使照片产生深度感。七是斜线式构图，可分为立式斜垂线和平式斜横线两种。常表现运动、流动、倾斜、动荡、失衡、紧张、危险、一泻千里等场面。八是向心式构图，具有突出主体的鲜明特点。九是三角形构图，具有安定、均衡、灵活等特点。摄影构图的方法主要讲究透视法。如果将视平线升高，照片就显得开阔、深远，便于表现物象的复杂层次，提高远景物象的地；如果降低视平线，则适宜于表现辽阔的天空，突出前景的物象；如果仰拍，会使物象显得高大、俊伟；如果俯拍，会使物象显得丰富、多彩。如此等等，不胜枚举。摄影构图实际上就是取景，包括主体、陪体、背景。

2. 色彩　色彩是摄影艺术的第二大要素。所谓"色彩"，又称"色调"或"影调"。"影调"指黑白照片上所表现的明暗层次；"色调"指彩色照片上色彩的对比与和谐。通过对影调与色调的艺术处理，可以产生影调层次、影调对比、影调变化与色彩反差、色彩变化、色彩和谐等艺术效果。摄影作品的色彩，具有温度感（如暖色、冷色）、情感意义（如红色表现热情、黑色表现肃穆）、象征意义（如绿色象征环保、白色象征纯洁）。因此，色彩的运用，是决定摄影作品优劣成败的重要因素之一。不同色彩的组合，可以产生不同的艺术效果。例如对比性的色彩组合，可以产生新鲜、丰富、艳丽、醒目的艺术效果；调和性的色彩组合，则可以产生古朴、高雅、柔和、含蓄、稳重的艺术效果。反之，如果色彩组合混乱，毫无章法，就会使摄影作品产生单调、平淡、沉闷、生硬、陈旧、脏乱等不良艺术效果，乃至直接导致摄影作品的失败。

3. 光线　光线是摄影艺术的第三大要素。摄影的光线运用简称"用光"，是指拍摄时运用各种光源对被拍摄的物象进行照明，以达到理想的艺术效果。光线是摄影艺术的生命与灵魂，光线素有"照片的太阳"之说，倘若没有光线，一切摄影作品都会变作一团漆黑，不能成为艺术作品。摄影的光线分为自然光（主要是太阳光）与人工光（主要是灯光）两大类。光线可以加强照片的空间感、立体感，又可以营造氛围、渲染环境、突出主题、烘托形象，使摄影作品具有感人的艺术魅力。摄影的用光分为以下几种：①顺光，即光线投射方向与相机光轴方向相一致的光线；②正侧光，即光线投射方向与相机光轴方向成水平度左右夹角的光线（俗称阴阳光）；③逆光，即光线投射方向与相机光轴方向相对并来自被摄体后方的光线；④顶光，即光线投射方向来自照相机光轴方向的上方并相对与其垂直的光线；⑤脚光，即光线投射方向来自照相机光轴方向的下方并相对与其垂直的光线。

综上所述，摄影艺术由构图、色彩、光线三大要素共同构成。这三大要素互相结合，相辅相成，形成一个有机完整的艺术整体，构成"三足鼎立"之势，共同支撑起整个摄影艺术的天空。

二、摄影美欣赏

（一）摄影艺术的审美特征

摄影的用途很广，可用于新闻、体育、人像、民俗、广告和科研等，它们有的是艺术作品，有的只是具有美感的图像信息。并不是任何摄影照片都是艺术品，只有既具有艺术的共性，又具有摄影所特有的美的摄影作品才能被称为摄影艺术。摄影艺术不仅要具有人文性、形象性、情感性、形式美等艺术审美特征，同时还应具有纪实性、真实性、瞬间性和科学性等摄影艺术特征。

1. 纪实性 纪实性是摄影艺术的基本特性。它是通过摄影独有的技术手段，逼真地再现镜头前的景物，形成画面影像外观和细节的真实，使摄影艺术独特的美感展现出来。摄影艺术之所以有别于文学、音乐和绘画等艺术，纪实性起着最基本的作用。摄影的写实能力远远超过绘画，是目前视觉真实感最强的艺术。它运用高清晰度、丰富的影调层次和自然色彩，惟妙惟肖地表现被摄景物光线气氛的微妙变化，以及景物的形体结构、体积和外表纹理质感等，使人产生高度的可信性和亲近感。例如《日本偷袭珍珠港》《原子弹的蘑菇云》等反映二战时期的历史照片显得非常珍贵，就是因为这些照片具有纪实性。

2. 现场性 天时、地利、人和等诸多因素是摄影创作艺术成功的重要因素。摄影艺术的创作构思必须从现场环境、条件出发，并且受到现场环境、条件的制约。摄影艺术创作构思的过程就是对现场特定的对象进行观察、比较、选择和提炼加工的过程。在摄影艺术的创作过程中，无论是题材的发掘、主题的酝酿，还是摄影艺术的造型手段的运用、处理以及对决定性瞬间的把握，都离不开对现场的细致观察。因此，摄影创作对于拍摄现场有着极为明显的依赖性。现实生活纷繁复杂，拍摄现场的情况瞬息万变，要想创作出成功的摄影作品，既要善于适应和充分利用现场条件，又要善于突破现场条件的局限和制约，化不利因素为有利因素。只有这样，才能在注意力处于高度集中状态的时候仍具有清晰的分析能力和判断能力，既不会因为现场情况的突变而不知所措，也不会因为一味地等待预想情况的出现而错失良机。

3. 瞬间性 摄影艺术与绘画虽然都是瞬间艺术，但它们的创作方法不同。绘画是事后关门作画，它的画面瞬间是组合出来的，是想象的瞬间；而摄影必须在生活的时空现场进行取舍，这种取舍的瞬间是与生活同步的，是真正的生活的一刹那。任何事物运动都有开始、发展、高潮、终止等变化过程，而最富有艺术美感的时刻不是随时都有的，这就需要摄影者去抓取最动人、最精彩的一刹那。精彩瞬间是造型艺术共同追求的效果，但对摄影来说，它比绘画、雕塑更不容易。因为，它不能摆布和制造，需要摄影家心明眼亮，现场抓取。可以说，任何一幅摄影佳作都是精彩瞬间的表现，"机不可失，时不再来"，恰当地说明了瞬间机遇的重要性。摄影者不仅要熟练掌握各种摄影技术技巧，并且对于不同事物的发展要有预见性，一旦出现最能反映事物本质的瞬间，必须不失时机地按下快门。许多自然景观是瞬息万变的，社会生活中的突发事件也犹如闪电一般，如果不立即抓拍，转瞬即逝，将一去不复返，成为永久的遗憾。

4. 科学性 摄影艺术是现代科学技术的产物，是建立在光学、化学、机械学、电子学，包括当下被广泛应用的数码科技等许多科学技术基础上的综合科技手段而产生的艺术，这种高度的科技能力不仅把生活中转瞬即逝的真实影像固定为可视画面，而且极大地拓展了人们的视野。从黑白到彩色，从胶片感光到数码影像，影像更丰富真实；从宏观到微观，题材更新颖全面。随着摄影艺术和科学技术的进步与发展，摄影艺术已经具有惊人的表现力和拥有极其丰富的表现手段。摄影艺术的创作必须在摄影家所使用的器材和掌握的摄影技术、技巧的限制下进行。离开了摄影技术和技巧，任何绝妙的构思都是无法实现的。摄影艺术科技性的信息存储手段，使创作者更容易进入创作的自由天地，更容易创造既生动又逼真的艺术形象。这种视觉效果是绘画、雕塑等其他艺术难以替代的。随着科技的发展，摄影艺术的造型语汇将发展得更新、更真、更美，各种新的科技成果使摄影创造出和人眼视觉感不同的空间透视、形态结构、光色效果，既有真实的现实影像，也可虚拟出想象中的美好形象。摄影艺术用科技手段记录世界，前途妙不可言。

（二）摄影艺术欣赏方法

能感动你、触动你内心的摄影作品就是好作品。要掌握摄影艺品作品的欣赏方法，首先要了解摄影艺术的基本知识，认识摄影艺术的基本要素与审美特征等。一幅好的艺术作品应在基本造型因素、技术技巧、艺术表现手法、主题思想等方面有突出特点。

1. 把握作品主题　主题是摄影家借现实主体来表达的思想、观念和情感。在主题塑造的过程中，摄影家深入观察、体验和认识，并精心摘取具有典型性的画面、形态，利用摄影技巧揭示出思想观念或宣泄某种情感。为避免喧宾夺主，摄影家往往会把不是主体的部分虚掉或暗淡下去，使画面背景干净，主体突出。

2. 把握作品构图　构图是否美观、新颖、有突破。一幅好的照片，首先吸引你目光的一定是它的构图。好的构图不会沿袭别人的手法，应该是有个性的、独特的。它所反映的主题应该突出，不呆板。

3. 体会作品的时代感染力　一幅好的照片出现在你的面前，应该使你感到非常震撼。它的画面不仅反映时代气息，而且很有独特个性。

4. 体会摄影技巧　彩色照片，应该色彩丰富、鲜艳，冷暖搭配得当；而黑白照片则应该对比明显、柔和。恰当运用逆光、侧光、顺光、顶光、底光、自然光、反射光等光源，充分反映主体和整个画面的内容。照片的层次要丰富、分明。前景、中景、远景都要清晰明朗。要处理好照片的特殊效果，如黑白效果、油画效果、水彩画效果、版画效果、雕塑效果、条纹效果、水纹效果等。这样，照片就有了特殊的美术效果。

（三）摄影作品欣赏示例

1. 老焱若的《一肩风雪》　我国早期杰出的摄影家老焱若的代表作《一肩风雪》（图 4-7），拍摄于 1927 年。这幅作品在画面构图技巧上，运用了文学作品借喻对比的手法，左有老树，右有老人；老树杆上挂着雪，老人肩头披雪；树是孤树，人是独人。从对照中使观赏者产生联想发生共鸣。在影调处理上，背景和大面积的白雪，将浓黑的老树、老人映射得异常突出，更显苍老。老人的背影影像是作者的匠心之笔，老人一肩风雪走向哪里呢？发人深思，让人同情，令人伤感。这与我国著名的文学大家朱自清先生的散文《背影》有异曲同工之妙。

这幅作品的画面简洁，寓意深刻。大地被白雪覆盖着，显示了严寒季节的环境特色；左侧苍老枯枝、弯躯曲体的老树，寓意着国家民族的贫穷和落后；肩挑篓筐、披着风雪的老人，为了生计蹒跚吃力地独行在茫茫雪地里，显得是那么凄凉……老树、孤人、无垠雪地，何处是尽头？出路在哪里？恰是旧中国境况的真实写照，从这幅作品中可充分体现出作者忧国忧民的赤子之心！

图 4-7 《一肩风雪》

这幅作品不论从形象的选择、主体的安排、影调的处理、情调的描绘……均充满了东方韵味和中国特色，整幅结构无疑是一幅完美的山水人物水墨国画！

2. 密尔顿 H·格林《时装艺术家》（图 4-8） 是英国著名摄影家密尔顿 H·格林的摄影作品，是一幅世界名作。我们观赏这幅作品时，最吸引我们目光的是站在正中那位身着黑色西装的时装设计师。尽管站在时装艺术家周围的女郎浓妆艳抹、衣着时尚，但丝毫不会使观赏者把视线从时装艺术家的身上移开。之所以会产生这样的艺术效果，这完全来自于摄影家在构图时匠心独运、精密安排所赋予作品的艺术魅力。这幅作品的主体就是画面正中的这位时装艺术家，其他的人物和影像都是陪体，都是在为突出主体服务的陪衬物。作者运用了多方面的艺术手段，十分明显地突出了主体。为突出主体人物，作者最少在八方面作了精心安排：一是在站位上，主体占画面正中，陪体站在主体四周；二是在体态上，主体为正位，陪体为侧面；三是在面向上，主体面向观众，陪体面向主体；四是在眼神上，主体两眼有神直视观众，陪体两目微闭注目主体；五是在表情上，主体微笑可亲，陪体面无表情；六是在站姿上，主体挺直悠闲，陪体身弯曲线；七是在衣着上，主体庄重大方，陪体华丽轻佻；八是在色彩上，主体浓重，陪体浅淡。同时，作者在背景选择上，选择了一幅人物画像，色彩、神态均与被摄人物有着极为密切的映衬作用，也对突出主体起了烘托作用。

3. 阿尔弗雷德·艾森施泰特的《胜利之吻》（图 4-9） 拍摄于 1945 年 8 月 14 日的纽约时代广场。一位年轻的美国水兵在听到日本无条件投降的消息后，欣喜若狂，一路上他拥抱所遇到的每一位成年女性，不管她有多老、多胖、多瘦、多高、多矮，随后又当场拥抱住一个陌生的漂亮女人痛吻，那个女人也居然毫不反感，欣然配合。他们相拥接吻的场面被《生活》杂志的摄影师阿尔弗雷德·艾森施泰特抓拍下来，成为传世的经典历史画面。从此，这张照片名扬全球且名留青史，成为庆祝二战胜利的一个最为感人至深的场面。

图 4-8 《时装艺术家》

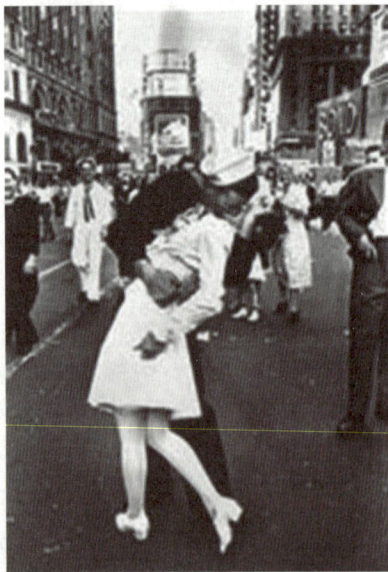

图 4-9 《胜利之吻》

接吻在这个事件中有着特别的喜庆意义。作为象征亲昵和伴侣之爱的一个特殊动作，接吻更增加了那一瞬间的喜庆色彩，同时也加强了喜庆的震撼力。遥想当年种种庆祝日本无条件投降的场面，那些漫天的焰火，那些浩荡的游行队伍和威武的军人方阵，跟这个接吻的场面相比，都显得太简单太直白了。这个接吻的场面表达出的是层次更为丰富的内容，传达出的是更为精微的情感。当年被吻的妩媚女护士在 60 年后回忆那个吻，说当时她紧闭着双眼，水兵把她放在臂弯里，就像跳着优雅的探戈舞步那般吻她。那个吻悠长而恣意，年轻的女护士欣然接受了它。87 岁的伊迪丝在 60 年后说："他将我揽在怀中的方式像是踩着舞步，那一刻我们忘我沉醉有六七秒之久。我甚至不知道他叫什么名字。我让他亲吻我，是因为他曾在战场上为我而战、为这个国家而战。"这个著名的胜利之吻把一场世界大战所给人类带来的情感狂澜揭示得如此贴切和透彻。和平的喜悦在两个彼此陌生的异性的嘴唇之间交流，反法西斯战争的胜利浓缩在激情的嘴唇之上。只是一个吻而已，但是这个吻已经超出了吻的寻常意义，从生物层面升华到了精神层面，从两性间的亲昵表达演化为了一种人类的喜悦宣泄。

本章小结

造型艺术是再现性空间艺术，无论是绘画艺术、雕塑艺术，还是摄影艺术，都有一个共同特点，既有现实的存在，同时蕴含着作者高于现实的艺术创造。本章着重介绍了不同类型造型艺术的发展、分类、艺术要素、艺术特征及艺术美的欣赏方法。纵观它们的发展史，都是由简单到丰富的过程，其艺术特征各自不同，艺术内涵互有通达。细细品味、赏析不同类型的造型艺术，即能感受到艺术美，提升艺术修养及品质。

（赵　慧）

思考题

1. 什么是绘画艺术、雕塑艺术、摄影艺术？
2. 绘画艺术、雕塑艺术、摄影艺术的基本要素及审美特征分别是什么？
3. 谈谈如何欣赏绘画艺术、雕塑艺术、摄影艺术之美。

第五章 表演艺术

学习目标

1. 掌握表演艺术的含义、要素。
2. 了解表演艺术的起源。
3. 熟悉表演艺术的特征及欣赏方法。

表演艺术是艺术的一大门类，指的是借助于音响、节奏、旋律或人体动作，同时经过表演这个环节，以此来塑造艺术形象，反映社会生活和人们思想感情的艺术。

表演艺术有广义和狭义两种含义：广义的包括音乐、舞蹈、曲艺、杂技、戏剧、电影、电视等；狭义的专指音乐和舞蹈。在美学和艺术学里，人们通用的是后一种即狭义的含义。与其他艺术相比，表演艺术不仅更善于表达艺术家的思想感情，而且也更容易拨动鉴赏者的心弦，激发鉴赏者的思想情感，有着更强烈的潜移默化的艺术感染作用。

第一节 音乐艺术

音乐是人类社会历史上产生最早的艺术之一，也是日常生活中人们最喜欢的艺术种类之一。从古至今，音乐一直是人们最亲近的精神伙伴，如今，由于传媒的多样化，音乐已经渗透到生活的各个角落。

课外阅读

法国哲学家卢梭曾把音乐称为"人类的第一种语言"。音乐是人类进化的一条根本路径。音乐表达结合了各种身体功能：恰如其分的呼吸控制、优秀的运动调节能力，以及其他先决条件；音乐综合了各种认知能力：计数、语言、空间知觉；音乐连接了人与人之间的经验与意图，塑造"社会自我"；音乐也能跨越壁垒，让个人与他者沟通。

孔子认为教育人"成才"不外乎三条："兴于诗，立于礼，成于乐。"《论语·正义》将"成于乐"解释为："乐以冶性，故能成性，成性亦修身也。"古希腊哲学家柏拉图认为："我们一向对于身体用教育，对于心灵用音乐"，"节奏与乐调有最强烈的力量浸入心灵的深处，如果教育方式合适，它们就会拿美来浸润心灵，使它也就因而美化"。

一、音乐艺术的基本知识

音乐艺术是通过有组织的乐音在时间上的流动来创造艺术形象、传达思想感情、表现生活感受的一种表现性时间艺术。

（一）音乐的起源及历史

人类社会从什么时候开始有音乐，已无法考证。在人类还没有产生语言时，就已经知道利用声音的高低、强弱等来表达自己的意思和感情。随着人类劳动的发展，逐渐产生了统一劳动节奏的号子和相互间传递信息的呼喊，这便是最原始的音乐雏形；当人们庆贺收获和分享劳动成果时，往往敲打石器、木器以表达喜悦、欢乐之情，这便是原始乐器的雏形。

中国是音乐发展较早的国家，正式的中国音乐历史文字记载始于周朝，见于《乐记》。中国古代"诗""歌"是不分的，即文学和音乐是紧密联系的。现存最早的汉语诗歌总集《诗经》中的诗篇当时都配有曲调，为人民大众口头传唱。这个传统一直延续下去，如汉代的官方诗歌集成，就叫《汉乐府》，唐诗、宋词当时也都能歌唱。甚至到了今天，也有流行音乐家为古诗词谱曲演唱，如苏轼描写中秋佳节的《水调歌头》，还有李白的《静夜思》等。由此可见，我国的音乐历史源远流长。

在西方社会中，对于音乐的发展历程，详细的时代可分为：古希腊罗马时期的音乐、中世纪时期的音乐、文艺复兴时期的音乐、巴洛克音乐、古典主义音乐、浪漫音乐、现代音乐和新世纪音乐等。重视艺术创新与探索的古希腊人，从毕达哥拉斯开始就用数的比例关系来研究音乐。他们将音乐所产生的社会作用，称"净化作用"。古希腊时期的柏拉图、亚里士多德等，都广泛论述了音乐美学的诸多问题。文艺复兴以后，莱布尼茨、迪卡尔、卢梭、狄德罗、康德、尼采等思想家、哲学家，都在自己的论著中阐述了对音乐的见解。19世纪中叶，奥地利的汉斯立克发表了《论音乐的美》一书，提出了自律论的观点，使音乐美学中的几个关键性问题激烈争论了几十年，甚至延续至今。20世纪以后的音乐发展更是日新月异，各种音乐论述、音乐作品层出不穷，音乐的世界日益丰富。音乐欣赏已成为现代人精神生活中不可缺少的重要内容，音乐超越了国界和时空，让不同文化背景的人们能在相同的音乐中获得美感、产生共鸣。

（二）音乐艺术的要素

音乐艺术的要素包括：旋律、节奏、节拍、速度、力度、音色、和声、调式等。

1. 旋律 又称曲调，是一定高低、长短和强弱关系不同的音响，按一定的调式及节奏组成的、流动的声音线条。旋律是音乐的灵魂和基础，能表现一定的音乐内容，是音乐中最神秘、最有魅力的要素。作曲家采用不同的旋律，可以表现出不同的思想情感和音乐内容。一般来说，表现欢快的情绪用轻松、活泼、明快的旋律；表现悲哀、伤感的意境，用凄凉、忧伤、深沉的旋律；表现英勇奋斗、奋力拼搏的精神，用激越、慷慨、雄壮的旋律。

贝多芬的钢琴独奏曲《致爱丽丝》，乐曲开始就出现了一个流畅清新而又朴素无华的旋律，引起听者的感情反应，想象少女可爱天真的神情，就像一幅小小的肖像素描，一挥而就，又栩栩如生，优美动人。

2. 节奏 是将长短相同或不同的音，按一定的规律组织起来，循环往复、周而复始地出现。节奏具有相似性、间隔性和重复性的特点。如果改变节奏也会直接影响旋律的效果。一般来说，快节奏的音乐，多表现轻松、愉快的情感，如《百鸟朝凤》《赛马》等。慢节奏的音乐，多表现抒情、忧伤的情感，如《茉莉花》《渔舟唱晚》等。进行曲的节奏鲜明、刚劲有力，如《土耳其进行曲》《义勇军进行曲》等。圆舞曲的节奏较为舒缓、轻松，如《春之声》《波兰圆舞曲》等。

3. 节拍　是指乐曲中强音和弱音均匀地、有规律地、循环交替地出现。节拍有多种不同的组合方式，表示节拍的符号叫节拍号。2/4 拍的音乐，节拍次序是强、弱；3/4 拍的音乐，节拍次序是强、弱、弱；4/4 拍的音乐，节拍次序是强、弱、次强、弱。节拍和节奏在音乐中是交织在一起的，它们以音的长短和强弱有规律地贯穿于音乐作品之中。

4. 速度　是音乐进程中的快慢，即在单位时间内音乐节拍的疏密程度。要准确表达某种思想感情，乐曲必须按一定的速度演奏。快速度的音乐多用于表现欢快、激动的情绪；中速度的音乐多表现自然和恬静的情绪；慢速度的音乐多表现凝重、忧伤的情感。在同一首乐曲中，速度可随内在的结构和思想内容而变化。

5. 力度　是指每一个乐音的强弱程度。力度不同，可表现乐曲不同的风格特征。抒情歌曲的强弱则随情感的发展而变化。力度符号 f 表示强，p 表示弱，小于号"<"表示渐强，大于号">"表示渐弱。

6. 音色　是指不同的人、乐器等发出的具有不同音质特色的音响。高音一般高亢、明亮，低音多深沉、浑厚，中音常常宽泛、淳美。在器乐中，二胡声淳厚朴实，古筝声清脆明亮，唢呐声刚健粗犷，小提琴声优美华丽，小号声辉煌明亮。在声乐中王菲的歌声空灵，刘欢的歌声激越，王杰的歌声苍凉。

7. 和声　是指两个以上的音，按一定规律的同时结合。和声可以使旋律的表现力更加丰富，也可联结若干旋律同时进行，构成不同层次的立体效果，使乐曲蕴含更丰富的生活内容和思想情感。和声的音响效果还有明亮、疏密之分，合理的搭配使之更具有渲染气氛的作用。

8. 调式　一组音以某一个音为中心音（即主音）、按一定关系联结成一个体系，这个体系叫调式。如大调式、小调式等。

（三）常见的音乐体裁

1. 协奏曲　指一种由独奏乐器与管弦乐队协同演奏的大型器乐作品。它的特点是独奏部分具有鲜明的个性和高度的技巧性。在音乐进行中，独奏与乐队常常轮流出现，相互对答、呼应和竞奏。独奏时，乐队处于伴奏地位，合奏时，独奏乐器休止，完全由乐队演奏。古典协奏曲的奠基人是莫扎特。协奏曲一般分为三个乐章：第一乐章是热情的快板，多用奏鸣曲式，音乐充满生气；第二乐章是优美的、抒情的慢板，音乐带有叙事风格；第三乐章是欢乐的舞曲，音乐蓬勃有力，活跃奔放。在第二乐章结束前往往加有独奏乐器单独演奏的华彩乐段，以表现高度的演奏技巧。

在现代协奏曲创作中，也有以花腔女高音独唱（无词）与乐队的协奏的声乐协奏曲。

2. 交响曲　源于希腊语"一齐响"，是大型器乐曲体裁，亦称"交响乐"，系音乐中最大的管弦乐套曲。交响曲的产生与 17、18 世纪法国、意大利歌剧的序曲以及当时流行于各国的管弦乐组曲、大型协奏曲等体裁有直接的联系。

交响曲的结构，一般分四个乐章（也有只用两个乐章或五个乐章以上的）。第一乐章：奏鸣曲式结构，其音乐特点是快速、活泼，主调具有戏剧性，表现人们的斗争和创造性的活动。第二乐章：曲调缓慢、如歌，是交响曲的抒情中心。采用大调的下属调或小调的关系大调。第三乐章：中速、快速，可回到主调，常以小步舞曲或谐谑曲为基础，采用复三部曲式、变奏曲式等，具有舞蹈性。第四乐章：非常快速，主调多采用回旋曲式、回旋奏鸣曲式或奏鸣曲式的结构，它常常表现生活的光辉和乐观情绪，也往往表现生活、风俗和斗争的胜利、节日狂欢场面等。它是全曲的结局，具有肯定的性质。

因此，交响曲是音乐作品中思想内容最深刻、结构最完美、写作技术最全面而艰深的大型器乐体裁，它以表现社会重大事件、历史英雄人物、自然界的千变万化、富于哲理的思维以及人们为之奋斗的崇高理想等见长，它总是带有一定程度的戏剧性。

3. 圆舞曲 又称华尔兹，是17～18世纪流行于维也纳宫廷的三拍子舞曲，速度快慢不等，其旋律优美、流畅。19世纪风行于欧洲的社交舞会。贝多芬、舒伯特、肖邦等世界著名作曲家都写过有名的圆舞曲。奥地利作曲家约翰·施特劳斯的圆舞曲最为著名，他被誉为圆舞曲之王，代表作是《蓝色多瑙河》。

（四）音乐艺术的分类

音乐艺术的分类方法很多。按音乐产生的不同年代，可分为古典音乐、现代音乐；按音乐产生的不同地域和民族特征，可分为中国民族音乐、外国民族音乐；按发声体不同，可分为声乐、器乐等。这里侧重介绍声乐和器乐。

1. 声乐 是人声演唱的音乐，它常常以歌曲的形式出现，是歌词与曲调的有机统一体。歌词常常是文学中的诗词。歌词与曲调内在的结构、韵律有极为相似之处，两者之间相互交融、声文并茂、情意无穷。但不能简单地认为音乐是文学的附庸。一首动听的歌曲，歌词有可能会经时间的流逝而淡化，而曲子、旋律却常常给人们留下深刻的印象。法国作曲家索菲方迪南·席拉尔说："最坏的诗，配上最优美的音乐，几乎不能减少乐曲给予的快感，但最伟大的诗歌杰作对枯燥乏味的音乐却起不了一丁点儿支持作用。"可见，声乐中的旋律并不会因为无歌词而改变其美感特征，无歌词声乐同样可以表达作曲家的思想情感。声乐，按演唱形式、风格、体裁等不同，可分为独唱、重唱、合唱、影视歌曲、歌剧等。声乐的美学原则是：读字准确、真切，发声舒畅、圆润，歌词流利、动听，表情细腻、真挚，风格浓郁、亲切等。

《黄河大合唱》气势磅礴，具有鲜明的民族风格，全曲包括序曲和八个乐章，由配乐诗朗诵和乐队演奏连成一个整体。整个作品虽然不具有歌剧那么完整的故事情节，但每一章节都通过朗诵和乐队为背景串联起来，贯穿着一个主题思想，这就是"抗日救亡"，同时也歌颂了伟大的中华民族和中国人民。

2. 器乐 是指人通过乐器演奏的音乐。器乐可分为有标题音乐和无标题音乐。一般来说，音乐标题可提示和帮助欣赏者理解作品内容，但也有标题与内容毫不相干的。如《二泉映月》的标题就是后来加上去的，它并未揭示音乐主题。器乐，根据演奏的乐器、体裁、风格等不同，可分为独奏、齐奏、重奏、合奏乐曲、中国民乐管弦乐曲以及戏曲、舞剧、影视配乐等。其中，管弦乐曲又包括交响曲、协奏曲、序曲等。

《春江花月夜》是一支典雅优美的民族抒情乐曲，宛如一幅色彩斑斓的山水画卷，一首词情婉恰的唯美抒情诗章，在舒缓明快的旋律中，把我们带入春天夜晚那个静谧甜美天地。旋律古朴和谐、雍容典雅、节奏平稳、音韵舒展，用含蓄多姿的现实与浪漫相结合手法，表现了深远恢弘的意境，具有较强的艺术与唯美的感染力。

二、音乐美欣赏

音乐欣赏是现代社会必不可少的精神活动，要想具备欣赏音乐的能力，必须加强对音乐知识的了解，提高音乐艺术修养。

（一）音乐艺术的特征

1. **强烈的抒情性**　音乐是一种擅长表现和激发情感的艺术,被俄国作曲家谢洛夫称为"灵魂的直接语言",最能以情动人,甚至可以表现出难以用语言表达的感情。正如匈牙利作曲家李斯特说:"感情在音乐中独立存在,放射光芒,既不凭借'比喻'的外壳,也不凭借情节和思想的媒介。以情动人使音乐成为一种国际语言。"

小提琴协奏曲《梁祝》呈示部的开始,在轻柔的弦乐震音背景上传来秀丽的长笛,接着双簧管奏出酣畅、恬适的旋律,人们听着仿佛置身于风和日丽、春光明媚、鸟语花香的美丽景色中。雄浑豪放的音乐常给人带来勇猛、磅礴、雄壮有力的感受。《黄河大合唱》中的"保卫黄河",音响强劲有力、起伏对比强烈,给人带来情感的巨大震动,当人们听到这雄浑豪放的音乐,再加上标题"保卫黄河"的暗示,就会自然地将音乐与奔腾的黄河和抗日队伍的勃勃英姿联系在一起。

2. **时间的流动性**　音乐在时间上是流动的、连续不断的。如果时间一结束,音乐就停止了。人的感情与音乐一样,也是在时间中变化发展的。因此,音乐表现人的感情,就有了得天独厚的条件。给欣赏者展现了一个流动、变化、发展的过程,留下一个丰富的想象和联想的空间。正是由于音乐具有时间的流动性这一审美特征,才使音乐成为艺术中最适合表现情感的形式,成为表现情感的艺术高峰。

3. **内容的不确定性**　由于音乐不是造型艺术,内容上的不确定性、不具体性是其审美特征之一。它不同于绘画、雕塑,能抓住某一瞬间,给欣赏者展现一个具体可感的形象。在音乐欣赏中,必须通过演奏者(或演唱者)、欣赏者,发挥丰富的想象和联想,进行再创造,才能完成。不同的欣赏者,对同一部音乐作品的理解和联想也不一样,尤其是那些抒情的、无标题音乐,给予欣赏者非常宽泛的联想空间。因此,在欣赏中会出现很大的差异。出现这些差异的原因是多方面的。从根本上说,由于音乐欣赏是一种能动反映,必然带有欣赏者主观的感情色彩,同作曲家创作这首曲子时的感受不可能完全一样,对音乐作品的理解也不尽一致。音乐内容的不确定性是相对的,如表现欢快、喜庆的乐曲《金蛇狂舞》,同深沉、忧伤的哀乐之间的区别是十分明显的。在这一点上,不同的欣赏者大体感受是一致的。不确定性是在内容上,不能确切指向某一具体事物,具有宽泛、朦胧的美感。这种不确定的特征,能使欣赏者在欣赏中,想象纵横驰骋,感知妙趣横生。

波兰钢琴家肖邦一生共创作了19首夜曲,夜曲中的音乐形象,大都表现朦胧的黄昏、静谧的月夜,在夜色中沉思默想,也有色调明朗、形象鲜明的夜曲,如"降E大调夜曲",这些夜曲对形象的表现不是那么确切、具体,音乐的内涵就只能依靠欣赏者展开联想去把握。

4. **三度创造、联想自由**　由于音乐欣赏,需要通过作曲家、表演艺术家和欣赏者的"三次创造"才能完成,称三度创造。欣赏者在欣赏音乐的过程中,有时会在脑海中浮现出一些视觉画面,称音画。一般产生音画的作品,是以描绘为主的音乐,大多有标题。例如《伏尔塔瓦河》那时而激荡、时而轻盈的乐曲,使我们联想到那大海的滚滚波涛和潺潺的小溪流水。《梁祝》中"化蝶"那一段,充满诗情画意和幻想色彩的音乐,仿佛使我们看到一对古代恋人,双双化蝶、翩翩起舞的情景。有时作品由于与神话传说、历史典故有一定的联系,常给人以诗一般的意境。法国作曲家柏辽兹的《幻想交响曲》以出色的音乐画笔,勾勒出一幅生动的田园风光。苏联作曲家普罗科菲耶夫根据舞剧改编的《罗密欧与朱丽叶》(第二组曲)的意境和氛围,给人以诗一般的美感。苏联作曲家穆索尔斯基的《荒山之夜》,以诗画交融的意境被称为"交响诗画"。总之,要获得丰富的美感,就必须积极创造、大胆联想,去捕捉那如诗如画的优美意境。

贝多芬的《田园交响曲》，首先由小提琴奏出具有乡土气息、明快清澈的旋律，此时的感官感受是悦耳，当进一步被音乐感染，展开想象，眼前仿佛浮现出乡村开阔的大地、茂密的森林、盛开的鲜花、流动的小溪；仿佛看到一位恬静的少女坐在溪边遐想；听到村妇跳舞时的欢笑，暴风雨中狂风的怒吼；嗅到暴雨过后清新的空气。此时听者进入的是感情欣赏，被优美的旋律陶醉，被激昂的音调振奋，与作品产生共鸣。同时，听众在结合自己的想象进行审美的再创造，从乐曲中体会到作者通过对大自然的描述，表达的人纯洁的心灵和对美好未来的憧憬和追求，把欣赏升华到理智的高度。

5. 再现客观事物的间接性　音乐再现客观事物是通过音响去描绘的，它不像绘画那样直接描绘，需要想象、联想才能领悟。音乐再现客观事物，可以通过直接模拟、近似模拟、暗示、象征等手法来表现。李斯特在他的钢琴曲《雷雨》中，运用强有力的和弦连奏和震音，以及音阶的快速进行等手法，造成对雷雨声的艺术仿真，使人产生一种身临其境的感觉。

(二) 音乐艺术欣赏方法

音乐欣赏是现代文明社会必不可少的精神活动之一。音乐以其特有的魅力，带给人们无穷的美的享受，但是，对于不懂音乐的耳朵，最好的音乐也没有意义。要想具备欣赏音乐的才能，必须加强音乐知识的学习，提高音乐艺术修养。

1. 熟悉音乐基本知识　作曲家创作乐曲，也同文学家写诗歌、小说一样，有一整套表情达意的体系，即音乐要素、体裁、曲式等。一首音乐作品的思想内容和音乐美，要通过各种要素才能表现出来。因此，掌握音乐要素中的旋律、节奏、节拍、力度等，是进行音乐欣赏的基础。"只有音乐才能激起人的音乐感；对于不辨音律的耳朵来说，最美的音乐也毫无意义，音乐对它说来不是对象……"

2. 了解作者和作品的时代背景　一首音乐作品，总是表现了作曲家对现实生活的感受，具有一定的时代特征。因此，要深刻了解作品的思想内容，就必须了解作品产生的时代背景。如我国著名的作曲家冼星海创作《黄河大合唱》时的情景，就富有传奇色彩。1939 年，冼星海在除夕联欢会上，听诗人光未然（张光年）朗诵《黄河》诗作时激动万分，他站起来，把词抓在手中，连声说："我一定把曲子谱好。"他抱病苦战了 6 天，一曲气势磅礴的、中华民

图 5-1　大型音乐会《黄河大合唱》

族史诗般的、大型声乐作品终于谱写出来了。特别是"怒吼吧、黄河"中,运用主调与复调相交融,交相辉映,以号角性、战斗性的音调,象征东方巨人为最后胜利的呐喊,具有强烈感人的力量。作为炎黄子孙,当你了解这段往事,聆听这感人肺腑的歌曲,你能不为之激动、不为之产生共鸣吗?

3. 抓住作品的民族特征　一切音乐都植根于民族、民间音乐的沃土。因此,优秀的音乐作品都具有各自的民族特征。我国的小提琴协奏曲《梁祝》,就是一部以中华民族音乐的鲜明风格和特点,得到国际公认的优秀作品。这首绚丽多彩、抒情动人并有浓郁生活气息的协奏曲,在民族化方面作了大胆的尝试创新。它以浙江的越剧唱腔为素材,综合采纳了交响曲和中国戏曲的音乐表现手法,巧妙地吸收了中国民族器乐的演奏技巧,丰富了协奏曲的表现力。在"哭灵""投坟"一段里加入板鼓,用小提琴模仿古筝、竖琴等民族乐器演奏法,将祝英台悲痛欲绝的感情表现得非常深刻。它以高度的艺术性和民族性,获得国内外人民的高度赞扬和喜爱。

图 5-2 《梁祝·化蝶》乐谱

4. 把握作者的创作风格　作曲家由于生活的环境、时代、文化修养、经历、趣味等不同,在作品中表现出不同的创造风格。我们熟悉和喜爱的奥地利作曲家约翰·施特劳斯的《蓝色的多瑙河》《维也纳森林的故事》等属轻音乐作品,其美妙的旋律令人心旷神怡、欣然欲舞。约翰·施特劳斯把奥地利乡村民间音乐与热情的城市音乐结合起来,使他的圆舞曲既轻松愉快又热烈奔放,具有独特的魅力。此外,在音乐欣赏中,还应了解音乐作品的主题、曲式等表现手法。对一些情节性的大型音乐作品的欣赏,还应很好地了解相应的典故、传说等内容,以便更好地认识乐曲中表现出的戏剧和矛盾冲突的特点,把握作品深刻的思想内容。

（三）音乐欣赏示例

二胡名曲《二泉映月》

《二泉映月》是中国民间二胡音乐家华彦钧（阿炳）的代表作（图5-3）。这首乐曲自始至终流露的是一位饱尝人间辛酸和痛苦的盲艺人的思绪情感，作品展示了独特的民间演奏技巧与风格，以及无与伦比的深邃意境，显示了中国二胡艺术的独特魅力，它拓宽了二胡艺术的表现力，获"20世纪华人音乐经典作品奖"。

图5-3　二胡名曲《二泉映月》

江苏无锡惠山泉，世称"天下第二泉"。《二泉映月》不仅将人引入夜阑人静、泉清月冷的意境，听毕全曲，更犹如见其人，一个刚直顽强的盲艺人在向人们倾吐他坎坷的一生。作品继引子之后，旋律由商音上行至角，随后在徵、角音上稍作停留，以宫音作结，呈微波形的旋律线，恰似作者端坐泉边沉思往事（片段1）。第二乐句只有两个小节，在全曲中共出现六次。它从第一乐句尾音的高八度音上开始。围绕宫音上下回旋，打破了前面的沉静，开始昂扬起来，流露出作者无限感慨之情（片段2）。进入第三乐句时，旋律在高音区上流动，并出现了新的节奏因素，旋律柔中带刚，情绪更为激动。主题从开始时的平静深沉逐渐转为激动昂扬，深刻地揭示了作者内心的生活感受和顽强自傲的生活意志。他在演奏中绰注的经常运用，使音乐略带几分悲恻的情绪，这是一位饱尝人间辛酸和痛苦的盲艺人的感情流露。全曲将主题变奏五次，随着音乐的陈述、引申和展开，所表达的情感得到更加充分的抒发。其变奏手法，主要是通过句幅的扩充和减缩，并结合旋律活动音区的上升和下降，以表现音乐的发展和迂回前进。它的多次变奏不是表现相对比的不同音乐情绪，而是为了深化主题，所以乐曲塑造的音乐形象是较单一集中的。全曲速度变化不大，但其力度变化幅度大，从 pp 至 ff。每逢演奏长于四分音符的乐音时，用弓轻重有变，忽强忽弱，音乐时起时伏，扣人心弦。

阿炳经常在无锡二泉边拉琴，创作此曲时已双目失明，据阿炳的亲友和邻居们回忆，阿炳卖艺一天仍不得温饱，深夜回归小巷之际，常拉此曲，凄切哀怨，尤为动人。阿炳的朋友陆墟曾这样描写过阿炳拉奏《二泉映月》时的情景："大雪像鹅毛似的飘下来，对门的公园，被碎石乱玉，堆得面目全非。凄凉哀怨的二胡声，从街头传来……只见一个蓬头垢面的老媪用一根小竹竿牵着一个瞎子在公园路上从东向西而来，在惨淡的灯光下，我依稀认得就是阿炳夫妇俩。阿炳用右胁夹着小竹竿，背上背着一把琵琶，二胡挂在左肩，咿咿呜呜地拉着，在淅淅疯疯的飞雪中，发出凄厉欲绝的袅袅之音。"这首曲子开始并无标题，阿炳常在行街穿巷途中信手拉奏，卖艺时并未演奏此曲，阿炳曾把它称作"自来腔"，他的邻居们都叫它《依心曲》，后来在杨荫浏、曹安和录音时联想到无锡著名景点"二泉"而命名为《二泉映月》，这时方定下曲谱。贺绿汀曾说："《二泉映月》这个风雅的名字，其实与他的音乐是矛盾的。与其说音乐描写了二泉映月的风景，不如说是深刻地抒发了瞎子阿炳自己的痛苦身世。"

第二节 舞 蹈 艺 术

舞蹈是以经过提炼加工的人体动作作为主要表现手段，运用舞蹈语言、节奏、表情和构图等多种基本要素，塑造出具有直观性和动态性的舞蹈形象，表达人们思想感情的一种艺术形式。

一、舞蹈艺术的基础知识

舞蹈是一种人体动作的艺术，但它又不同于别的人体动作艺术，它以舞蹈动作为主要艺术表现手段，着重表现语言文字或其他艺术表现手段所难以表观的人们内在深层的精神世界——细腻的情感、深刻的思想、鲜明的性格，和人与自然、人与社会、人与人之间以及人自身内部的矛盾冲突，创造出可被人感知的生动的舞蹈形象，以表达舞蹈作者（舞蹈编导和舞蹈演员）的审美情感、审美理想，反映生活的审美属性。另外，由于人体动作不停顿地流动变化的特点，必须在一定的空间（舞台或广场）和一定的时间中存在；而在舞蹈活动中，一般都要有音乐的伴奏，要穿特定的服装，有的舞蹈还要手持各种道具，如果是在舞台上表演，灯光和布景也是不可缺少的。所以，也可以说舞蹈是一种空间性、时间性和综合性的动态造型艺术。

（一）舞蹈艺术的起源与发展

据艺术史学家的考证，人类最早产生的艺术就是舞蹈。在远古人类尚未产生语言以前，人们就用动作、姿态的表情来传达各种信息和进行情感、思想的交流。舞蹈作为最古老的艺术，是人类生活中的一种社会现象，它的起源和世界上的一切事物的构成一样都不是单一的，而是有着多种因素的。一般人们主张"劳动综合论"，即：舞蹈起源于人类求生存、求发展中劳动实践和其他多种生活实践的需要，如果再详细一点来说，舞蹈起源于远古人类在求生存、求发展中劳动生产（狩猎、农耕）、健身和战斗操练等活动的模拟再现，以及图腾崇拜、巫术宗教祭祀活动和表现自身情感思想内在冲动的需要。它和诗歌、音乐结合在一起、是人类历史上最早产生的艺术形式之一。在远古的社会生活中，几乎没有比舞蹈更重要的事情了——婚丧嫁娶、生育献祭、播种丰收、祛病除邪，一切都离不开舞蹈。舞蹈成为远古先民质朴的生活方式和感知世界的手段。

德籍犹太学者库尔特·萨克斯从史学的角度，把世界的舞蹈分为了石器时代、上古时期、中古时期、18 和 19 世纪的华尔兹、波尔卡时代，以及 20 世纪的探戈时代。而在《舞蹈形态学》（于平著）中，则以整个世界传统舞蹈的文化格局确立了八大文化圈—中国舞蹈文化圈、印度马来舞蹈文化圈、印度舞蹈文化圈、马来 - 波里尼西亚舞蹈文化圈、阿拉伯舞蹈文化圈、拉丁美洲混合舞蹈文化圈、黑非洲舞蹈文化圈、欧洲舞蹈文化圈。

（二）舞蹈艺术的要素

舞蹈艺术的要素包括舞蹈动作、舞蹈节奏、舞蹈音乐等。

1．舞蹈动作　可分为表现性动作、说明性动作、装饰性动作。

（1）表现性动作：是指表现人的思想感情，反映人物性格特征的动作。具有一定的抽象性和概括性。如中国古典舞的"云手"、蒙古舞的"抖肩"、现代舞的"旋转跳跃"等动作，都属于表现性动作，主要是抒发人物的情感体验和表现人物的性格特征。

（2）说明性动作：是指展示舞蹈的具体内容和人物行动目的的动作。具有模拟性和再现性的特点。如举头望月、扬鞭跃马等动作，都是说明性动作，主要是告诉观众舞蹈中的特定情景。

（3）装饰性动作：是指不具有明确思想含义的过渡性动作。它用于衔接各种动作，起承上启下的过渡作用，又称过渡性动作。如民间舞中的"碎步""晃步"等动作，主要起衔接作用。

以上三种动作的不同组合，可以构成具有不同风格、不同内容、不同审美特征的舞蹈。

2．舞蹈节奏　是指舞蹈的动作、姿态、造型上力度的强弱、速度的快慢、时间的长短、幅度的大小等的对比规律。著名的美学家朱光潜先生指出"节奏是宇宙中自然现象的一个基本原则"，"节奏是一切艺术的灵魂"。节奏具有相似性、间隔性、重复性的特点。舞蹈的节奏具有自身的规律和特点：它既要受到音乐节拍的限制，但又不等同于音乐节拍。舞蹈的节奏，不仅要符合音乐节拍的特点，还要体现舞蹈本身抒发情感的需要，具有舞蹈自身的节奏美感。甚至，没有音乐也可以随节奏翩翩起舞。当然，一般来说，有音乐伴奏的舞蹈，更具有感染力。节奏是舞蹈艺术的基本要素之一，在一定意义上可以说，没有节奏就没有舞蹈。

3．舞蹈音乐　舞蹈音乐多为舞曲，就是指用来跳舞的音乐。舞蹈与音乐的起源颇有渊源，历史很悠久。欧洲音乐史中，现在还能听到的舞曲大约可追溯至 10 世纪，那个时期欧洲流行游吟诗人的音乐，观众可以欣赏到动人的歌曲每每搭配着优美的舞蹈，或者歌舞不断交替进行着表演。中国民间舞蹈音乐，按乐系、乐族和乐种等不同层次可划分为声乐类歌舞音乐、器乐类歌舞音乐、少数民族舞蹈音乐等。

（三）舞蹈艺术的分类

舞蹈艺术的分类具有多重标准，采用不同的标准可以分为不同的舞蹈类别。根据题材不同可以分为儿童舞蹈、体育舞蹈、社交舞蹈、宗教舞蹈、原始舞蹈等；根据表现手法不同可以分为抒情舞蹈、叙事舞蹈、讽刺舞蹈、话报舞蹈等；根据演员人数不同可以分为独舞、双人舞、三人舞、群舞等。舞蹈是一种抒情性很强的艺术，不同舞蹈的最大的区别在于形式风格上各具特色。因此，从舞蹈的不同风格特点和实用性出发，我们重点介绍四类舞蹈，即古典舞、民间舞、现代舞、国际标准交谊舞。

1．古典舞　是由历代舞蹈家遵循一定的舞蹈美的原则，不断承先启后，提炼创造，逐渐形成的具有典型意义和传统风格的舞蹈（图5-4）。目前，在古典舞中，世界上公认的独具风格、成熟的古典舞主要有三种，即欧洲芭蕾舞、中国古典舞（图5-5）、印度古典舞。

2．民间舞　是指反映民间风俗习惯、民族风情、传统心理等内容的舞蹈（图5-6）。它的产生、发展与各国、各民族的具体生活环境密切相关，在舞蹈的姿态造型、动作构图、节奏韵律等方面都具有鲜明的民族风格和地方特色。民间舞蹈可分为两大类：一类是由人民大众自发传承下来的民间舞，它的审美作用主要是为了自娱、自乐，在宽阔的广场即兴起舞，这是其突出的特点；另一类是表演性的民间舞，指由专业舞蹈家对自娱性的民间舞基本动作进行提炼、选择、加工和创造而形成的，是具有较高的艺术性和欣赏价值的民间舞蹈，其特点是在舞台上表演。

图 5-4　古典舞基本动作

图 5-5　古典舞《美人吟》

图 5-6　福建泰宁新桥乡傩舞

3. 现代舞　是 20 世纪初,以被誉为"现代舞之母"的美国舞蹈家依莎多拉·邓肯(1878—1927 年)(图 5-7)为代表的一批欧美舞蹈艺术家创立的一个全新的舞种。现代舞是倡导个性自由的现代思潮在艺术领域里的一种反映,也是工业化时代的产物。依莎多拉·邓肯以卓越的艺术才华和系统的理论为现代舞奠定了基础。她主张以人体的动作和姿态去再现人的内心激情,舞蹈形式上不受古典舞讲究程序化、规范化的约束,强调抒发内心的情感,追求自由表现的空间,在舞蹈中可以不按时间的先后顺序而展开,也可以打破空间概念的约束,是一种充分展示自我的舞蹈表现形式。

4. 国际标准　交谊舞又称体育舞蹈,是现代国际社会流行的一种国际性、竞技性舞蹈。自 1995 年,国际舞蹈联会受到国际奥林匹克委员会的认可后,体育舞蹈已不断在国际上推广起来。国际标准交谊舞,作为一种竞技性的艺术舞蹈,在世界上已相继举行过多届世界杯赛和世界锦标赛。国际标准交谊舞是世界各国民族舞蹈发展的结晶。国际标准交谊舞包括两大类:现代舞和拉丁舞。两类舞蹈风格各异,各具特色。

图 5-7　依莎多拉·邓肯

课外阅读

　　国际标准舞简称国标舞,来源于各国的民间舞蹈,由于国标舞对舞姿、舞步要求非常严格,所以出现了要求相对低一些的交谊舞,它保持了国标舞各种舞种的风格,但比较随意。

　　早在 11 世纪,欧洲一些国家将民间舞蹈提炼和规范,行成了流行在宫廷中的"宫廷舞",简洁高雅、拘谨做作,只在宫廷盛行,专供贵族习跳和欣赏,是贵族的特权,失去了民间舞的风格。法国大革命后,宫廷解体,"宫廷舞"也进入了平民社会,成为社会中人人可舞的社交舞。1768 年,巴黎出现了第一家舞厅,从此交谊舞在欧洲社会中流行,这个时候的交谊舞更具有强烈的民族风味,被称为美国学派的社交舞。1950 年,英国主办了一届世界性的大赛。拥有 74 个会员国的"国际舞蹈运动总会"于 1997 年 9 月 4 日正式成为国际奥林匹克委员会会员,2000 年成为悉尼奥运会表演项目,2008 年成为正式比赛项目。国标舞虽和交谊舞相似,但对舞姿、舞步要求非常严格,一般是两个人一起跳,舞中姿势都已经标准化和分类,国际上有统一的用语,术语用英语口令。国际标准交谊舞,不管是哪一个舞种,不管跳得多么复杂,都是一步一步"走"出来的,而在每一步中都包含着速度、距离和方向。

二、舞蹈美欣赏

(一)舞蹈艺术的特征

　　舞蹈欣赏是一种审美实践活动,不同的舞种具有不同的审美特征,但凡是舞蹈都具有以下共同的审美特征。

　　1. 强烈的抒情性　是舞蹈的基本特征。这是由舞蹈"长于抒情,短于叙事"的特点决定的。舞蹈是一门抒情艺术。在现实生活中,人的强烈情感的暴发,往往直接通过人体的动作来表现。而舞蹈家正是从生活中吸取养料,挖掘这样的动作,捕捉灵感,使之更为典型

97

化,具有更强的感染力。不仅如此,舞蹈还擅长表达具体人物内心世界丰富、复杂、细腻的思想情感。大量地采用象征、虚拟手法,将自然界中的各种事物拟人化,体现出浪漫主义的感情色彩,造成特有的情感氛围,以增强舞蹈的情绪感染力。

2. 诗化的写意性 舞蹈不仅是人们强烈情感的外化形态,而且类似文学中的诗歌,给人以丰富的想象和联想,充满诗情画意,蕴含着广阔、深远的内在"意境"。尽管舞蹈和诗歌在表现手段和创作方法上大相径庭,但是舞蹈追求的韵律美、节奏美、色彩美等,却与诗歌的要求异曲同工。舞蹈采用夸张的表现手法、浪漫的感情色彩和富有想象的动作,常常创造出具有"诗情画意"的艺术氛围。

古典独舞《点绛唇》,全舞以娉婷袅娜的姿态、羞涩的眼神、舒缓的节奏展现了女子梳妆打扮、自由玩乐以及寻找恋人的场面。该剧一气贯注、婀娜多姿、清歌曼舞,让人回味无穷。

琵琶声缓缓响起,清脆如小溪叮当、舒缓如绵绵细雨,舞台中央静坐着一个娇艳如花的女子。音乐流淌着,突然一阵犹如心跳般的琵琶连奏响起,女子侧身眺望,从她眼里看到了对恋人的思恋。当她再次望向远方,那嘴角的微笑一瞬间便消失了,女子从对恋人无限的幻想中回到了现实。她静静地拿起了铜镜看着自己姣好的容颜,以夸张、有张力的动作显出了女子照镜期间愉悦的心情。舞蹈开头以静坐、眺望等一系列简单的动作呈现了深闺女子的孤独、寂寞。那方椅仿佛是把枷锁,禁锢着女子的行动。从舞美来说,以深蓝灯光为主光的布光效果,呈现女子孤寂中苦苦等待的惆怅,夹杂在深蓝灯光中那淡黄的灯光如同依稀的晨光照射在女子身上,更加衬托着女子背影的孤寂。

3. 形象的直观性 是指舞蹈通过人体动作直接塑造形象,表达人们的思想感情,反映社会生活,把人物的思想、情感直观地展示在观众的面前。它既不需要语言为中介,也不存在空间的隔阂,动作就是情感,动作直接表达思想。舞蹈的形象直观性,使表演者和欣赏者产生情感交流,使舞蹈的抒情性和意境美能直接展示出来,激起观众的共鸣。舞蹈的整体美也只能通过形象直观的动作才能表现出来。

4. 深层的哲理性 舞蹈作为一种传情达意的表情艺术,不仅可以直接描绘人物的具体行为、性格特征,还能借景抒情、寓情于景,通过变形、象征、比喻等表现手法,寓示出人生的真谛、社会的沧桑等,孕育着深层的思想哲理性,给人以理性的启迪和思考。这也是当代舞蹈在深入发展中显示出的又一内在特性。优秀的舞蹈常常给我们以广阔而自由的想象空间,使我们进入深层的哲理思考之中,从而获得更大的艺术和思想收获。

5. 广泛的综合性 是舞蹈的又一特征。舞蹈的整体美感,不仅体现了舞蹈本身的特征,而且也是与音乐、美术、戏剧、文学等艺术密切联系的结果。优秀的舞蹈作品,离不开音乐的烘托、舞台布景的渲染、戏曲的表现手法以及文学剧本立意的深远等。舞蹈和音乐是天生的伙伴、孪生的姐妹。音乐不仅与舞蹈动作一起表达人物的思想感情、刻画人物的性格特征、烘托舞蹈的环境氛围,而且还在一定程度上担负着交代和展现舞蹈剧情的任务。再如,舞台的灯光、布景、服装、道具等,也同样是表现内容不可缺少的有机组成部分。由此可见,舞蹈是一门综合性很强的艺术。

（二）舞蹈艺术的欣赏方法

舞蹈是在一定的空间内,主要通过舞者连续的动作和不断变化的舞蹈队形、画面,以及音乐、舞台美术等表现手段来塑造舞蹈的艺术形象。因此,考察和了解一个舞蹈作品中各种表现手段是如何紧密地结合在一起形成一个完整的艺术形象的,人物的思想感情、作品的主题内容是如何表达出来的,这样,我们才能加深对舞蹈作品的理解,更好地进行舞蹈欣赏。

1. 具备一定的主观条件　人们进行舞蹈欣赏这种审美活动，首先必须要具有一定的舞蹈知识、舞蹈欣赏水平和认识能力，欣赏活动才能正常和顺利地进行。这正如马克思所说的那样，如果想得到艺术的享受，你本身就必须是一个有艺术修养的人，所以我们了解舞蹈艺术的特性、舞蹈的构成要素及其产生的过程等，就非常有必要了。

2. 形式美的欣赏　舞蹈的形式美主要表现在人体、动作、舞台构图、舞台美术几个方面。舞蹈着的人体，是艺术活动中的人体，既是舞蹈的工具，又是舞蹈多层次美的物质载体，更是观众接受舞蹈美的第一视觉对象。舞蹈动作，是表现感情的物质材料，动作本身具有形态美（协调感、韵律感、节奏感、高难度技巧等）。舞台构图，是通过人体动作在舞台空间勾画出来的流动画面，这种流动画面是为了表现某种情绪而设计的。舞台美术，是指舞蹈中的景、光、色、服（装）、道（具）、化（妆）等综合元素。

舞蹈艺术美的不同层次，对应着欣赏者自身对美的发现与感觉。人体、动作、舞台构图、舞台美术这些有形可见的形式自然具有美的独立性，但是，它们终究只是一些独立的局部，是一些视觉可见的表层。舞蹈，是一种擅长表现人的内心世界的艺术，舞蹈作品如果仅仅满足于娱人眼目，那就不是一部好的作品。舞蹈欣赏，如果只停留在娱人眼目的层次，那也只是一种浅层次的欣赏。

📺 课外阅读

> 我国著名舞蹈家杨丽萍的《雀之灵》，以傣族民间舞蹈为基本素材，从"孔雀"的基本形象入手，在动作编排上，充分发挥了舞蹈本体的艺术表现能力，通过手指、腕、臂、胸、腰、髋等关节有节奏的运动，塑造了一个超然、灵动的艺术形象。尤其是用修长、柔韧的臂膀和灵活自如的手指形态变幻，把孔雀的引颈昂首的静态和细微的动态都淋漓尽致地表现出来，不仅使孔雀的形象惟妙惟肖地展现给观众，而且创生出一个精灵般高洁的生命意象，在那昂首引颈的动态中表现出生命的活力和勃发向上的精神。杨丽萍并没有简单地搬用傣族舞蹈风格化和模式化的动作，而是抓住傣族舞蹈内在的动律和审美，依据情感和舞蹈形象的需求，大胆创新，吸收了现代舞充分发挥肢体能动性的优点，创编出新的舞蹈语汇，动作灵活多变，富有现代感，更符合当代人的审美需求。

3. 情绪意境　美的欣赏对于情绪意境美的欣赏，既要对形式美有较敏锐的感觉，又要有主体积极投入的心理冲动。欣赏舞蹈，不仅要有艺术的"眼光"，还要有艺术的"心灵"。因为，舞蹈艺术本身就是灵与肉、情与思的美妙结合，是身体与心灵一起飞翔的艺术。只有"心灵的眼睛"去体会那形式美中所蕴含的情绪与意境，才能真正"看懂"一部作品，也才是真正地看懂了形式美之所在。

4. 审美经验的自我培养　客体的美须通过主体对美的把握，方能感受到美之所在，美之动人，美之高尚。舞蹈，是一门综合艺术，又在综合中突出舞蹈自身的特性。如果我们用一句简练的语言来概括舞蹈的特性的话，那就是"诗心、乐性、舞体"。诗心，是指舞蹈作品的意义、意境、意味犹如诗歌一样的概括，简练又具有很强的抒情性；乐性，是指舞蹈作品的空灵性、感受性和想象性等特点；舞体，是指舞蹈作品的直观性、直接性和形式美的规范性。"凡操千曲而后晓声，观千剑而后识器。"一个人"晓声"和"识剑"的鉴赏能力，来自本人的艺术实践和对事物全面反复的观察比较。因此我们说，对于优秀的舞蹈作品，只有反复欣赏，才能不断地提高舞蹈欣赏水平和加强舞蹈文化素养。

（三）舞蹈艺术欣赏示例

芭蕾舞剧《天鹅湖》

四幕芭蕾舞剧《天鹅湖》（图 5-8），是俄国作曲家柴科夫斯基于 1875—1876 年间为莫斯科帝国歌剧院创作的芭蕾舞剧，故事取材于德国中世纪的民间童话。齐格弗利德王子 18 岁生日，皇宫里为他举行盛大的晚会。王子对绚丽多彩的现实并不感到满足，他要追求新的、未知的世界。这时，他的眼前出现了白天鹅——美丽的少女奥杰塔，王子不顾一切地向白天鹅奔去。他走近湖边，与白天鹅奥杰塔相会，并向奥杰塔表露爱慕之情，发誓永不变心。统治天鹅湖的恶魔罗德巴特阻挠他们相爱，迫使奥杰塔离开了王子，王子十分悲伤。母后为成年的王子挑选新娘，5 位美貌公主，王子都没有看上，他一心想着奥杰塔。恶魔带着黑天鹅奥吉莉娅出现，奥吉莉娅冒充奥杰塔向王子表露爱情，赢得了王子的爱心和誓言，他请求母后祝福他们结为伉俪。这时窗外闪现出奥杰塔的身影，王子如梦初醒，绝望地跑向天鹅湖畔。清晨，群鹅为奥杰塔的不幸感到痛苦和气愤，奥杰塔悲伤地倒在地上。王子感到无比悔恨和痛心，请求奥杰塔原谅。恶魔百般阻挠，他们的爱情再次受到考验。奥杰塔、王子与恶魔展开殊死搏斗，同归于尽。王子与奥杰塔以身殉情，为众多的天鹅湖少女作出伟大牺牲，他们忠贞不渝的爱情得到了净化和永生。

图 5-8 芭蕾舞剧《天鹅湖》

百年之作的《天鹅湖》是舞剧音乐在先，舞蹈创作在后。每当《天鹅湖》的音乐响起时，天鹅的形象就会凌空而至，音乐形象已被充分地转化为舞蹈形象。《天鹅湖》的音乐，具有高度的交响性和概括性，不是具体地描写生活细节，而是塑造非常有诗意的音乐形象。舞剧编导极其敏锐地捕捉柴氏音乐这一基本特征，并用心塑造了白天鹅——奥杰塔纯洁、高尚、抒情的舞蹈形象。令人拍案叫绝的是舞剧中几段双人舞、三人舞、四人舞和令人眩目的性格舞，整齐划一的天鹅群舞更是美不暇收。

尤其是伊万诺夫编导的第二幕，无论是构思、结构、编舞，还是艺术手法都十分严谨、完美和高超，不仅诠释了柴氏的音乐，而且在舞蹈思维方式上向高度概括化、抽象化和象征化迈进了一大步，远远超越了时代，是芭蕾艺术中千古绝唱的精品。其中"四小天鹅舞"的设计更是令人叫绝。他用音乐复调手法，成功地处理腿和头的动作，当腿做各种急速的小跳打击动作时,头也不断地从一边缓慢移动到另一边,腿的急速动作代表了小天鹅顽皮、活泼的性格和儿童特征,头的缓慢移动代表了天鹅的温柔和从容不迫。他让四位女演员相互手拉手,一直捆绑着手臂,只有足蹈,没有手舞,似乎限制了演员的表现力,但这一特殊的艺术处理,恰恰增强了四小天鹅舞蹈独特的艺术魅力。一方面它使观众注意力集中在编排灵巧、整齐、美妙的腿部动作上,同时,又因四小天鹅挨得很近,每个动作又好像在空间放大了四倍,产生了奇特的视觉效应。更重要的是编导准确地捕捉住四小天鹅会走、会跑、会跳,但不飞的艺术特征。只有在舞蹈结束时,四位女演员才撒开双手,抬起手臂,仿佛展翅欲飞,但又立即跪下来,并把"翅膀"收起来,交叉在胸前,毕竟它们还不会飞。

世界舞坛公认芭蕾是舞蹈的王冠,而《天鹅湖》是王冠上璀璨夺目的宝石,自 1877 年在莫斯科首演以来,已有 100 多年历史,至今在世界各国仍然受到广大观众喜爱。

本章小结

　　本章内容为表演艺术,其目的在于帮助学生了解表演艺术,从而学会欣赏表演艺术作品。第一部分为音乐艺术,首先讲解了音乐艺术的基本知识,然后从音乐艺术的特征出发,介绍了音乐艺术的欣赏方法;第二部分为舞蹈艺术,首先阐明了舞蹈艺术的要素和分类,最后分析了舞蹈的特征和欣赏方法。

（吴　燕）

思考题

1. 说说音乐艺术和舞蹈艺术的要素有哪些。
2. 简述音乐艺术和舞蹈艺术有哪些特征。
3. 如何欣赏音乐艺术和舞蹈艺术的美?
4. 试赏析你所喜欢的音乐作品或舞蹈作品。

第六章 综合艺术

学习目标

1. 掌握戏剧、影视艺术的基本类型及欣赏方法。
2. 熟悉戏剧、影视艺术的要素及审美特征。
3. 了解戏剧、影视艺术的起源及发展历程。

　　综合艺术通常是指将时空艺术、视听艺术、再现艺术与表现艺术、造型艺术与表演艺术的特点融合到一起，由具有强烈艺术感染力的几种艺术成分综合而成的艺术，它是戏剧、戏曲、电影、电视等一类艺术的总称。

第一节　戏　剧　艺　术

　　戏剧是集文学、美术、建筑、音乐、舞蹈等多种艺术为一体的综合艺术，通过语言、动作、场景、道具等组合表现手段，由演员按照剧本规定的内容扮演角色，将剧中所反映的生活情景艺术性地再现于舞台之上的一种表演形式，它是编剧、导演、演员及音乐工作者、美术工作者集体智慧的结晶。

　　戏剧艺术不仅能提高人的艺术鉴赏能力，也能锻炼人的自我表达能力、艺术思维能力与人际交往的能力等。

一、戏剧艺术的基本知识

（一）戏剧艺术的起源与发展

　　戏剧起源于民间歌舞和祭祀礼仪。人类历史上的三大古典戏剧——古希腊戏剧、印度梵语戏剧和中国古典戏剧，都是在各自的民族文化土壤上生成的，因此也带有各自的民族文化心理特征。

　　1. 西方戏剧的发展史（图 6-1）　西方戏剧自古希腊至文艺复兴时期，神和英雄一直作为主角统治着戏剧。而古希腊戏剧是欧洲戏剧发展史上第一个高峰，形成了此后严肃、高尚风格的悲剧及滑稽、奔放风格的喜剧两种基本形态。其中诞生的三大悲剧诗人是"悲剧之父"埃斯库罗斯（公元前 525—前 456）、索福克勒斯（公元前 496?—前 406）、欧里庇得斯，"喜剧之父"是阿里斯托芬。诗人们对当时希腊社会现实深入的思索和独特的理解，都体现在现存的 43 部作品中。

　　罗马帝国时期，古希腊文化伴随着大量的古希腊人沦为罗马奴隶而影响着罗马文化的

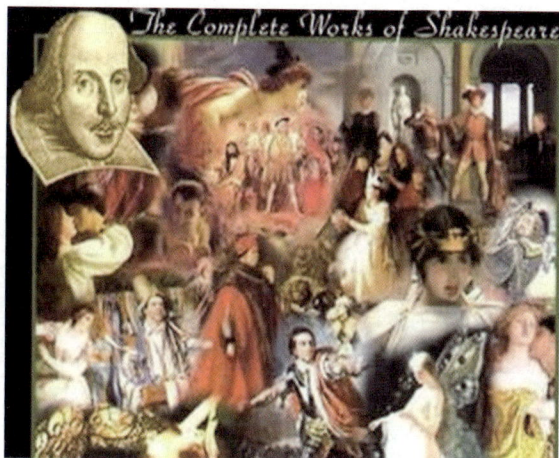

图6-1 西方戏剧的发展史

发展。在戏剧方面也出现了奥维德、塞内加等重要剧作家,因受制于帝国强权政治,戏剧创作失去了群众基础而只是为了迎合少数贵族趣味,逐渐走向衰落。

中世纪时期,欧洲戏剧艺术经历了衰亡与再生的过程。中世纪初期的几百年间,戏剧艺术处于暗哑状态,古希腊、古罗马时期的戏剧文化被基督教文化所掩埋。直到公元11世纪初期,戏剧在基督教复活节的弥撒仪式中重新萌芽,随即发展为宣扬基督教教义的工具。到了12世纪,教会戏剧开始走出教堂,不过戏剧语言仍然是拉丁语。到了13世纪末,戏剧开始脱离教会的控制,渐渐成为了带有典型地方方言的民间创作为主的世俗戏剧。

文艺复兴使欧洲戏剧艺术再一次走向辉煌。这一时期的杰出代表有文艺复兴的巨人、剧作家莎士比亚,以及被称为"大学才子"之一的剧作家马洛和当时声誉在莎士比亚之上的本·琼森。莎士比亚的早期代表作有历史剧《亨利六世》、喜剧《仲夏夜之梦》、悲剧《罗密欧与朱丽叶》等。中期创作有四大悲剧《哈姆雷特》《奥瑟罗》《李尔王》《麦克白》。晚期作品有传奇剧《暴风雨》和历史剧《亨利八世》。莎士比亚戏剧是世界戏剧史上一座丰碑,至今仍有许多戏剧以不同的语言上演在世界各地的舞台上。莎士比亚的创作不拘泥于条条框框的束缚,悲剧和喜剧相互融合、借鉴。作品高扬人文主义旗帜,而且于浪漫情怀中反映着社会现实生活,其戏剧语言精湛,塑造的人物形象生动,故事情节起伏跌宕,能深刻挖掘出社会的主题,对世界戏剧的发展具有导向作用。马洛的戏剧则充满了英雄主义,大多描写一个伟大的核心人物的毁灭。主要代表作有《帖木尔大帝》《马耳他的犹太人》《爱德华二世》。本·琼森的作品多为讽刺喜剧,代表作有《狐狸》。

18世纪欧洲兴起的启蒙运动引发了欧洲戏剧的一次革新。启蒙主义戏剧从浮华回归现实,更多地宣扬民主思想,反映市民的生活,表达高尚的情感和追求,热衷于讽刺腐朽的贵族生活。在形式上,戏剧语言普遍采用散文体而取代了诗体,创造出"正剧"这种新的戏剧类型而取消了严格的悲喜剧划分。这一时期的主要代表人物有法国的博马舍和德国的"新文学之父"莱辛。博马舍的代表作有《塞维勒的理发师》和《费加罗的婚礼》。莱辛的主要作品有《明娜·冯·巴尔赫姆》《萨拉·萨姆逊小姐》和《爱米丽雅·迦洛蒂》。

19世纪的浪漫主义运动对欧洲戏剧又一次带来了冲击。浪漫主义戏剧喜欢运用夸张的手法、大胆的想象和异常的情节,譬如歌颂大自然、诅咒城市工业文明等,普遍比较重视表现主观思想和抒发个人的情感。主要代表人物有雨果,其作品有《欧那尼》《克伦威尔》等。

19世纪后半叶，西方戏剧进入一个多元发展时期，现实主义戏剧的形式不断变化革新。这一时期的主要代表人物有挪威戏剧大师易卜生、俄罗斯现实主义剧作家契诃夫、英国剧作家萧伯纳。

西方传统思想文化的基石和精髓是理性精神，而现实主义戏剧是理性精神在戏剧艺术领域的最高表现。

2. 中国戏剧的发展史　中国戏剧从12世纪中叶正式形成，直到宋元时期，中国戏剧才趋向成熟，有关戏剧的理论才渐渐发展起来。到19世纪末，随着西方戏剧的引入，中国戏剧理念又有了新的升华。直到清代的李渔，相对完备的戏剧理论框架才开始出现。发展到近代，出现了多种不同的艺术形式，产生了一大批戏曲作家与作品，积淀了丰厚的文学遗产与艺术遗产。

图6-2　中国戏剧的发展史

中国古代戏剧以"戏"和"曲"为主要因素，通称为"戏曲"，主要包括宋元南戏、元杂剧、明清传奇以及各种地方戏。而现代戏剧主要指20世纪以来由我国作家创作和从西方传入的话剧、歌剧、舞剧等，其中以话剧为主体。

宋元南戏是北宋末年在浙东永嘉一带的汉族民歌、小曲和民间歌舞基础上发展起来的一种地方戏，也称戏文或温州杂剧或永嘉杂剧，因流传有较完整的剧本，所以近代中国戏曲界认为南戏是汉族戏曲艺术走上完全成熟的标志。其剧本多为长篇，一场戏为一出。在第一出前有四句七言诗，即题目，概括剧情。南戏的角色，通常有生、旦、净、丑、末、外、贴等七种，其中以生、旦为主，展开情节，其他角色皆为配角。南戏最早形成于民间，不受文人学士的重视，故有关南戏的资料及剧本被保存下来的很少。在现存的南戏作品中，当以《荆钗记》《白兔记》《拜月亭》《杀狗记》《琵琶记》等五种南戏的影响最大。

元杂剧又称北杂剧，是元代用北曲演唱的汉族戏曲形式。形成于宋末，繁盛于元大德年间（13世纪后半期—14世纪）。一本杂剧由四折组成，一折用一套曲。除四折外，还有一个楔子，所谓楔子，即填补之意，楔子只用一两支曲调。杂剧角色分为旦、末、净、杂。正旦是歌唱的主要女演员，正末是歌唱的主要男演员，净是地位低下的喜剧性人物，杂是除以上三类外的演员。一本杂剧只限一个角色唱，或正末，或正旦，其他角色只能念白。主唱的角色在同一本杂剧中可扮演不同的人物。另一类是没注明角色，只表明人物的特征，如孛老

（老汉）、卜儿（老妇）、邦老（强盗）、驾（皇帝）、孤（官员）、都子（乞丐）、禾、拔和（农民）等。元杂剧的发展与繁荣，是我国戏曲史上第一个黄金时代，关汉卿是元杂剧艺术的奠基人，他一生共创作了67部杂剧，《窦娥冤》是其最重要的代表作。马致远是元代著名杂剧作家和散曲作家，他一生共创作杂剧15部，《汉宫秋》是其代表作。王实甫是元杂剧的著名作家，著有杂剧14部，《西厢记》是其代表作。

明清传奇是14世纪中叶至20世纪初，从宋元南戏和金元杂剧发展与丰富起来的汉族戏曲艺术。传奇的艺术体裁较南戏与杂剧更为完善，构成了中国戏曲繁荣发展的新阶段。在曲调上，传奇的曲律更为严格，曲调的句式、字声搭配、用韵以及曲调的组合等都有规定。由于明清传奇多出于文人之手，擅长于剧中抒情，故大量使用长套细曲。传奇的角色体裁，也是在南戏七个角色的基础上，增加了老旦、小生、小旦、净、小丑等五个，合称"江湖十二角色"。明清传奇在三百五十多年的发展过程中，产生了一大批作家与作品，当时剧坛上有"北孔南洪"的说法，所谓"北孔"即指《桃花扇》的作者孔尚任，"南洪"指的是《长生殿》的作者洪昇。《桃花扇》与《长生殿》被誉为明清传奇的压卷之作。

清中叶以后的地方戏主要兴起了高腔、梆子腔、柳子腔、皮黄腔等新剧种。因用昆山腔演唱的传奇语言典雅，旋律婉转，故当时将用昆山腔演唱的传奇称雅部，而将其他地方戏称为花部，又称乱弹。安徽在明清时期是地方戏曲较发达的地区，出现了青阳腔、徽调、太平腔、四平腔、二黄腔等唱腔。道光年间，湖北的戏班带着西皮腔来到了北京，被在京的徽班所兼习，二黄与西皮这两种唱腔得以结合而产生了一种新的唱腔，即皮黄腔，也称京剧。

20世纪30年代，中国现代戏剧作为中国社会政治革命一条重要战线在发挥着自己的作用，浓重的政治色彩成为当时中国现代戏剧的突出特征。如郭沫若的历史剧《屈原》，老舍的《茶馆》等。

改革开放以后，在新思潮、新观念的引导下，在社会文化相对宽松和自由的环境中，产生了许多探索性戏剧、小剧场戏剧等。如《屋外有热流》《鱼人》等，这些戏剧更多地探讨了人性、人生价值和社会意义等方面，更易于满足当代观众个性化审美兴趣的培养需求。

（二）戏剧艺术的要素

戏剧的要素主要包括戏剧冲突、人物台词、舞台说明等。

戏剧冲突主要通过人与人之间的冲突表现先进与落后、进步与保守等矛盾冲突。而矛盾冲突恰恰是刻画人物性格、增强戏剧感染力的有力手段，可以说，没有冲突就没有戏剧。冲突是否合理、是否紧张有序往往衡量着一部戏的精彩与否。戏剧冲突具有集中性、紧张性、激烈性、传奇性、曲折性等特点。

台词是剧中人物的语言。其表现形式有：对话、独白、旁白（登场人物离开其他人物而向观众说话）、内白（在后台说话）、潜台词（即言中有言，意中有意，弦外有音。它实际上是语言的多意现象）等。演员分析、理解角色台词，包括对角色台词语言行动性的分析、潜台词的挖掘、内心独白的寻找和语言基调的确定，这也是台词处理的内部依据。

舞台说明又称舞台提示，是剧作者根据演出需要，提供给导演和演员的说明性文字。这部分内容一般出现在每一幕（场）的开端、结尾和对话中间，一般用括号（方招号或圆括号）括起来。舞台说明包括剧中人物表，剧情发生的时间、地点、服装、道具、布景以及人物的表情、动作、上下场、开幕、闭幕等。它具有增强舞台气氛、烘托人物心情、展示人物性格、推动情节展开等作用。

（三）戏剧艺术的分类

1. 按作品类型可分为悲剧、喜剧、正剧等

（1）悲剧主要是以剧中主人公与现实之间不可调和的冲突及其悲惨的结局，来揭示生活中的罪恶，从而激起观众的悲愤及崇敬，达到提高思想情操的目的。在戏剧史上，根据悲剧所涉及生活范围的不同，一般分为四种类型，即英雄悲剧，家庭悲剧，表现"小人物"平凡命运的悲剧，命运悲剧。悲剧撼人心魄的力量来自悲剧主人公人格的深化。

（2）喜剧通常以夸张的手法、巧妙的结构、诙谐的台词及对喜剧性格的刻画，从而引起人们对丑的、滑稽的嘲笑，对正常的人生和美好的理想予以肯定。基于描写对象和手法的不同，一般分为讽刺喜剧、抒情喜剧、荒诞喜剧和闹剧等样式。喜剧冲突的解决一般比较轻快，往往以代表进步力量的主人公获得胜利或如愿以偿为结局。

（3）正剧灵活运用了悲剧和喜剧的有利因素，加强了表现生活的能力。正剧主人公的自觉意识不仅表现在为实现目的而付出的行动，也表现在对自身的审视和反思，因而往往经历着内在精神世界的斗争。传奇剧，是正剧的起源。正剧理论的首创者是法国思想家狄德罗，他称正剧为"严肃的喜剧"，其代表作为《私生子》。

2. 按题材内容可分为历史剧、现代剧、情节剧、哲理剧、寓言剧、童话剧等

（1）历史剧又称"历史题材剧"，其创作要以历史为背景，情节必须真实，在具体创作过程中要注意其历史环境、历史语言、历史人物符合当时的历史条件。历史剧与其他戏剧的区别仅在于题材，也就是说，历史剧是"剧"，不是"史"。它必须像任何题材的戏剧一样遵循艺术创作规律，便于人们利用历史剧这一形式来抒发感慨、寄托情感、反思人生。

（2）现代剧是以现实社会典型人物为题材的戏剧，产生于20世纪上半叶。其艺术创作手法处处体现着剧中人物的思想火花，它强调人的自由意志、主观能动性、本能、情感、欲望与无意识，主张通过非理性思维方式（如直觉）认识世界与人生，从而恢复当代人的创造力与生命力。

（3）情节剧是指通过情节取胜的戏剧题材，从18世纪末盛行至今的大部分戏剧都属于情节剧的范畴。情节剧的主要特点是：戏剧情境险恶多变、矛盾冲突尖锐激烈、剧情发展中包含着大量偶然及巧合的因素，充满了紧张的戏剧场面。在现代戏剧中，诸如惊险剧、侦破剧、推理剧等，都可以列入这个范围。

（4）哲理剧是将人生深沉、浑厚、含蓄、隽永的哲学原理和智慧，含蕴于鲜明的艺术形象中而产生的剧情。大多涉及人生的目的、价值、意义、态度，爱情、理想、道德、欲望等内容。其功能是让人们通过剧情感悟人性、了解自我和社会，对人们的生活起到一定的指引作用。

（5）寓言剧通常是运用拟人的手法、简洁锋利的语言，用篇幅简短的假托的故事寄寓意味深长道理的剧情，借此喻彼，借小喻大，借古喻今。其中典型的剧本有欧洲文学中著名的寓言作品《伊索寓言》，我国春秋战国时代盛行的《郑人买履》《刻舟求剑》等。

（6）童话剧是以童话为内容、戏剧为形式创作的故事。充分运用童话通俗、生动、形象的语言，离奇曲折且富于趣味性的情节，通过舞台加工和歌舞设计、演员舞台表演或卡通制作，而呈现在观众面前。代表作有《白雪公主》《灰姑娘》《皇帝的新装》《阿拉丁神灯》等，童话剧可以为人们带来儿时的快乐和一段美好的回忆。

3. 按作品表现形式可分为话剧、歌剧、舞剧、哑剧、戏曲等

（1）话剧是一种以说话（对白、独白、旁白）和动作为主要表现手段的戏剧，于19世纪末20世纪初来到中国。最初称之为新剧、文明戏、爱美剧等，1928年戏剧家洪深提议定名为话剧。它综合文学、表演、导演、美术、灯光、音乐、舞美、评论等多种文艺成分,通过人物性格反映社会生活。主要叙述手段为演员在台上无伴奏的对白或独白,但可以使用少量音乐、歌唱等。话剧中的对话是经过提炼加工的口语,必须具有个性化,自然,精炼,生动,优美,富有表现力,通俗易懂,能为群众所接受。话剧的特点有舞台性、直观性、综合性、对话性。郭沫若的《屈原》、老舍的《茶馆》、曹禺的《雷雨》等,都是我国著名的话剧。

(2)歌剧是将音乐(声乐与器乐)、戏剧(剧本与表演)、文学(诗歌)、舞蹈(民间舞与芭蕾)、舞台美术等融为一体的综合性艺术,通常由咏叹调、宣叙调、重唱、合唱、序曲、间奏曲、舞蹈场面等组成(有时也用说白和朗诵)。意大利歌剧,即正宗的西方歌剧,形成了各种风格和样式。歌剧的演出凭借剧场的典型元素,如背景、戏服以及表演等。中国近现代出现的新的戏曲音乐被称为"新歌剧",代表作有《洪湖赤卫队》《江姐》《白毛女》等。

(3)舞剧是以舞蹈作为主要表达手段,结合戏剧、音乐表演形式的舞台艺术。舞剧的一个突出特点是演员在台上不说也不唱,完全依靠形体的表现力来完成所有的戏剧要求——主题思想的阐述、矛盾冲突的展现、人物性格的塑造。西方舞剧艺术的典范是芭蕾舞,芭蕾中的舞蹈格式有独舞、双人舞和多人舞,代表作有《天鹅湖》《睡美人》。1950年,我国运用芭蕾形式和技法创作的《和平鸽》,标志着新中国第一部舞剧作品的问世。舞剧《宝莲灯》代表中国舞剧创作进入了第一个辉煌期。《小刀会》是中国古典舞剧创作原则的奠基之作。20世纪60年代中叶,民族芭蕾舞剧《红色娘子军》《白毛女》的相继问世,在中国芭蕾艺术史上具有里程碑的意义。

(4)哑剧是不用对话或歌唱而只以动作和表情表达剧情的戏剧,哑剧艺术被称为"无言的诗人"。形体动作是哑剧的基本手段,它的准确性和节奏性不仅具有模仿性,还应具有内心的表现力和诗的意蕴。现代哑剧的创始人为19世纪法国哑剧表演大师德布洛,他创作了一个独特而有代表性的人物形象比埃罗。当代哑剧有独角戏,也有集体哑剧,演员表演时大都勾画白色脸谱,都有完整的情节。

(5)戏曲一般指中国戏曲,主要是由民间歌舞、说唱和滑稽戏三种不同艺术形式综合而成,包含文学、音乐、舞蹈、美术、武术、杂技以及表演艺术等,约有三百六十多个种类。比较著名的戏曲种类有京剧、川剧、秦剧、越剧、沪剧、粤剧、昆剧、黄梅戏等。其表演特点主要有唱、念、做、打四种表演手段。戏曲的行当分为生、旦、净、末、丑五类(行当,是指中国传统戏曲中,根据剧中人物性别、年龄、身份、性格不同而划分的人物类型)。旦,是女角色的统称,可细分为正旦、花旦、贴旦、闺门旦(即小旦)、武旦、老旦和彩旦等七种类型;生,大多指青壮年男子,是男主角的统称,大致可分为老生、小生、武生、娃娃生几类;净,俗称花脸;末,扮演中年男子,已逐渐演变为生的次要角色;丑,是喜剧角色,可以表现幽默、机智的正面人物形象,也可以表现灵魂丑恶、道德败坏或品行上有严重缺陷的反面人物形象。脸谱,是戏曲的图案化的性格化妆。髯口,是戏曲中各式假胡须的统称,戏曲中的男性中、老年人物,都要带髯口,一般分黑、灰、白三种颜色,用以区别角色年龄,演员常常借助舞弄髯口的动作,来展示剧中人物的神态和心理活动,俗称髯口功。

4.按情节的时空结构可分为多幕剧和独幕剧

(1)多幕剧是按作品形式规模划分的戏剧类别之一。大幕启闭两次以上者,即称多幕剧。它篇幅长,容量大,人物多,剧情复杂,宜于反映广阔的社会生活。剧情发展的一个段落,称为"幕",一幕之内又可分为若干场,有的戏剧不分幕,只分场,幕与幕、场与场之间必须互相连贯,使全剧成为统一的艺术整体。

（2）独幕剧是相对多幕剧而言的，全剧情节在一幕内完成。篇幅较短，情节单纯，结构紧凑，要求戏剧冲突迅速展开，形成高潮，戛然而止。多数不分场并且不换布景。

课外阅读

"独幕剧的圣手"——丁西林

丁西林（1893 年 9 月 29 日—1974 年 4 月），原名燮林，字巽甫，江苏泰兴人，现代著名剧作家、物理学家、文学家、乐器工艺家，是中国现代新喜剧的开创者，"五四"以来致力于喜剧创作的有影响的剧作家之一。丁西林的喜剧有着较高的艺术成就，集中体现在《一只马蜂》《压迫》《三块钱国币》和《等太太归来》中。且多为独幕剧，被誉为"独幕剧的圣手"，构思巧妙，含蓄幽默，妙趣横生，具有独特的喜剧艺术风格。

二、戏剧美欣赏

（一）戏剧艺术的审美特征

1. 戏剧艺术的共同审美特征

（1）戏剧性：戏剧性是戏剧艺术的生命，一般包括 3 个方面：戏剧动作、戏剧冲突、戏剧情境。戏剧动作是指表演者唱、念、做、打的一系列反映剧中人物所做、所想的程式化动作。戏剧的情节、人物也要通过一系列动态的矛盾冲突来展现，通常利用观众期盼矛盾化解的"等待"来激发观众的观看兴趣。比如《铡美案》中，陈世美不认原配和一双儿女同时，还打发韩琦杀妻灭子，致使韩琦左右为难而自杀身亡，这正是本戏的一个主要矛盾。最后剧情安排包公铡了陈世美，解决了这个戏剧冲突。戏剧情境是指通过简单的景物陈设来配合戏剧人物形体、动作、唱词及其由此所表现出来的人物感情经历、矛盾冲突等进而共同塑造出戏剧的情节、意境。

（2）综合性：戏剧是以表演艺术为中心，融合了文学、建筑、音乐、舞蹈、美术等多种艺术要素的综合性很强的艺术。用文学语言写成的剧本是舞台演出的基础；用以表明剧情发生的时间、地点和人物的身份则需要舞台装置，如灯光、道具、服装布景等的配合；再结合音乐伴奏、画脸、演员的表演，才能塑造完整而生动的舞台形象、完美地表达剧情和人物的内心活动。这种特性是戏剧艺术的精髓，也是戏剧艺术本质的生命力之所在。

（3）直观性：戏剧作为舞台艺术，是依靠同观众一样活生生的人——演员，来塑造人物形象，而且戏剧中的舞台形象既是立体的、能活动的视觉形象，也是听觉形象，因此具有非常强烈的艺术感染力。譬如莎士比亚的著名悲剧《奥赛罗》在纽约演出时，当台上演到奥赛罗误中伊阿古的奸计，将苔丝狄蒙娜掐死时，台下一个军官怒不可遏，竟开枪打死了舞台上的伊阿古。缘于扮演伊阿古的威廉·巴支将卑鄙无耻的性格刻画得入木三分，使观众忘我而身临其境。顿时台上台下一片哗然。这名军官明白了这是在演戏时，因为痛悔而当场自杀了，这件事震动了全球。纽约市民将这两位为戏剧艺术献身者合葬在一起，墓刻上"最理想的演员与最理想的观众"的碑文。

2. 中国戏曲独特的审美特征 中国戏曲自 12 世纪形成比较完整的艺术形态之后，历经 900 多年的不断丰富、革新与发展，300 多个戏曲剧种、数以万计的古今剧目，在世界艺术宝库里，有其独特的地位。戏曲除了具有其他戏剧相同的审美特征外，还有其独特的审美特征（图 6-3）。

图6-3 中国戏曲的审美特征

（1）表情性：戏曲突出的审美特征是使用非常夸张的表现手法，重视塑造人物的外部形象，尤其是对表情的形象塑造。戏曲讲究唱、念、做、打并重，重视情景交融，声情并茂，常用"手、眼、身、发、步"五种技术来表现人物。手，指各种手势动作；眼，指各种眼神表情；身，指各种身段工架；发，指各种头发的造型；步，指各种形式的台步。唱、念、做、打四种表演要素与手、眼、身、发、步五种技法合称为"四功五法"，是戏曲演员的基本艺术修养。

（2）虚拟性：由于戏曲塑造形象重在表情或写意，核心在于捕捉描写对象的神韵。因此，戏曲表演要对生活原型进行选择、提炼、夸张和美化。戏曲的虚拟性手法主要表现在对舞台的时间和空间的灵活处理上，让有限的舞台空间和时间变成了不固定的、流动的时空。如一个圆场代表了十万八千里，几声更鼓表示夜尽天明。戏曲的虚拟性还表现在对舞台上各种生活内容的假定性反映，比如戏曲舞台上的开门、关门、上楼、下楼、骑马、下马、登船、下船等动作，并没有真实的门、楼、马、船等物，手中拿一个马鞭，就可以表现演员骑马奔跑；手中拿一个船桨，就可以模拟划船行进等，它是借助演员的动作和观众的想象去完成的艺术创造。

（3）写意性：舞台布置的写意，如一桌二椅；人物化妆的写意，如戏曲脸谱；人物服饰的写意，如长袖善舞；舞台行动的写意，如有话则长，无话则短。

（4）程式化：戏曲的程式不限于表演身段，大凡剧本形式、角色行当、音乐唱腔、化妆服装等各个方面带有规范性的表现形式，都可以泛称程式。行当的程式化是把舞台上所要表现的各种人物概括为生、旦、净、末、丑五种行当。动作的程式化是指把虚拟的动作如骑马、射箭、走路、奔跑、开门、进门、划船、上楼、下坡等生活动作舞蹈化，就连怎样表现人物的喜、怒、忧、思、悲、恐、惊等感情的动作，也全都提炼美化成一套完整的程式。戏曲音乐程式主要有以曲牌联缀为原则的结构体式和以板眼变化为原则的结构体式。戏曲表演的程式化，指唱词有诗歌化的，有七字或十字的句式；念白有引子、诗、数板、背供、自报家门等表现形式的。在人物造型方面，有服装、道具、脸谱等不同的程式要求。戏曲程式是戏曲的艺术个性，是戏曲创造舞台形象的特殊艺术语汇，没有程式，就没有戏曲的表演艺术。

（二）戏剧艺术欣赏方法

1. 了解矛盾冲突　戏剧冲突是戏剧的灵魂。一般包括人物之间的冲突、人物自身的冲突、人物与环境的冲突几方面。理清矛盾冲突的线索（如何产生的矛盾冲突——产生了何

种性质的矛盾冲突——矛盾冲突的发展进程如何），便于完整地鉴赏戏剧的主要情节。如
《窦娥冤》（图 6-4）一共写了三方面的冲突，这些冲突的性质各不相同。首先是窦娥与张驴
儿的冲突，这个冲突实质上是劳动妇女与社会恶势力的冲突；其次是窦娥与官府的冲突，这
个冲突实质上是元代劳动人民与封建统治者的冲突；再次是窦娥对天与地的控诉，这个冲
突实质上是对黑暗现实的否定和抗议。在这些冲突中，后两者是主要冲突，引起这些冲突
的主要原因是：元代的酷刑虐政和冤狱，社会的暗无天日，人民有冤无处申。该剧通过揭示
窦娥含冤负屈而死的悲惨遭遇，暴露了当时社会的黑暗和混乱，表现了被压迫人民不屈的
斗争精神。

图 6-4 《窦娥冤》剧照

2. 分析戏剧语言　戏剧语言是塑造艺术形象的重要手段，是构建戏剧的基础。戏剧里
有两种语言：一种是舞台说明，包括人物、时间、地点、布景的说明，动作、表情、声调的说
明，幕起、幕落的说明。舞台说明是戏剧不可或缺的组成部分，但同人物语言相比，它只起
辅助说明的作用。另一种是人物语言，戏剧上称为台词，包括对白、独白、旁白等。品味人
物语言需从人物语言的个性化、动作化、潜台词三方面入手：首先是个性化语言。个性化
语言是指符合人物性格，最能表现人物本质的语言。剧中人物的语言要求能准确地刻画出
人物的性格，不同人物的台词要适合人物各自的身份、地位、年龄、习惯、教养、爱好等。如
《雷雨》第二幕，当周朴园认出鲁侍萍时，先是严厉地责问"你来干什么"，后又转了语气，"你
可以冷静点"。三言两语就勾画出周朴园的个性：凶狠、虚伪。其次是动作化语言。人物语
言要有动作性，是指用台词来表现人物内心复杂细致的思想活动，也就是通过语言要展示
性格，表示意向。如上例，周朴园发现面前的"下人"是侍萍后，立刻撕去了"怀念旧情""弥
补过错"的虚伪面纱，责问"你来干什么"，他以自己心理揣度侍萍，"谁指使你来的"，认为
她一定是受人指使来敲诈他的，于是感到害怕、愤怒，暴露了他阴暗卑劣的内心世界。侍萍
呢，一句"命，不公平的命指使我来的"，展示其内心思想感情的风暴，痛苦、愤怒的感情充斥
内心。人物细腻的思想感情波澜，通过动作化的语言，淋漓尽致地表现了出来。再次是潜
台词。也就是"言外之意""话外之音"，是话语字面意思以外的一种深层意义。人物语言的
"潜台词"，往往通过借助自己的生活经验，体味话里之因，话中之话，话外之意，来补充和丰
富原台词的内容，从而把握人物微妙的内心世界和性格特点。

"东方的莎士比亚"——曹禺先生

曹禺(1910年9月24日—1996年12月13日),中国杰出的现代话剧剧作家,原名万家宝,字小石,小名添甲。汉族,祖籍湖北潜江,出生在天津一个没落的封建官僚家庭里。其父曾任总统黎元洪的秘书,后赋闲在家,抑郁不得志。曹禺幼年丧母,在压抑的氛围中长大,个性苦闷而内向。1922年,入读南开中学,并参加了南开新剧团。

曹禺笔名的来源是因为本姓"万"(繁体字),繁体万字为草字头下一个禺。于是他将万字上下拆为"草禺",又因"草"不像个姓,故取谐音字"曹",两者组合而得曹禺。

曹禺是中国现代话剧史上成就最高的剧作家。曹禺自小随继母辗转各个戏院听曲观戏,故而从小在心中便播下了戏剧的种子。其代表作品有《雷雨》《日出》《原野》《北京人》。

曹禺作为中国新文化运动的开拓者之一,是中国现代戏剧的泰斗,戏剧教育家,历任中国文联常委委员、执行主席,中国戏剧家协会常务理事、副主席,中国作协理事,北京市文联主席,中央戏剧学院副院长、名誉院长,北京人民艺术剧院院长等职务。他所创造的每一个角色,都给人留下了难忘的印象。1934年曹禺的话剧处女作《雷雨》问世,在中国现代话剧史上具有极其重大的意义,它被公认为是中国现代话剧成熟的标志,曹禺先生也因此被誉为"东方的莎士比亚"。

3.鉴赏人物形象　戏剧是通过人物的活动来展开故事情节的,人物形象的塑造具有举足轻重的分量。鉴赏人物形象,首先要分析人物的性格特征。不同人物有不同的性格特征,同一个人物的性格表现也有其多面性。在欣赏人物形象时,首要的是抓住其主要性格特征。其次要揣摩人物的语言。人物的个性化语言和动作性语言,是塑造人物形象的最重要载体。再次要分析人物的心理。理清人物性格发展变化的心路历程,才能称得上对戏剧人物形象比较全面的鉴赏。人物的形象就是在心理活动的过程中逐渐清晰展现的,可见,人物的心理特征在塑造人物的形象方面起着极其重要的作用。

第二节　影视艺术

影视艺术是一种时空融合艺术,是传统艺术资源与现代艺术技术充分交汇的结果。它是通过银幕或荧屏上的艺术形象进行思想熏陶、情绪感染的一种精神活动。在人类艺术史上,影视艺术已是成熟稳定的最年轻的艺术样式,也是当代最具群众性的艺术之一。

一、影视艺术的基本知识

(一)影视艺术的起源与发展

影视艺术包括电影艺术和电视艺术。电影发展的原动力在于人类亘古以来试图超越时空局限的强烈愿望,科技的进步使人类终于获得征服时空局限的物质手段。电影是通过摄影机或其他视听信息记录手段,将活动影像记录在胶片或其他载体上,形成许多有连续性的画格,然后通过放映机或其他放映设备,将这些活动影像映射于银幕或其他观赏载体上,以供人观赏的新型艺术。电影的发明不仅诞生了一门新的艺术形式,也深刻影响着人们传统的思维形式。除了电影，还有电视的影响。电视是用摄像机、录像机、录像磁带为主要工具，把客观对象制成可以用电波传送出去的图像、声音信号，供观众在电视接收器（即电视机）上收看的艺术。广义的理解电视艺术泛指一切电视节目。狭义的解释认为，电视艺术包括一切艺术类节目，如电视戏曲、电视歌曲、专题文艺节目、电视剧等。

19世纪欧洲工业革命迅猛发展，当时出现在光学、化学、声学、机械学等学科中的照明技术、胶片及洗印技术、留声机与放映机等设备，奠定了电影诞生的强大技术支持和物质基础。

1895年12月18日，法国的卢米埃尔兄弟（图6-5）拍摄并放映了世界上最早的电影——《工厂的大门》，这日亦被认定为电影诞生日。卢米埃尔兄弟是电影和电影放映机的发明人，两兄弟改造了美国发明家爱迪生所创造的"西洋镜"，将其活动影像能够借由投影而放大，让更多人能够同时观赏，被后人誉为"电影之父"。卢米埃尔兄弟和他们的摄影师们摄制了以《火车进站》《工厂的大门》等为代表的最初一批纪录片，由此也成为纪录片的开山鼻祖。

图6-5　电影之父——卢米埃尔兄弟

中国电影始于1905年。当时的北京丰泰照相馆拍摄了中国第一部影片《定军山》，由著名京剧演员谭鑫培主演。

早期电影持续了大约30余年，全部是无声电影，因此这一阶段在电影史上被称为默片时代。直到1927年，由美国华纳公司拍摄的《爵士歌王》，虽然只是在片中加进了部分对话、四支歌和音乐伴奏，但却标志着电影史上一个全新时代——有声电影时代的到来。从黑白到彩色，直到今天的数字电影，电影艺术蓬勃发展。当代电影越来越多地通过电脑来完成摄影机所无法实现的内容，展现出更为神奇的时空艺术效果。如《阿甘正传》中主人公阿甘与历史镜头里的已故总统肯尼迪的握手，在合成上就借助于数字技术的运用。《泰坦尼克号》以极具视觉冲击力的船体设计及沉船场面而获得奥斯卡"最佳视觉效果奖"，是逼真的技术与艺术的完美融合的展示。科技的有效运用使电影艺术有了更具魅力的强大感召力，成为无所不能的艺术形式，从而为人们带来了全新的电影制作与观赏理念。

相对电影而言，现代意义上的电视诞生较晚，其发展大致经历了机械黑白电视、电子黑白电视、电子彩色电视与数字电视四个阶段。

英国人约翰·洛奇·贝尔德于1924年建立了世界上第一个专门用来研究机械黑白电视的实验室，组装出了世界上第一套电视发射机和接收机，在伦敦一大商店向公众展示并发射了第一幅图像。1926年，他发明的机械扫描黑白电视得到了英国皇家科学院的认可，被公认为人类历史上第一台电视机。英国广播公司用贝尔德发明的电视系统在1929年9月30日进行了实验性机械黑白电视的广播，标志着人类发明的电视第一次被公开使用。

1930年，世界上首次实现电视图像和声音同时发播。1936年11月，英国伦敦进行了第一次正式的电子系统的公开广播，标志着黑白电子电视广播时代的正式开始。由于第二次世界大战的爆发，延缓了电子电视的发展，直到20世纪50年代，电子黑白电视在世界各地才开始普及。

1940年，美国人古尔马研制出机电式彩色电视系统。1951年，美国人H·洛发明了彩色显像管。1954年彩色电视机在美国问世。1973年，北京电视台开始播出彩色电视节目。1975年，中国开始生产彩色电视接收机。1979年，世界上第一个"有线电视"在伦敦开通。1984年，日本松下公司生产出"宇宙电视"，相当于210英寸。

从本世纪初到现在，电视已成为一种最广泛、影响最大、最具有覆盖面的传播工具，它给人类带来了高度的文明。电视艺术伴随着彩色电视和数字电视的出现，不但拥有一个强大的遍布社会各个角落的电视传播网络系统，搜集、加工、生产制作各种视听兼备的信息，而且还以其特有的表现形式和表现手段，创造出独树一帜的电视文化产品，如电视戏曲、电视歌舞晚会、电视专题文艺节目、电视剧等。电视艺术作为一门日益崛起和发展的艺术事业，已经成为当今社会人们精神生活最重要的一部分。

（二）影视艺术的要素

影视艺术是视听艺术，它首先是"视"，即"影像"，然后是"听"，即"声音"，而这些"视""听"最后需要通过剪辑才能构成一部完整的影视艺术。因此，影视艺术的表现要素主要是画面、声音和剪辑。

影视画面是对现实的记录，又是对现实的超越，是被人赋予了意义的现实。其构成的主要要素有：镜头元素（包括景别、角度、镜头运动）和造型元素（包括构图、照明和色彩）。景别主要是指由镜头和被拍摄物体距离的远近而形成视野大小的区别，而分为特写、近景、中景、全景、远景等。镜头角度包括平视、俯视和仰视三种镜头的变化。镜头运动则指摄影机的推、拉、摇、移、跟的五种摄影技巧。构图是指在一个画面内每一个视觉元素的位置，即由无数的画格组成的镜头构成画面展示给观众。照明就是我们通常所说的"光"，包括柔光、硬光，前置光、侧光、背光、底光、顶光，强光和弱光，低调和高调。色彩是一种极富表现力的艺术语言，不同的色彩可以在一部影视艺术中表现出作者的各种情感，制造出不同的艺术效果。上述几个要素，通过在影视艺术中发挥的各自作用，综合成了影像（画面）。

声音的主要构成元素有人声、音响和音乐，这三种元素构成听觉印象。人声主要由对话、独白和旁白组成，它便于塑造人物性格和形象，有利于影视艺术作品整体艺术风格以及画外空间的创造。音响是指影视作品中人与物体运动所产生的声音以及所有的背景和环境声音，它有利于还原逼真感、刻画人物、表达情思、创造空间。影视艺术中的音乐包括器乐和声乐两部分，在形态上可以分为有生源音乐和无生源音乐。其作用主要体现为：抒发情感；参与叙事；展现环境；创造节奏。

声画关系既相互依赖、依存，又相互独立、自主。声画结合的方式从存在形式上可以分为声画同步和声画分离两种形式，从相互关系上可以划分为声画合一和声画对位两种关系。声画关系中还有一种特殊的组合现象——静默，它是指在有声影视作品中，所有声音在画面上突然消失的一种艺术效果。

剪辑俗称"剪接"，就是编辑和裁剪。原为建筑学术语，意思是装配、安装、组合。后来用于电影，音译成中文，即"蒙太奇"。包括声音剪辑和影像剪辑两个方面。声音剪辑是将录制的大量的声音素材有重点、有层次、有取舍地进行筛选后，按照影片总体构思的要求，将这些声音按照一定的顺序组接起来，以达到最佳的艺术效果。影像剪辑就是充分考虑到编导的意图和影片的风格后，在尊重内容的基础上，组接一系列拍好的镜头。通过调度、连接、转换等一系列技术手段，来表现剧中人物的回忆、梦境、虚幻想象、神奇世界等，使一部影视作品的剧情或动作连续并具有更高的艺术性。剪辑是影视艺术创作过程中的最后一次再创作。

（三）影视艺术的类型

根据影视艺术独特的创作手段、叙事特征和审美功能，大致将影视艺术分成故事类、纪实类、实验类、动画类、新闻类、综艺类、体育类、戏曲类等八种类型。

故事类影片是综合文学、戏剧、音乐、美术诸艺术因素，以塑造人物为主，具有故事情节（反映生活）并由演员扮演人物的影片。故事片的风格有三点体现：一是注重塑造主要人物，由演员扮演片中人物；二是情节集中，故事性强，剧情冲突尖锐；三是运用蒙太奇手法进行典型化的艺术加工。故事片一般的被别人印制和拷贝最多，发行量最大，观众最广。故事片题材众多，如惊险片、舞台艺术片、科学幻想片、美术片等。这些影片有的取材于现实生活，有的反映历史，有的描写神话或幻想等。它经过集中概括等艺术手法，塑造人物，组织结构，提炼情节，表达一定的主题思想。

纪实类影片是一种纪录式的影片，主要通过摄影、录像的形式，描述出整部影片的主题和内容。"纪实片"所纪录的事物都是现实中存在，并且发生过的真实故事，因此而叫纪实片。创作者经常在事件发生时用摄影机将其记录下来，还有一些创作者采用一定的技术手段重现某些过去的人物和事件。纪实片一般结构松散，自然情景安排生活化，演员表演本色、质朴，侧重镜头内部处理，多用长镜头。在纪实片中，主观的色彩越少越好，越客观，越真实。纪录片的真实，是观众通过摄像机这个眼睛去看纪录片中的人物，甚至忘记记者的存在。

实验类影片是那些一般大众看来缺乏故事情节，追求诗意化和印象派化的画面和叙述风格这些有很明显特征的影片类型，即不以商业盈利为目的、不叙说故事的纯视觉影片，通常称之为"先锋电影"。实验类电影的基本特征是独立性。内容上，涉及反主流社会、反政府、反主流道德，观众一般是年轻人。制作上，由于导演自己出资，他们无须受电影制片厂控制，可以无视常规的电影生产规则，从而保证了实验电影的独立品格。比如非常规的叙事顺序，刻意使观众注意力疏离影像的拍摄剪辑技巧（像故意的失焦，在胶片上弄上刮擦的痕迹，快速的剪辑），不同步的声音甚至完全没有声音的处理方式等。所有采取这些"实验"的拍摄和制作方式的目的就是导演希望观众能有更加主动的观看体验和更加具有思考空间。

动画类影片是指以动画形式制作的大型电影。它是个电影类型，不是儿童片。最主要的特征是它的拍摄对象并非三维空间里的生命体，而是用造型艺术手段制作的假定性形象。绝大多数动画类影片惯用拟人、夸张、变形等表现手法，把原先不具生命形态、相对静止的人物或事物，变成有生命的、会运动的人物或事物；又如将小孩子的眼睛画得比实际的大；将现实生活中一个只需要3秒钟就能完成的动作夸张成一个30秒甚至更长的片段；为了表现一个人物的伤心，还可以将流出的眼泪表现得像大雨倾盆一样。也正因为如此，动画类电影才可以得心应手地表现真人不能表演的童话、神话、幻想等题材。

新闻类节目是指以新闻材料为基础,加工制作而成的电台或电视节目。新闻类节目的主要类型有口播新闻、图片新闻、字幕新闻、影像新闻、现场报道、综合新闻、消息类新闻、深度报道类新闻、评论类新闻等。有代表性的新闻联播指一种电视或广播新闻节目形式,即各电视台或广播电台同时联合播出的新闻节目。此类节目以信息量大为标志,时效性、广泛性、指向性是其主要特质。

综艺类节目是一种娱乐性的节目形式,通常包含了许多性质的演出,例如音乐、舞蹈、杂技与搞笑等类型,而且通常只在电视上播出。综艺类电视节目是指充分调动电视技术与艺术手段,对各种文艺样式进行二度创作,既保留原有文艺样式的艺术价值,又充分发挥电视表现的艺术效果,给观众提供文化娱乐和审美享受的电视节目形态。大部分的综艺节目会邀请现场观众参加录影,但也有现场实况播出的节目。综艺类节目的主要类型有综艺晚会、音乐电视、舞蹈、戏曲、杂技、小品、相声等。

体育类电视节目是指以竞技体育、大众体育和大众健身为主要题材,对相关领域的主要事件、人物、现象等进行报道、直(转)播、分析和评论并提供相关信息、资讯的电视节目。体育类节目的主要类型有体育动态新闻类节目、体育赛事直(转)播节目、体育类深度报道或体育专题节目、教学服务类节目等。随着体育事业和电视传播事业的发展,电视体育节目的播出量越来越大,影响着社会生活的各个方面。

电视戏曲类节目是指运用电视的技术手段,突破戏曲的时空局限,适当采用实景以及镜头组接艺术来表现戏曲艺术、反映戏曲文化现象的一种电视文艺形式。它可以是原创、继创或者再创。通过开设的电视戏曲栏目、电视戏曲专题片等表现形态宣传戏曲动态,介绍戏曲文化;举办电视竞赛,组织评奖活动;录制珍贵资料,探索结合形式,组织研究评论。还有戏曲电视剧、电视戏曲综艺(戏歌、晚会、MTV 等)。

二、影视美欣赏

(一)影视艺术的审美特征

影视艺术最本质的特征是对现实和客观世界的再现。影视通过科技与艺术巧妙结合,利用可变的距离和摄像角度、场景的分割以及细节、特写的镜头,有意识地变换多种手段,构成其独特的审美特征。

1. 高度综合性 影视艺术吸收综合了戏剧、文学、音乐、舞蹈、绘画、雕塑、书法、建筑、摄影等多门艺术中的多种元素,将它们有机地融会在自己的表现手段之中。特别是电视艺术,这种综合性还是即时的,只要现实中发生,立刻就可以综合成像。所以,影视是更高一级的综合,称"第七综合艺术"。它打破了现实时空和舞台时空的束缚,既可以在空间上迅速转移,又可以在时间上自由转换。把戏剧中虚拟的变化,演绎成影视艺术中的真实。这就使其有了丰富的艺术表现力。正是由于影视艺术自身具有美学层次上的综合特性,使它能够集视与听、时与空、动与静、表现与再现于一身,从而成为一门具有巨大美学魅力的独立艺术。

2. 高度真实性 影视依靠声像的照、录本性,使其具有直观的纪录性,这就决定了其具有高度的真实性。影视艺术的真实性不再是其他艺术的"如见其人、如闻其声、如临其境",而几乎直接就是"见其人、闻其声、临其境"。一般地说,艺术都要真实地反映生活,但在真实的程度上,其他艺术都无法和影视比拟。尤其是随着科技的发展,影视艺术创作水平会逐渐提高,其真实的程度也会越来越高。但是,影视艺术的真实性绝不是对现实生活的照搬，必须是通过对生活素材的选择、提炼、加工、综合，创造出符合生活本质的真实，即比生活更高、更典型、更富于艺术感染力的作品。影视的真实性，与制作者世界观、生活经验以及艺术修养紧密相关。

3. **手法独特性** 影视艺术的基本元素是镜头，而连接镜头的是蒙太奇这一独特的表现手段。导演经常使用"快切"或"慢切"的方法，将事先拍摄好的许多分散的不同镜头、画面与声音进行有机组合，产生连贯、呼应、悬念、对比、暗示、联想等各个有组织的片段、场面，完成对人物、环境和事件的叙述，表达具有内在逻辑的思想和情感，创造出和谐的节奏和风格，进而构成一部完整的影视片。蒙太奇手法可使影视艺术达到结构严谨、条理分明、情节生动、节奏鲜明，可以叙事也可以抒情，创造独特的影视时空，引导观众的注意力，激发观众的联想，蒙太奇手法在影视艺术创作中具有决定性的作用。

（二）影视艺术欣赏方法

1. **掌握影视欣赏的基本知识** 通过对影视艺术基本知识的了解，在欣赏影视作品中，需要了解作品写的是什么（包括题材和主题）、怎样拍摄的（艺术的手法、美学追求、人物处理等）、拍得怎么样（艺术效果与社会效果等）。带着问题去观看、品味、体验，从而在总体上把握影视作品的思想性和艺术性。

2. **了解影视作品的类型及风格** 不同类型的影视艺术，有着不同的风格。影视作品常见的风格有诗风格、散文风格、戏剧性风格、纪实主义风格等。例如，诗风格和散文风格，皆重视作者的主体意识（主观感受、情绪、意念、理想）的传达。区别在于：诗风格主要通过象征、隐喻、梦幻、想象等手法来达到作者主体意识的外化与传达，更具有抒情性；散文风格表达作者主体意识时主要通过细节的积累。

3. **深谙影视作品的象征意义** 作为传播与交往的一个重要媒介——影视，是大众了解社会规则与人类行为规范的重要途径之一，理应反映社会的主流思想和利益。影视作品的意义在于将生活的镜子打碎，然后将碎片重新拼贴成另一面镜子。因此，影视艺术的欣赏不能只停留在直观视觉阶段，需要经过反复观看和不断思索才能使感性认识上升到理性认识的阶段，进而深刻体会影视创作者所寄托的思想和感情以及作品的象征意义。一部好的影视作品是超越纯粹视听感性的，是在创作的规律性总结和美学流派的梳理上，贯彻"人"的思维方式的。人们通过体验、叙述、反思人的生命行为，进而去思考整个人类的文明与发展。

4. **注重心灵的共鸣与情趣的体验** 在进行影视艺术欣赏时，作品的内容越真实越深刻，艺术形式越新颖越完美，就越能感染和吸引观众。观众会情不自禁地与剧中人物或意境因着相似的价值观、思维方式或行为准则等而产生感情和思想上的共鸣。观众的生活经验越丰富，文化修养越高，知识功底越夯实，欣赏的水平就越高。通过对艺术作品再一次进行自我充实和完善的基础上，不同的观众会体会到不同的观影情趣体验。例如观看影片《汤姆叔叔的小屋》，初中生偏爱小女孩伊娃的形象；大学生注重对其主题现实意义的理解，并着重于汤姆觉醒过程的分析；而中年妇女则同情黑奴卡西的悲惨遭遇。欣赏者的主观差异性必然造成鉴赏效果的不同。

（三）欣赏示例

经典电影《大红灯笼高高挂》（图6-6、图6-7）

1991年第十届香港电影金像奖十大华语片之一；1991年意大利第四十八届威尼斯国际电影节银狮奖；国际影评人协会大奖；1992年美国第六十四届奥斯卡金像奖最佳外语片提名；1992年意大利第三十六届奥斯卡奖（大卫奖）最佳外语片大奖，成为第一部获得该奖的中国电影；1992年意大利米兰电影协会颁发观众评议本年度最佳外语电影第一名人奖；2015年,被英国《帝国》杂志评为影史百部最佳外语片第28位,是排名最高的内地电影。

图6-6 《大红灯笼高高挂》剧照1

剧情简介：

《大红灯笼高高挂》改编自苏童的成名作小说《妻妾成群》,是张艺谋执导的第四部影片,是一部对封建社会女性悲剧命运的再现和剖析的作品。1992年3月13日,该片在北美上映,以260万美元的票房创下当时华语电影在北美的最高票房纪录。

民国年间,某镇坐落着一个城堡一样的陈府。财主陈佐千已有太太毓如、二姨太卓云和三姨太梅珊。19岁的女大学生颂莲因家中变故被迫辍学嫁入陈府,成为陈老爷的四姨太。陈府的规矩,当陈老爷要到哪房姨太处过夜,该姨太房门前就会高高挂起一个大红灯笼；但若犯了错事得罪老爷,就会被"封灯",用黑布套包上红灯笼高高挂起,以示不再受恩宠。

大太太肥胖臃肿,在颂莲眼里似乎有一百岁了。二太太甜言蜜语菩萨脸,可背后却笑里藏刀,蝎子心。三太太曾是戏班中的名旦,模样俊俏,性情刁钻,后与陈府医生高先生偷情,被二太太告发,在楼台上的小屋里被害身亡。颂莲新来乍到便被前几位太太挤兑得叫苦不迭,涉世不深的她想用假怀孕来博得老爷的宠幸,不想此事被幻想做乔家太太的丫环雁儿识破,告诉了二太太。当陈佐千得知颂莲并没怀孕时,下令封灯。失去宠幸的颂莲终于明白了"在这个院里人算什么东西:像狗像猫像耗子,唯独就是不像个人"。后来,颂莲抓到了雁儿私藏旧灯笼的把柄,将此事揭发出来。雁儿跪在雪地上却始终不肯认错,最终死去。雁儿的死令颂莲精神恍惚,日渐消沉,经常借酒浇愁,终致精神崩溃,成了疯子。次年春天,陈府又迎来了第五房姨太太,已经疯了的颂莲穿着女学生装在陈府游荡。

影片鉴赏：

女人若是生长在中国封建社会里,那是不幸的。影片中女主人的命运都像美丽的蝴蝶一样,不是被扭曲就是被摧残——都是短寿的。颂莲的反叛和好胜性格,终使她败在深谋远虑、笑里藏刀的二姨太手里。家庭中的争宠风波,导致女侍冻死,三姨太被逼疯并终被"家法"吊死。旧中国妇女的种种命运,都在这个大院浓缩了。

图6-7 《大红灯笼高高挂》剧照2

1. 这是一幕老人以金钱、以权势、以传统制度，蹂躏少女的悲剧。

颂莲"新婚"之夜，红灯笼照得里外通明，红艳娇媚。在那黑影中，走出一个老人——陈老爷。这一人物，始终没有正面面对观众，但他苍老的声音，却在发出不可违背的命令。颂莲含辱举灯，让老爷欣赏自己，含辱在灯火通明下，与陈老爷同床共枕。然而，颂莲却渐渐适应妾的生活，转而千方百计，对二三房的挑战作反击。迷醉陈家"被捶脚"的享受，追求支配欲望。

由于颂莲的丫环雁儿告密，颂莲假装怀孕以取宠于老爷的计划破产，被老爷以欺主之罪封了灯。被迫害的颂莲，为了报复雁儿告密，将雁儿在自己房中"偷挂红灯笼"的违规事情揭露出来。按老规矩办事，结束了雁儿的生命。雁儿死了，但死了比活着强。颂莲则虽生犹死，终日借酒浇愁。大少爷来看她，她对大少爷感情流露，想挽留大少爷，但大少爷却走了。颂莲醉了，烂醉中吐露三太太"偷情"的事情。

三太太，一个反叛者，冒着生命危险，追求自身幸福和性爱满足的女性。至少，她的情人高医生是她的艺术知音、感情伴侣。这是反金钱、反传统、反礼教、反权势的表现。颂莲，一个被害者，在自己遭受色劫后，也去害了他人，自己的心灵被洗劫一空。她疯后站在古篆字碑文前，意味她的命运要被这些古篆字堆砌出的监狱囚禁终生。

《大红灯笼高高挂》并没有一开始就揭示恐惧。退学的女大学生像林黛玉进大观园一样，嫁到了豪门大院，一步步观察着这个财物丰腴的家族。当她意识到恐惧的时候，她就疯了。影片的老爷一直没有出现正脸，仿佛没有存在，但一旦出现问题的时候，背后的黑暗势力就发挥作用。在这部影片里，导演张艺谋已经少了许多热情，而是多了很多勾勾搭搭偷偷摸摸的细节，对于黑暗势力也显示出无可征服的恐惧和冷静，让那些人物自生自灭。

大红灯笼的"挂"和"落"是象征，是展现各妻妾的地位和对其他各房关系变化的标志。各妻妾的荣辱宠幸，失宠遭贬，皆集中表现在这点灯、灭灯与封灯上。谁有了挂灯笼权，谁就有了主子以下的最高权力。因此，争夺挂灯笼权，压制打击竞争对手，媚悦主子，争相为他生儿子，以稳固自己的地位，成了二三四房生活的核心内容。颂莲在得宠时，对自己依附在老爷身上的权威做了淋漓尽致的发挥，对脚被轻捶的瘾劲，显示了奴才的麻木。

老爷以金钱、以权势、以传统制度蹂躏少女，以钱劫色的封建妻妾制度，无耻和卑鄙。这种畸形化的追求欲，非人性的情爱之欲，是牺牲人性的情爱之欲。以青春美色，以奴仆愚忠，以个人尊严，以人的权利，以人生一切宝贵的东西为代价，获得被捶脚的权利，牟取点灯、点菜的权力，做稳奴隶的权力，支配其他奴隶的权力，何等可悲！

2. 这是一部野蛮对文明蚕食的悲剧。

老爷对妻妾的宠幸，是荣华富贵的象征。在大红灯笼下，大小奴隶们对支配他人的渴望，对主子宠恩加身时的得意；大主子对小主子的排斥和打击，小奴隶的利益，大奴隶的力量，对二奴隶的打击。谁点灯，谁点菜，谁享受权力。木锤捶脚声中的岁月，原本是枯燥乏味的，但却因了这些争斗，而有声有色，争斗使生活充满沉重压抑。在一个封闭型的社会环境中，内斗是不可避免的恐怖。

3. 这又是一部在光明之下的恐惧电影。

大红灯笼由始至终都贯穿在整部戏中，见证着颂莲这位女性如何从最初的得宠到最后的失宠、疯狂的婚姻悲剧故事，而这一切又很巧妙地体现在点灯—吹灯—长明灯—封灯上。就算是捶脚、捏肩、点菜这样一系列程式化的动作也是与点灯息息相关的，在哪房太太的院子里点灯，哪房太太就有权利享受生理和心理的满足感和快感，因此在陈家大宅院里几个活在绝对封闭空间里的几个女人为此疯狂，包括小丫头雁儿。用某个评析家的话来说"女性的生存本能与人性深处最隐秘的贪婪、虚妄、恐惧甚至因此而来的苟延残喘都在这几盏灯笼里被照得如此清楚"。逆来顺受的毓如，笑里藏刀的卓云，红杏出墙的梅珊，倔强的雁儿，甚至包括"新女性"——敢于抗争的颂莲……无不成为旧式婚姻的牺牲品。

影片中充满大院子的恐怖和小院子的凄凉荒僻，散发着难以躲避的死气。颂莲成为疯子后，在院子里徘徊的景象，意味着封闭的灵魂，窒息在凝固的空间里。在大红大喜中，老爷又娶进五太太，新娘子的稚嫩气和薄命相，预兆着新苦难的循环。

精彩情节的分析：

1. 阴冷颓废的陈家大宅院里最能引起观众视觉冲击的莫过于那一排高高挂起的大红灯笼，冷色和暖色的强烈反差给观众留下深刻的印象，发人深省。这些灯笼，不单纯是影片颇有造型感的视觉元素，确切地说，它是一种意象化的符号。几个太太对点灯的渴望就是对生存的渴望。但是陈佐千并不这样认为，他不可侵犯的权威具体地体现在大红灯笼上，使女人为他争风吃醋，头破血流。深刻地揭示出夫权社会中女人的悲惨命运。

2. 影片大量采用主观视觉镜头。近景和远景的突兀交替使用以及夸张的对比手法，也被反复使用。影片中的音响效果夸张，给观众一种逝者如斯、人生如梦的感觉。众打手抬着三姨太走向死屋的镜头，动作紧急，但过程长而慢，有难抵目的地之感。三太太在被陈家打手捉回时，脚着粉红拖鞋，身穿白色内衣。在黑灰色的一群人的推拥下，最后被送往死屋的她仍是一身白，象征着黑色历史中人性的美。三姨太死了，这是一个老妈子，捉杀三姨太的结果，是电影刻意要表现的悲剧。

总结：

《大红灯笼高高挂》对中国传统社会的家庭结构进行了批判。陈家大院和陈老爷，是一个高度符号化的中国旧社会的缩影。陈家大院是影片故事的发生地，是剧中人物的生息之所。陈老爷，一个神秘的却又让人感觉到无处不在的男人，对这个大院有着绝对的控制力，决定着这些生活在他的统治下的女人们的生命兴盛与衰亡。女人们虽名为太太，却只是依附于他的藤萝，所有的努力只为了取得他的认可，从而让自己的生命有机会在"王"面前绽放。从这个意义上来说，陈家大院又好比一个封建王朝，女人成了王朝的皇宫佳丽。透过一个民间随处可见的大宅院，张艺谋通过对它的高度符号化，成功地与中国的封建王朝实现了对接,使它成了中国皇家社会的一个投影。

影片具有很强的象征和寓意,对于过去的封建势力灭杀人性和生命的行为,都被安放到了黑森森笼罩着的封闭的院落。在无处可逃的空间里,巧妙地展示着深层的寓意。而大红灯笼这个中国传统的象征物体,不是代表着希望,而是暗喻了被控制着的人性和权力人物的存在,如此强烈的震撼!影片末尾颂莲迷茫的眼神、幽深封闭的灰色大宅院、鲜艳夺目的大红灯笼,这一切的一切沉淀在脑海里久久令人挥之不去……

本章小结

本章内容为综合艺术,第一部分为戏剧艺术,讲述了戏剧艺术的基本知识、戏剧艺术的审美特征以及欣赏戏剧美的方法几个方面;第二部分为影视艺术,讲述了影视艺术的基本知识、影视艺术的审美特征以及欣赏影视艺术的方法等。通过对综合艺术知识的学习,有利于人们陶冶情操,丰富精神世界的内涵,同时也提升了艺术欣赏的水平。

(李恒娟)

思考题

1. 戏剧艺术有哪些类型及构成要素?
2. 浅谈欣赏戏剧艺术的方法。
3. 影视艺术有哪些类型及构成要素?
4. 如何赏析影视艺术?
5. 结合你自己熟悉的某一部影片或电视节目,比较电影与电视的异同。

第七章　书法艺术美

学习目标

1. 掌握书法艺术分类。
2. 熟悉书法艺术欣赏方法。
3. 了解书法艺术发展过程。

中国书法艺术被誉为无言的诗，无形的舞，无图的画，无声的乐。它不仅是中华民族的文化瑰宝，而且在世界文化艺术宝库中独放异彩。它一方面起着思想交流、文化传承等重要的社会作用，另一方面，它是一种独特的造型艺术，起着美化生活、陶冶情操等审美作用。

第一节　书法艺术概况

中国书法艺术与中国文字几乎是同时而生。"声不能传于异地，留于异时，于是乎文字生。文字者，所以为意与声之迹"，因此产生了文字。中国书法是以书写中国文字为基础，通过结体、布白、用笔及点画运动来表现意蕴、情感的艺术，是中国传统艺术之一。书法的表现手段是笔、墨、纸、砚，统称为"文房四宝"。特别是毛笔能够表现出粗细、浓淡、虚实、方圆、厚薄等线条的趣味和墨色的美感，使每一笔、每一字、每一篇都富有生命与神韵，给人以美感。书法的构成要素包括笔法、笔势、笔意三个方面。笔法是指用笔、用墨方法等，笔势体现的是点画与点画之间、字与字之间、行与行之间的承接呼应关系，笔意是指在书写过程中表现出的书者的气质、情趣、学素和人品等。

一、书法艺术的基本知识

中国文字书法的发展经历了一个漫长的过程，从最早的金石竹刻到毛笔书法逐渐形成了多种书体，大致可以分为篆书、隶书、草书、真（楷）书、行书五种。

（一）篆书

广义包括篆书以前的所有书体以及甲骨文、金文、石鼓文、六国古文、小篆等。狭义主要分大篆和小篆。大篆是在甲骨文、金文（钟鼎文）基础上演变而来的。大篆又有籀文、籀篆、籀书、史书之称。周宣王时，太史籀作《大篆》十五篇，因此，称之为"籀文"。"籀文"是在古文基础上整理出来的，故其与古文或同或异，以周宣王时所作的石鼓文（图7-1）最为著名。小篆又名秦篆。在秦始皇灭六国而统一华夏后，因其疆域广而国事多，文书日繁，而感到原有文字过于繁杂，不便应用；加之原有的秦、楚、齐、燕、赵、魏、韩七国书不同文，写法各异。于是李斯等人将大篆省改、简化而统一成新的文字字体——小篆（图7-2）。小篆是大篆的简体，小篆是中国汉字第一次规范化的字体。大篆与小篆具有一些共同的特点，但小篆比大篆要简化、工整、规范、对称并具有流畅性，其点画粗细均匀、结构均衡对称、章法整齐划一，增强了文字的符号性与形式美。

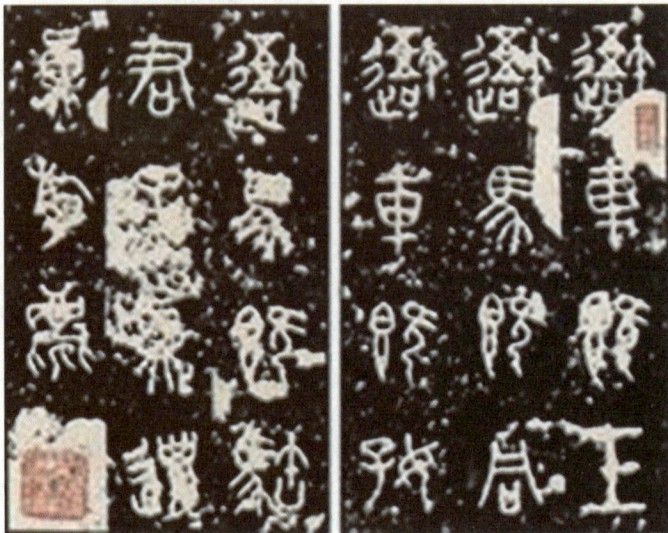

图7-1 石鼓文（大篆）

图7-2 峄山碑（小篆）

篆书的特点：

1. 因形立意 大篆的象形字很多，表现方法很多，大多属于因形立意，如马（图7-3）、羊、象等写法都是很多的，分布结构的法则还没有规律化。写一个"人"字（图7-4），可以表现弯腰劳动，也可以表现成跪着的人。因此，在甲骨文中字的部首形状及位置也是很随意的。到了秦代，文字统一为小篆，经过整理后，才比较趋于统一，但是还保留着很多因形立意的图形文字。

图7-3 篆书"马"字的多种写法

2. 体正势圆 小篆形体平正,横画逼平、竖画必直,严紧工整。小篆从结构到运笔都是以圆为主,字的外轮廓,由于字的中心十字线拉长,如中、天(图7-5),而形成很自然的椭圆形。小篆的字势,凡方折处都是弧形线,少量的字有部分的方形体势,但细细观察,仍多是方中有圆,与隶书字体势的以方为主截然不同。

3. 左不见撇,右不见捺 篆字是我国一种古老的书体,不像楷体字有很多不同的变化,其基本组字的方法有点、直、弧三者,笔画粗细一致,起止都要藏锋,向左撇出的地方并不用撇,向右用捺的地方也不出捺,一概是曲笔弧线结字(图7-6)。

图7-4 "人"的象形字   图7-5 "中""天"篆字   图7-6 "家""羊"字篆书

(二)隶书

隶书起源于秦朝,在东汉时期达到顶峰,隶书之名源于东汉,也叫"隶字""古书"。是在篆书基础上,为适应书写便捷的需要而产生的字体,把小篆加以简化,又把小篆匀圆的线条变成平直方正的笔画。分"秦隶"(也叫"古隶")和"汉隶"(也叫"今隶")。广义地说,所有汉代的隶书都是汉隶,包括汉初的古隶、汉隶(狭义的汉隶)和八分书。狭义的汉隶是指西汉使用最广泛的隶书体。汉隶较古隶规范,又不像八分那样具有装饰性,是西汉直至汉末的通用书体。汉隶的特征为:取横势,突出横画,横平竖直,给人以雄放洒脱、浑厚深沉之感。隶书是汉朝的代表字体,它的出现,使中国的书法艺术进入了一个新的境界,是汉字演变史上的一个转折点,奠定了楷书的基础。隶书字体略微宽扁,横画长而直画短。到东汉时,撇、捺等点画美化为向上挑起,轻重顿挫富有变化,讲究"蚕头雁尾""一波三折",书写效果比较庄重,更具有书法艺术美(图7-7)。后来,由隶书派生出草书、楷书、行书。

图7-7 隶书汉《乙瑛碑》

隶书的特点：

1. 隶书的结体改篆书的形象化而为点画符号化。篆书因形立意，通过图形化而达到象形的效果十分突出；隶书则把图形变为点画，将文字由象形改为表达意思的符号，使文字由形象性转到抽象性。

2. 隶书的字形改篆书的圆长而为方扁。篆书呈正方或竖长方形，使笔画纵向发展；隶书字形较扁，向横的方向发展。隶书在左右两面采取分势，恰如"雁展双翅"，也就是说向左方伸展的一部分笔画和向右展开的一部分笔画相对称地展开。

3. 隶书的笔画有折无转，并有波挑，方笔和圆笔兼用。隶字是"篆"到"楷"的过渡书体，篆书中大量的圆笔转折变为直线转折。也就是说，与篆书相比，它多方笔转折，即在起止转折处出现了许多或圆或方的棱角，这就去掉了篆字的弯弧笔画，由原来的篆书只有点、直、弧三种笔画，派生出隶书更多的变化笔画。隶书横画的最大特点，是前加蚕头，后加燕尾，把横和捺的部分加以装饰，形成波势、捺脚，使隶字笔画更加富有变化（图7-9）。

图7-8 隶书"羊""天"字

图7-9 隶书"人""汪"字

（三）草书

草书发展可分为早期草书、章草和今草三大阶段。早期草书是跟隶书平行的书体，一般称隶草，实际上夹杂了一些篆草的形体。章草是早期草书和汉隶相融的雅化草体，波挑鲜明，笔画勾连呈"波"形，字字独立，字形偏方，笔带横势。章草起于汉代，一般认为得名于章奏（图7-10）。章草在汉魏之际最为盛行，后至元朝方复兴，蜕变于明朝。汉末，将章草在实用中再加以快速书写，逐渐去掉波磔，笔画连绵回绕，文字之间有联缀，成为今草（图7-11）。到了唐代，今草写得更加放纵，笔势连绵环绕，字形奇变百出，称"狂草"，亦名大草。狂草兴

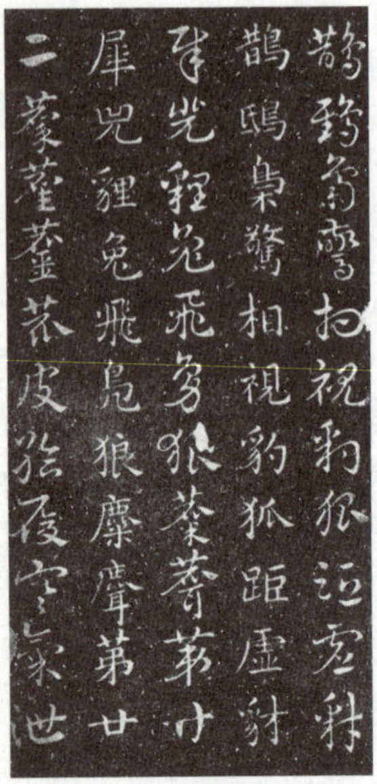

图7-10 皇象章草《急就章》

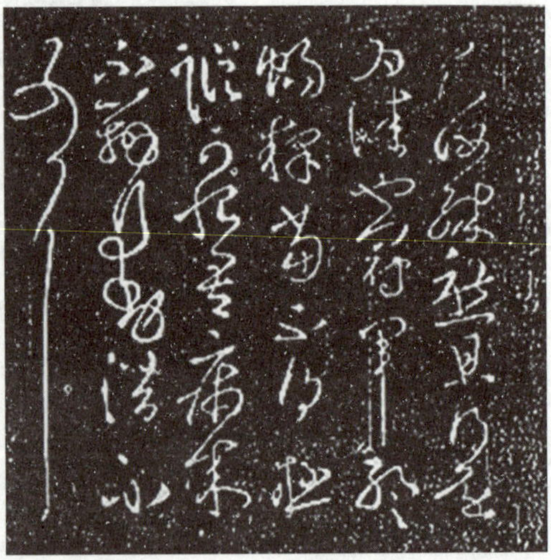

图7-11 张芝今草《冠军帖》

于唐代,属于草书最放纵的一种,笔势相连而圆转,字形狂放多变,在今草的基础上任意增减笔画,恣意连写而成的"一笔书",在章法上与今草一脉相承(图7-12)。今天,草书的审美价值远远超越了其实用价值。

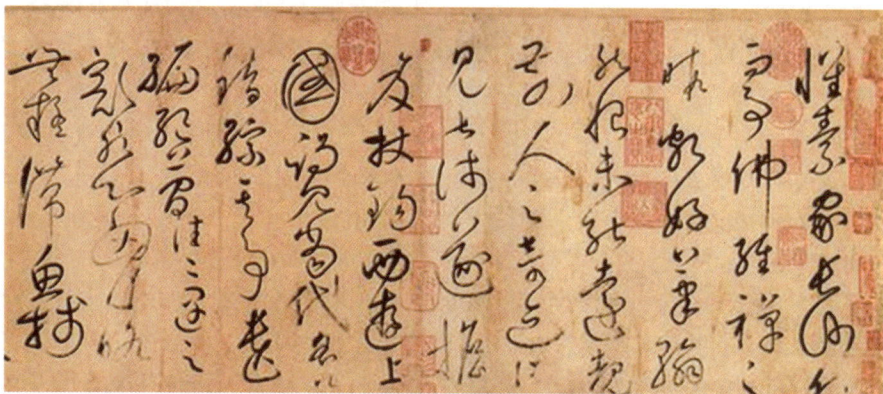

图7-12 怀素狂草《自叙帖》

草书的特点:

1. 省减、替代 一般楷体字法要求结构部件完整,而草书则可省去很多不太重要的部分部件,有些部件可以以点、线代替。有一笔带过的省,也有省去字中笔画的,还有省去字之外围笔画的(图7-13)。

图7-13 草书"家"字

2. 牵连、圆曲 笔画与笔画之间,结构中各种部件的关系之间,往往有游丝牵连,形随势生。这种牵连的结果,使草书的结构形态、笔画形态发生变革。楷体是直线、方笔,草书却是各种曲线、圆笔,曲线与圆笔使草书出现了和楷体不同的形态。

3. 合并、变符 偏旁部首重新约定,例如在楷体中的"言"字旁、"人"字旁是不同的,而草书中却常常写为同一种符号,这便是草书中合并变为符号的现象。符号的产生,就逐渐被书法界所认可,而成为草书的"法"。

4. 多变、神妙 草书的体势,可大可小、可长可短、可肥可瘦、可斜可止;草书的结构,点画呼应、疏密相间、以欹为正、同中求异;草书的用笔,有快有慢、有方有圆、粗细相杂、秾纤间出、变化多端。总之,呈现出多姿多态的变化神妙。

🏛 轶事

草圣张芝

张芝(?—约192),字伯英,号有道,东汉敦煌酒泉(今甘肃省)人。他是一位在书学上具有高深造诣和杰出贡献的名书家,同时也以品德高尚、为人正直而知名当世。

张自幼通经史,勤学书法,东汉政府多次征召他做官,他却不屑一顾,甘作布衣,这种不贪高官厚禄洁身自爱的思想境界,令人钦佩。

张芝练字不择纸笔,他有时拿着抹布蘸水在石上写,有时拿筷子在桌上划,甚至家里准备缝制衣服的布帛,也都是他先用颜色书写后再染了使用。但是他对书写的姿势却十分讲究，常常是对着铜镜挥毫，这样，自己的正面和反面都能通过镜子上暗淡的反光看得一清二楚。

为了便于练字，张芝在自己的家门前掘了一个方圆数丈的洗砚池。一天的功课做完了，他就上池塘边将砚台和毛笔上的余墨洗涤干净，以延长它们的使用寿命。日子一久，整个池塘里的清水也被染黑了。后来，人们把练字称作"临池"，就是从张芝的这个学书故事中演变而来的。

张芝擅长隶、行草和飞白书，学崔子玉和杜操之法，烂熟于心，晚年脱去旧习，独创一体。使字的体势呈现为一笔写成，偶有不连笔者也是血脉不断；字迹气脉贯通，隔行不断。古人称之为"一笔飞白"或"一笔书"，开书法之一代新天地。这种气脉通畅、隔行不断的"一笔书"，就是"今草"。后被三国时期的韦诞称之为"草圣"。

张芝的草书影响了整个中国书法的发展，为书坛带来了无与伦比的生机。被誉为中国书圣的王羲之，中年就师承张芝，推崇张芝，自认为草书不如张芝。狂草大师怀素也自称草书得于"二张"（张芝、张旭）。草书大家孙过庭在其《书谱》中也多次提到他一生是将张芝的草书作为蓝本的，称"张芝草圣，此乃专精一体，以致绝伦"。

张芝的墨迹见《淳化阁帖》，收有五帖三十八行。张芝著有《笔心论》五篇，可惜早已失传。张芝还是一位制造毛笔的专家。张芝的弟弟张昶，书名仅次于张芝，有"亚圣"之称。

（四）楷书

楷书，又称正楷、楷体、正书或真书，是汉字书法中常见的一种字体。其字形较为正方，不像隶书写成扁形。隶书在经过章草发展为今草的同时，沿着另一条线索发展成为楷书。楷书更趋简化，字形由扁改方，笔画中简省了汉隶的波势，横平竖直。《辞海》解释说它"形体方正，笔画平直，可作楷模。故名楷书"。始于汉末，通行至今，长盛不衰。楷书的产生，紧扣汉隶的规矩法度，而追求形体美的进一步发展，汉末、三国时期，汉隶的书写逐渐变波、磔而为撇、捺，且有了"侧"（点）、"掠"（长撇）、"啄"（短撇）、"提"（直钩）等笔画，使结构上更趋严整。说明楷书是由隶书演变而来的。楷书的发展史分为四个时期，即楷书萌芽期——两汉，楷书发展期——魏、晋、南北朝，楷书繁荣期——隋、唐、五代，楷书守成期——宋、元、明、清。楷书的名家很多，如"欧体"（欧阳询）、"虞体"（虞世南）、"颜体"（颜真卿）、"柳体"（柳公权）、"赵体"（赵孟頫）等。它是现代通行的字体。

楷书的特点：

1. 笔画平正，结体方正 平正而不呆，齐整而不拘。强调笔画和部首均衡分布、重心平稳、比例适当、字形端正、合乎规范。字与字排列在一起时要大小匀称、行款整齐。虽然也有形态上的参差变化，但从总体上看仍是整齐工整的。

2. 行笔有法，相互呼应 一切楷书的笔画，都概括于"永"字八法之中（图 7-14）。既是字法，也是笔法。而且，每一点画都不是孤立的，而是和其他笔画互相呼应的。

图 7-14 楷书"永"字八法

永字八法的来历

永字八法，是中国书法用笔法则。相传，东晋大书法家王羲之用几年的时间，专门写"永"字。他认为，这个字具备楷书的八法，即就是"永"字的八个笔画。这八个笔画代表中国书法中笔画的大体，分别是"侧、勒、弩、趯、策、掠、啄、磔"。写好"永"字八法，所有的字都能写好。以后，王羲之的孙子智永又将这"永字八法"传给虞世南，再后来，经过很多书法家一直传了下来。正楷笔势的方法为点为侧，侧锋峻落，铺毫行笔，势足收锋；横为勒，逆锋落纸，缓去急回，不可顺锋平过；直笔为弩，不宜过直，太挺直则木僵无力，而须直中见曲势；钩为趯，驻锋提笔，使力集于笔尖；仰横为策，起笔同直画，得力在画末；长撇为掠。起笔同直画，出锋稍肥，力要送到；短撇为啄，落笔左出，快而峻利；捺笔为磔，逆锋轻落，折锋铺毫缓行，收锋重在含蓄。

3. 逆锋起笔，中锋运笔 　起止三折笔，运笔在中锋是楷书的典型笔法。逆锋起笔有力，中锋运笔遒润。

（五）行书

据张怀《书断》说："行书者，乃后汉颖川刘德升所造，即正书之小讹，务从简易，故谓之行书。"行书是介于今草与楷书之间的一种字体。可以说是楷书的草化或草书的楷化。笔势不像草书那样潦草，也不要求楷书那样端正。楷法多于草法的叫"行楷"。草法多于楷法的叫"行草"。行书大约产生在东汉末年今草与楷书盛行的时候，它近于楷而不拘谨，近于草而不放纵，笔画连绵而各守独立，清晰易认好写。行书到王羲之手中，将它的实用性和艺术性最完美地结合起来，从而创立了光照千古的行书艺术，成为书法史上影响最大的一人（图7-15）。

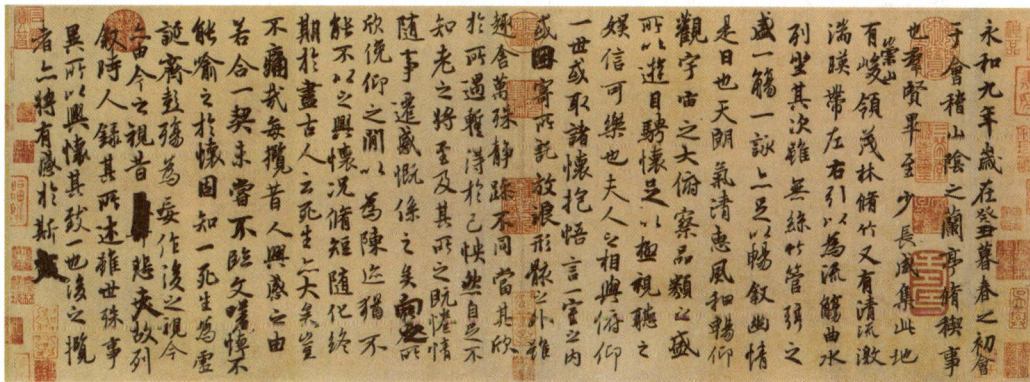

图7-15　王羲之行书《兰亭集序》

行书的特点：

1. 动静结合，收放自如 　行书有草书之动，有楷书之静，笔毫常处在行动的状态，起笔收笔有停顿而无太大的停顿，一笔与一笔之间常常连带，存在着或明或暗或实或虚的联系。比楷书放纵，比草书又收敛，有静有动，有繁有简，意趣无穷。常常是左收右放、上收下放，或者左放右收、上放下收，变幻自然。

2. 富有节律，简便易用　行书在结体上具有草书的简便结构，把楷书中重复笔画加以省损，又加上连带变形等方法，加速书写的速度，易识易写；下笔收笔、起承转合，大都顺势而为，又能虚实变化，形成节律韵味。

3. 大小相兼，疏密得体　每个字呈现大小不同，存在着一个字的笔与笔相连，字与字之间的连带，既有实连，也有意连，有断有连，顾盼呼应。一般是上密下疏，左密右疏，内密外疏。中宫紧结，凡带框的字留白越小越好。布局上字距紧压，行距拉开，跌仆纵跃，苍劲多姿。

轶事

王羲之的故事

王羲之出生在一个官僚家庭。父亲王旷为淮南太守，叔父王导为司徒，伯父王敦为扬州刺史，叔祖父王澄为荆州刺史。而且他父辈的这几位都是当时著名的书法家，所以他有很好的学习书法的条件。

王羲之小的时候，练字十分刻苦。据说他练字用坏的毛笔，堆在一起成了一座小山，人们叫它"笔山"。他家的旁边有一个小水池，他常在这水池里洗毛笔和砚台，后来小水池的水都变黑了，人们就把这个小水池叫作"墨池"。他7岁开始临池学书，到10岁时，字写得已很有水平。

王羲之到了11岁，他很想学一点关于书法方面的理论，以指导自己。有一天，他在父亲王旷的枕头里发现了一本叫作《笔谈》的书，讲的都是有关写字的方法。他高兴得如获至宝，偷来便如醉如痴地学习起来。当他兴趣正浓时，被父亲发现了。父亲责问他："你为什么偷读我枕中秘本？"王羲之只是望着父亲傻笑。母亲从旁插话道："孩子恐怕是在揣摩用笔的方法吧！"父亲便说："你现在年龄太小，等你长大了，我自然会教你读这些书籍的。"王羲之不高兴地说："如果等我长大了才研究笔法，那不成了日暮之学，青春年华不就白白浪费了吗？"王旷十分惊奇儿子的这番议论，觉得儿子少年有大志，应该从现在起就要好好培养。于是王旷便将《笔谈》的内容认认真真地向小小的王羲之作了详细的讲解。王羲之本来就有了扎实的临摹功夫，现在又有了《笔谈》的理论指导，接下来几个月的功夫，书法便上升到一个新的高度。后来，他又拜当时的女书法家卫夫人为书法老师，在卫夫人的悉心指导之下，发奋练习书法，他的书法便有了更大的进步，也已逐渐走向成熟。卫夫人不得不惊叹道："青出于蓝而胜于蓝，这孩子将来一定要超过我了！"

即使这样，王羲之还是坚持每天练字。

有一天，他聚精会神地在书房练字，连吃饭都忘了。丫环送来了他最爱吃的蒜泥和馍馍，催着他吃，他却好像没有听见一样还是埋头写字。丫环没有办法，只好去告诉他的夫人。夫人和丫环来到书房的时候，看见王羲之正拿着一个醮满墨汁的馍馍往嘴里送，弄得满嘴乌黑。她们忍不住笑出了声。原来，王羲之边吃边练字，眼睛还看着字的时候，错把墨汁当成蒜泥蘸了。其夫人心疼地对王羲之说："你要保重身体呀！你的字写得很好了，为什么还要这样苦练呢？"王羲之抬起头，回答说："我的字虽然写得不错，可那都是学习前人的写法。我要有自己的写法，自成一体，那就非得下苦功夫不可。"

经过一段时间的艰苦摸索,王羲之终于写出了一种妍美流利的新字体。大家都称赞他写的字像彩云那样轻松自如,像飞龙那样雄健有力,他也被公认为我国历史上杰出的书法家之一。

王羲之的书法之所以取得这样的成就,是他向多位名师学习与刻苦磨砺的结果。

近代著名学者梁启超说:"如果说能够表现个性,这就是最高的美术,那么各种美术,以写字为最高。"美学家宗白华先生说:"中国音乐衰落,而书法却代替了它而成为一种表达最高意境与情操的民族艺术。"林语堂认为:"书法提供给了中国人民以基本的美学,中国人民就是通过书法才学会线条和形体的基本概念的。因此,如果不懂得中国书法及其艺术灵感,就无法谈论中国的艺术。……中国书法在世界艺术史上的地位实在是十分独特的。"总之,书法艺术的基本特征是:线条与组合、具象与抽象、情感与象征。

🌐 知识链接

中国书法艺术常用术语

结体。亦称"结字""间架""结构"。指每个字点画间的安排与形势的布置。笔画的长、短、粗、细、俯、仰、缩、伸,偏旁的宽、窄、高、低、欹、正,构成了每个字的不同形态。要使字的笔画搭配适宜、得体、匀美,研究其结体必不可少。

笔锋。指笔毫的尖锋。姜夔《续书谱·用墨》里说:"笔欲锋长劲而圆,长则含墨,可以运动,劲则有力,圆则妍美。"另外,字的锋芒,也叫"笔锋"。能将笔之锋尖保持在字的点画之中者,叫"中锋";能藏在点画中间而不出棱角者,叫"藏锋";将笔之锋尖偏在字的点画一面者,叫"偏锋"。

章法。对整幅作品在安排布置时,体现字与字、行与行之间呼应、照顾等关系的方法。亦即整幅作品的"布白"。亦称"大章法"。习惯上称一字之中的点画布置和一字与数字之间布置的关系为"小章法",以区别于"大章法"。

墨法。亦称"血法"。前人谓水墨者,字之血也。墨过淡则伤神采,太浓则滞笔锋。必须做到"浓欲其活,淡欲其华"。

笔法。写字用笔的方法。中国书法之美主要以线条来表现,勾画线条的工具都是尖锋毛笔。若要使书法的线条点画富有变化,必先讲究运笔,即在运笔时掌握轻重、快慢、偏正、曲直等方法,称为"笔法"。

屋漏痕。用笔如屋壁上雨水流下的痕迹,其形凝重自然。

锥画沙。如同以锥子划沙,起止无迹,具有"藏锋"的效果,而且画痕两侧沙子匀整凸起,痕迹中正,形似"中锋",所以,古人常用锥画沙来比喻书迹的圆浑。

折钗股:钗原系古代妇女头上的金银饰物,质坚而韧。借以形容笔迹的转折而如同折弯的钗股一样,虽弯曲盘绕,而其依然圆润饱满,十分有力。

二、书法艺术的审美特征

中国书法艺术通过具有极强表情性与可塑性的点、线形成艺术,并感染人,因此,也就具有了多种审美特征。

（一）抒情性

书法用点线的变化充分抒发人的思想感情，书法家在用书法表现出自己的某种思想感情时，也会把这些思想感情传递给每一个观赏者，以引起感情的共鸣。因此，抒情性是书法艺术的一个突出的美学特征。

古人造字的时候，就非常注意抒发内在的思想感情，重视文字造型的审美价值和伦理学价值。如人言为"信"，止戈为"武"，用戈斩敌之首为"伐"，羊大为"美"等，不胜枚举，都强烈地表现出人们内在的思想感情和审美意识。就连象形字"山、川、日、月、鸟、虫、鱼"等，也是概括地描绘了客观事物的状貌，表现了人们的审美意识。书法一直是直接反映精神方面的艺术，它从生活中的具体形象，走向与书者审美理想相结合的抽象的意趣，再由抽象的意趣到具体的方块汉字的点画结构的变化。所以说，文字是表达思想感情的工具。

汉代杨雄在《法言·问神》中说："言，心声也；书，心画也。"这明确地把"书"和"心"联系在一起，认为"书"是"心画"，看到了书法表现书法家思想感情的作用。东汉蔡邕在《笔论》中说："书者，散也。欲书先散怀抱，任情姿性，然后书之。若迫于事，虽中山兔毫，不能佳也。"蔡邕把"书"解释为"散"，认为挥笔欲书之前，先要准备感情，敞开胸怀，进入意境之中，然后才能书写。蔡邕强调的是书法要有真情实感，如果没有感情，而是"迫于事"，那么书法创作就"不能佳"。蔡邕的说法真正接触到书法艺术的抒情本质，也说出了思想感情对书法的重要作用，在古代书法美学史上具有首创意义。

唐代书法理论家孙过庭在《书谱》中对书法艺术的抒情性作了深入细致的探讨，他认为书法艺术的奥妙，主要在于表现自身的性情，笔底的波澜是由感情来发动和促进的。他的主要观点是"达其性情，形其哀乐"，意即书法能充分表现书法家的个性情感，表达喜怒哀乐。如王羲之写《乐毅论》，则多抱着抑郁的心情；写《东方朔画赞》，则多涉及离奇的意想；写《黄庭经》，则感到虚无境界的愉悦；写《太师箴》，则感念纵横周折的世情；写《兰亭序》，则情志淋漓，神思飘逸。这说明了书法的作品不同，表现的性情也就各异。唐代的好多书论家注意到了抒情性这一点，这说明了抒情性这一书法美学特征在唐代已得到了充分的发挥。

书法的抒情和书法的文字内容有密切的联系，和点画也有密切联系。流利的线条，往往表达愉快的感情；停顿的线条，往往表达不快的感情；艰涩的线条，往往表达焦灼和忧郁感。这是因为书者的思想感情一直是和笔力一起活动着的，笔墨受感情的支配，线条实际上成了思想感情活动的轨迹，它和感情有一定的相应性。正因为如此，书法才能通过挥毫构线来抒情达性。

刘熙载《艺概·书概》中说："观人于书，莫如观其行草。"这是说，行书、草书较之其他书体，最容易表现书法家的个性，创作中驰骋发挥的余地更大，易于抒发丰富的情感。唐代草书大师张旭，嗜好喝酒，经常大醉后奔走狂喊，然后落笔写字，有时用头发蘸墨写字，人们称他为"张颠"，张旭的这种行为就是激发情感。如张旭的《古诗四帖》，纵笔如"兔起鹘落"，奔放不羁，纵横挥斫，一气到底，有"急风旋雨之势"。这就构成了"某种激情或热爱"的线条。热爱什么呢？就是因为古诗四首的文字内容都是有关仙境的，他被诗中的南宫、北阙、青鸟、烟霞的境界深深吸引住了，表现出难以抑制的喜爱和思慕之情。韩愈在《送高闲上人序》中说："张旭善草书，不治他技。喜怒窘穷、忧悲愉佚、怨恨思慕、酣醉无聊、不平有动于心，必于草书焉发之。观于物，见山水崖谷，鸟兽虫鱼，草木之花实，日月列星，风雨水火，雷霆霹雳，歌舞战斗，天地事物之变，可喜可愕，一寓于书。故旭之书，变动犹鬼神，不可端倪，以此终其身而名后世。"张旭把他的各种思想感情和自然界能够使人感奋、使人惊异的

事物，都用草书表现出来。因此，他的草书狂怪陆离，潇洒自如。另一位草圣怀素，笔下的
线条也是狂怪怒张，风趋电疾，千变万化，抒发的感情非常强烈。许瑶《题怀素上人草书》
称："志在新奇无一则，古瘦漓纚半无墨。醉来信手两三行，醒后却书书不得。"张旭、怀素以
酒为引子，进入书法创作的境地，他们本身精神达到了一种自我超越的状态，加之"无意识"
因素的参与，信手挥洒，其作品就自然而然地掺入了他们的精神和意识，醒后自视为神。如
果醒了再书，就书不得了，因为醒后，思想感情没有达到高潮，精神没有达到出神入化的地
步。这叫作：草圣之意不在酒，在乎性情之间也。

　　行书的抒情性表现也是很突出的。被誉为"天下第一行书"的《兰亭序》，是王羲之于东
晋永和9年（公元858年）3月3日和一些文人及其亲友在兰亭举行的"修文"宴会上，为他
们的诗文写的序文手稿。章法、结构、笔法都很完美，其雄秀之气，出于天然，字里行间露出
了幽雅闲静、愉快自然的思想感情，这是因为王羲之"因寄所托"，"取诸怀抱"。颜真卿的行
书也备受推崇，其作品也真实地表现了他的思想感情。如《刘中使帖》，墨迹内容说作者得
悉两处军事胜利，感到非常欣慰，全帖字字笔画纵横奔放，苍劲矫健。前段最后一字"耳"，
末一竖笔顺势而下，独占全行，顶天立地，作者欣喜若狂的心情流露无遗，观之令人振奋。

　　人们常说，"字如其人"，在书法艺术构成的独特形象中，有作者思想性格的某种形式的
表现。一幅优秀的书法作品，不写作者姓名，一看就知道是谁的字，这是为什么？就是因为
书法家倾注了思想感情，是人心"流美"的结果。

（二）形象性

　　书法以线条的变化形象地反映客观事物和现象。任何艺术都是形象地反映生活，表现
一定的思想感情的，书法作为一种艺术，形象性也是一个重要的美学特征。书法艺术不像
摄影，将客观事物一点不差地模仿下来，而是通过线条反映客观事物的形象，表达感情，是
一种高级的反映事物形象的形式。

　　汉字就是从象形起源的。据许慎《说文解字》说，仓颉开始造字的时候，是"依类象形"
的，"象形者，画成其物，随体诘诎，日月是也。"这种文字近于绘画，所以有"书画同源"的说
法，书画同源是以线条为表现手法，同源于象形。但随着社会的发展，书画渐渐地分道扬镳
了。中国的画，演变出了许多方法，如渲染、衬托等，画出来的画，始终没有脱离事物的形
状。而书法则是逐步从那些图画的线条中演变、简化，使之更加形象化，而不是象形。

　　从文字起源以及后来演变出的各种书体来看，书法都是富有形象性这一特征的，因为
造字的基础是象形。篆书的主要造字原则就是象形。

　　这些象形字，就是刻画出那个事物的形状，比绘画要减少很多笔墨，猛一看很单调，有
的字还写得歪歪斜斜，似是而非，这是因为加进了人们审美的意识，给人以古朴、高雅的感
受，能启发人想象，作再创造，这就是博采众美的结果。

　　社会的发展，生活的需要，字体也随着改变，逐步加以简化，以使用起来方便。简化了
的字脱离了事物的本来面目，但书法还没有脱离它的形象性。鲁迅在《门外文谈》中说："将
形象改得简单，远离了写实。篆字圆折，还有图画的余痕，从隶书到现在的楷书，和形象就
天差地远。不过那基础并未改变，天差地远之后，就成为不象形的象形字。"这"不象形的象
形字"就是把事物的形状更加集中和概括的产物，使之更富有美学意义。这形体虽然不是
现实生活中某一形体字的如实摹写，但它同现实生活中的某些形体又有类似的地方，或者
叫意象，我们面对这种类似事物形体的书法的时候，就像面对现实的形体一样，同样会产生
一种美感。

正因为汉字笔画能够书写出同现实生活中有类似之处的形体，给人以美感，所以经过漫长的时间，这种感觉愈来愈变得敏锐起来。开始，人们还只是不自觉地想使各种点画的书写取得一种能给人以美感的形体，后来则变成了自觉的努力和追求。张怀瓘《书断》中说："善学者乃学之于造化，异类而求之，固不取乎原本，而各呈其自然。"这说明了书法创造中的点画不但可以从原字象形的整体中分离和独立出来，与"原本"无关，而且可以吸取"异类"的神质，异化为与原字毫不相关的另一意象。从"依类象形"到"异类求之"，是书法形象的历史发展的一大转折，是摆脱文字象形整体束缚的一次解放。它更能使书法"博采众美"，比较独立自主地、灵活自由地取源于现实的物象，给书法美的创造提供了一个广阔的天地。象形文字的非象形化，不是削弱了书法的美，而是解放了书法的美，促进了书法艺术的发展，更增加了书法的形象感和表现力。

不仅文字的点画具有形象性，而且文字的字形结构也有形象性的特征。有一些字的结构，本来就是从现实事物结构中模仿出来的，一眼就看出类似的地方，如"田、门、木"等字，就和实物的结构一样。但是，绝大部分的字看不出明显类似的地方，但它们也没有失去形象性的特征。有些书法家确实是有意识地吸取外物的体势来结构字形的，以使书写的字活灵活现，生动感人，这就是从"异类"而取象。也有的在结构体上表现同类形象的。如苏轼《罗池庙碑》中写"鹤飞"二字（图7-16），也显然有意要写成"若鸟之形"，一个"鹤"字，还未露出端倪，但"鸟之形"可能已在心中萌动；写到"飞"字，"鸟之形"就很自然形于笔下了。两个"背抛钩"如双翅奋举，中间的两点也随之向右上而去。这些同一方向出锋的笔画，姿态翩翩，形状各异，犹如羽翼参差，展翅欲飞。而那一竖瘦长劲拔，像鹤足独立。一看这个字体，就使人联想到鸟飞的情形。一个字的结体（当然也包括点画）能引起人如此丰富的遐想，这就是字的形象魅力。

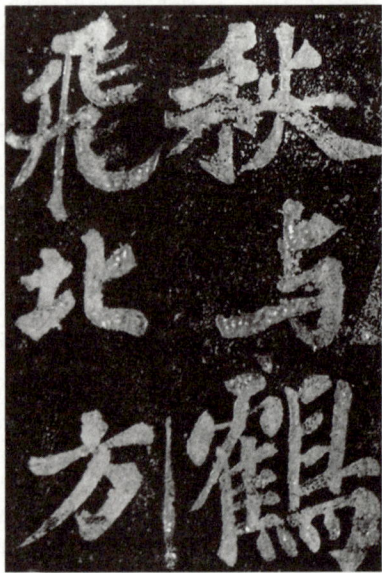

图7-16　苏轼《罗池庙碑》

书法的形象性特征是用线条来表现的，这和其他艺术相比较而言是特殊的地方，也是书法艺术的一个十分重要的美学特征，有人称书法的形象为"无声之音，无形之相"，也就是说，除篆书以外的书法形象，是一种没有形象的形象，是具象性微弱、抽象性很突出的形象。

（三）综合性

书法的综合性是指书法集形式、内容、人品、素养等诸要素于一体的一门艺术。

书法是一种美的创造，形式美的特征尤其突出，"违而不犯，和而不同"，"违"即产生各种变化，"不犯"即不杂乱；"和"即纯一，但又要有变化，变化在于审美的需要。书法艺术的形象性特征，就是形式美的典型体现。

我国的书法创作，非常重视文字内容，并且避免单一化，力求多样化，以满足广大欣赏者多方面的需要，如果忽视文字的内容，只求艺术技巧，那么，人们也会感到单调乏味的。作家姚雪垠曾指出：常常看见有不少条幅出自不同书法家之手，书法风格各有独到，但内容都是几首常见的诗词，毫无新鲜感。

内容决定形式。书法不单单是看字写得如何，而且要看内容写得如何。要使内容美，必须注意思想、知识等方面的渗透。思想方面主要是书法家的道德品质。《唐书》上记载了柳公权"笔谏"的故事：一日上朝，唐穆宗问柳公权用笔方法，柳公权回答说："心正则笔正"，穆宗由此明白了用笔的道理。清末书法理论家杨守敬在《学书迩言》中曾说学书者有二要："一是品高，品高则下笔画雅，不落尘俗；二要学富，胸罗万有，书卷之气，自然溢于行间。"由此看来人品与书法的联系是非常密切的。历史上人们称颂的书法家大多具有高尚的思想品德。唐代书法家欧阳询其人品是正的，楷书端正遒劲，结构严谨，可其容貌丑陋，唐高宗李渊曾感叹说："彼观其书，以为魁梧其伟人也。"欧阳询人品和书法的美把丑陋的容貌给遮挡了。诸如王羲之高雅的风致，颜真卿刚毅的气节，苏东坡豪放的气概，祝允明的风流潇洒，郑板桥的不同流俗，邓石如的质朴敦厚，等等，我们都可以从他们的书法中领会到他们的这些优良品质，从中受到更多的教益。相反，品德不好的人，其书法作品再好也不贵重。如奸臣秦桧，字写得本来不错，其书法天资和功力均在宋代书法四大家（苏东坡、黄庭坚、米芾、蔡襄）之上。但是秦桧阴险残忍，臭名昭著，以"莫须有"的罪名陷害民族英雄岳飞，成为千古罪人，他的书法和他的人品一样被人们所不齿。而岳飞的"还我河山"四个大字，人们则永远铭记，看到它就想到岳飞精忠报国、收复失地的雄才抱负和英雄气概。中华民族历来崇尚品德美，并把品德也渗透到各种艺术中去，作为各种艺术美的一个重要的标准。人品的高尚对书法艺术的提高是有很大促进作用的，品德不好的人，尽管书法好，但字是这个"人"写的，是这个"人"留下的思想轨迹，人们见其字就联想到其行，字虽好也觉得不美，人们绝对不会崇尚品德坏的人的书法，有些品德高尚以及才能出众的人，书法虽然不好，但人们慕名而求他的"字"，并且也视为珍宝，这个不好的字也是美的。这说明书法具有深刻的社会性。因此，书法与人品的联系是非常密切的，并且是互相促进的。人品美能促使书法美，书法能促进人们提高道德品质。人品之于书法如此重要，因此书法家的首要任务是锤炼自己的品质，陶冶性情，美化心灵，做一个正直高尚的人。

另外，书法作品要显示书法家一定的文学素养，没有这种素养，是创作不出好的书法作品的。这种字外之功，苏东坡曾这样描述："退笔如山未足珍，读书万卷始通神。"有文学素养的人，不一定是书法家，但书法家必须要有较高的文学素养。文学和书法是艺舟双楫，相得益彰。中国历代书法家兼文学家的比比皆是，如蔡邕、蔡文姬、贺知章、王维、李白、张旭、苏轼、欧阳修、黄庭坚等。文学与书法浑然天成，不可分割，主要原因有二：

首先，书法与文学两者同是抒情艺术，其中许多优秀作品的妙处、情趣往往只可意会，难以言传。古人说："书为心画"，"诗为心声"。这说明两者在表达思想感情方面是一致的。文学，特别是古诗艺术的特点，有很多方面可以作为书法艺术的借鉴。如诗词讲究工整、优美、气势、韵味、节奏和不同的风格等，用到书法上就有助于增强书法的气韵与节奏，甚至可以从中得到或雄浑、或飘逸、或婉约、或豪放的不同的风格美。

其次，文学是构成书法内容美的主要文艺形式。书法美，首要的是书写的内容美，书法内容能帮助人们更好地欣赏书法的形式美。古代好的书法作品，往往是诗文与书法的综合艺术品。如王羲之书法名迹《兰亭序》为"天下第一行书"，同时内容又是一篇优美的抒情散文；颜真卿的《祭侄季明文稿》为"天下第二行书"，其内容是一篇正气凛然、感情真挚悲壮的祭文。当代书法，其内容大多是优美的诗词或名言。不少的书法爱好者在求字时，往往要求书家写一些符合健康而高雅的审美趣味的内容。在漫长的书法艺术发展史上，形成了一个优良的传统，即书法艺术离不开实用，不忽视文字内容，并且避免单一化，力求多样化。一个书法家如果缺乏文学素养，忽视内容，那么他的书法作品就会落入俗套，没有深邃的意境。

<h1 style="text-align:center">第二节　书法美欣赏</h1>

　　从甲骨文算起,中国的书法艺术有三千多年的历史。其之所以成为一门艺术,主要取决于中国人善于把实用的东西上升为美的艺术,同时与中国独特的文字和毛笔有密切的关系。书法艺术产生的土壤是汉字。中国汉字最初全为象形字,取法自然物象,所以在本质上说就是图画美。后来,象形的意义逐渐减弱,符号的意义日益增强。这就给中国文字在象形美的基础上增添了抽象线条美,更利于表情达意。书法工具是柔软的毛笔。"惟笔软则奇怪生焉",可生出方圆藏露、逆顺向背的韵味,轻重肥瘦、浓淡滑涩的情趣,抑扬顿挫、聚散疏密的笔调,断连承接、刚柔雄秀的气势,再辅以专门制作的纸墨,使书法艺术更趋变幻莫测,韵味无穷。

一、书法艺术欣赏方法

　　书法欣赏可以从四个方面进行,即点画、结体、布白、韵律。

(一)点画的线条美

　　书法艺术是线条的艺术,线条是书法中最基本的元素,是书法艺术的主旋律、灵魂。有人说"线是贯穿整个宇宙的最根本的东西"。线条是书法家表情达意、流露修养、展示气质的媒介,也是欣赏者与书法家沟通的桥梁。通过线条,欣赏者可以获得精神上的美感享受与心灵上的慰藉、净化、震撼。

　　从表现方式看,点画的线条美依靠用笔与用墨两个手段。

　　1. 用笔　赵孟頫说:"书法以用笔为上。"用笔,指行笔的方式、方法,如运笔中的刚柔、急缓、轻重、藏露、提按等。一般说来有方笔、圆笔、尖笔、轻重缓急等。运笔的方式、方法,关系到点、画对思想感情的表达。

　　用笔以中锋用笔为主,侧锋用笔为辅,"中锋取劲,侧锋取妍"。中锋用笔就是笔尖、笔锋始终保持在线条的中间。中锋用笔的特点是字写得"圆劲",侧锋用笔的特点是字显得秀美。古时说中锋用笔如"锥画沙"。用锥划沙,凹进去的地方有立体、圆浑的感觉,不轻浮、不单薄,力透纸背,而且圆劲。这里所体现的是藏锋,即笔锋藏在线条、点画里面。古时还有人说中锋用笔如"折钗股"。"钗"是金属,那就是说把金属物折弯后,在折角处还有一种圆劲的特点,即有张力、有弹性。如怀素、张旭的草书很明显地表现了中锋用笔圆劲的感觉(图7-17、图7-18)。侧锋用笔是对中锋用笔的必要补充,即在以中锋为主的前提下,适当运用侧锋,可使点画痛快淋漓,跌宕多姿,富有变化。正如古人所说的"正以取劲,侧以取妍","正以主骨,侧以取态"。我们在王羲之、苏轼、米芾(图7-19)等书画大家的作品中常可见到侧锋笔法的运用。

　　2. 用墨　指墨的着色程度及变化,如浓淡、枯润等。墨色浓淡的变化,在书法表现意境中起着十分重要的作用。墨色或苍拙

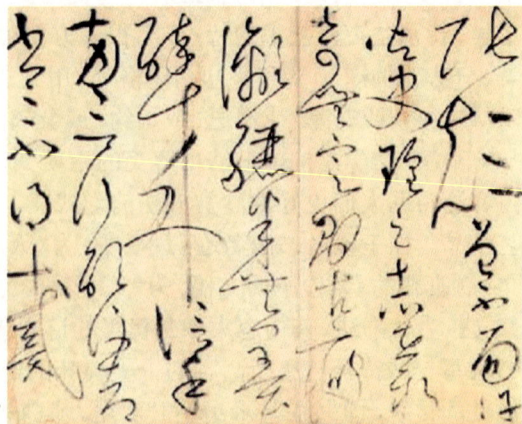

图7-17　怀素草书

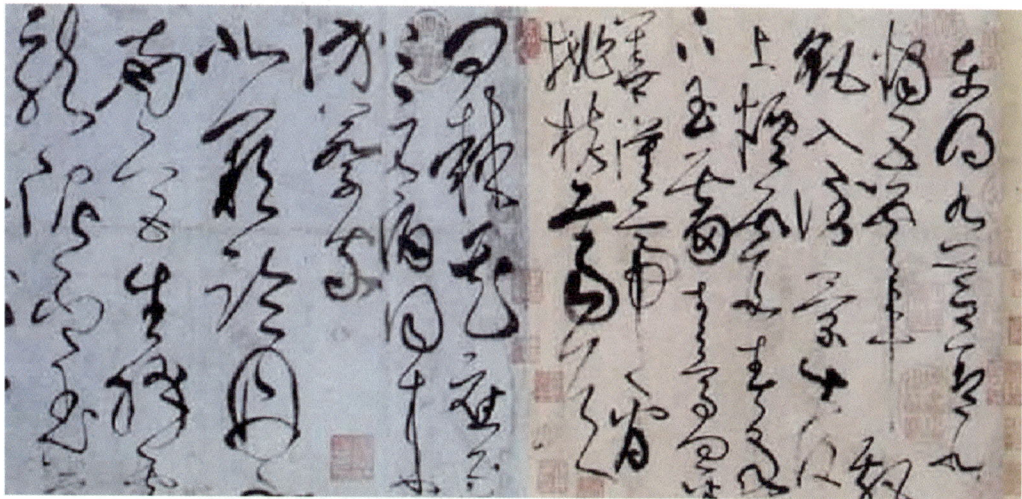

图 7-18 张旭草书《古诗四帖》

苦涩，或淋漓酣畅，但不能枯燥或平滑。"润含春雨"，就是用湿笔，线条很滋润，犹如春雨润物；"干裂秋风"，就是用枯笔，线条苍劲有力，犹如秋风中的树枝一般。"润取妍"，用墨比较滋润，以使写出来的字显得秀美；"燥取险"用笔比较干枯，写出来的字显得险峻。

书法创作一般以浓墨为主，因为浓墨与纸的对比度大，而且在书法家眼里，浓墨最能见出精神，特别是在正体书如楷、篆、隶等的创作中更是如此；淡墨则更适合表现清淡幽远的意境；焦墨是指点画中的墨不仅浓重，而且极少水分，显得非常干皴，一般在书法作品中偶尔使用，显出画龙点睛之妙；干墨是指点画中含水较少，但比焦黑要湿，常用在行草书中以体现飞白，增强书法墨色层次及其表现力；湿墨与干墨相对，一般指点画中水分较多，使点画具有浑厚滋润而丰腴的"筋书"效果，但用不好就会见墨不见笔，肥厚臃肿而成"墨猪"。

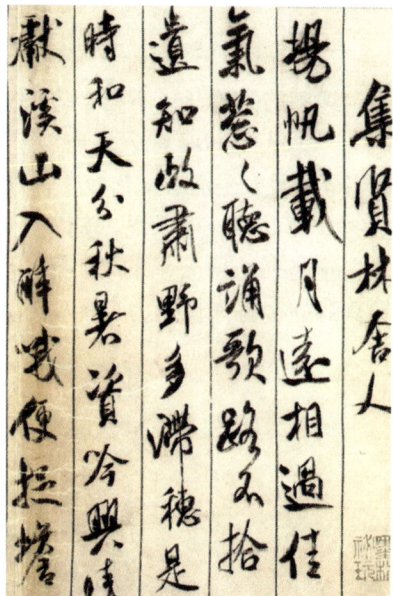

图 7-19 米芾书法作品

古人说，"精美出于挥毫"，"挥毫"就是用笔与用墨的结合。笔墨结合，生出丰富多彩、气象万千的线条。如唐朝欧阳询（图 7-20）对书法八种基本笔画作了形象化的概括和描绘："点如高峰之坠石；钩似长空之初月；横如千里之阵云；竖如万岁之枯藤；横折斜钩如劲松倒折，落挂石崖；弯折钩如万钧之弩发；撇如利剑斩断犀象之角牙；捺一波常常三过笔。"如此，线条就能表现出丰富的意境和情趣，能引起欣赏者相应的情感反应。

从内涵角度看，点画的线条美表现为力感美和情感美。

1. 力感美　线条的力感美是指线条在人心中所唤起的力量之感所引发的美感。

书法力感依靠提、按、顿、挫、转、折、方、圆等笔法创造。它强调的是一种用笔的起伏——上下运动。唐太宗李世明批评曾某些人字写得没有骨力，"行行如萦春蚓，字字如绾秋蛇"。

135

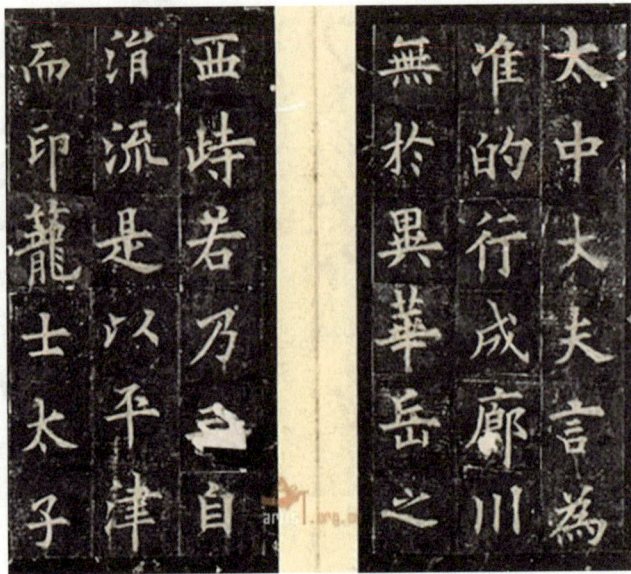

图 7-20　欧阳询书法

线条的力感从以下三个方面表现：

一是从"圆劲"中表现出"筋""骨"的刚健之力与弹性之力。晋代卫夫人认为，"多力丰筋者圣，无力无筋者病"，"善笔力者多骨，不善笔力者多肉"。这里所谓的"筋""骨"就是指字的一种力感。可以说，"筋"是弹性之力，是"软功"；"骨"是刚健之力，是"硬功"。这两种功夫正是书法所要求的力，若表现在点画中，便能成就线条的力感美。"颜筋柳骨"就是指颜真卿的字有弹性之力（图 7-21、图 7-22、图 7-23），柳公权的字有刚健之力（图 7-24）。

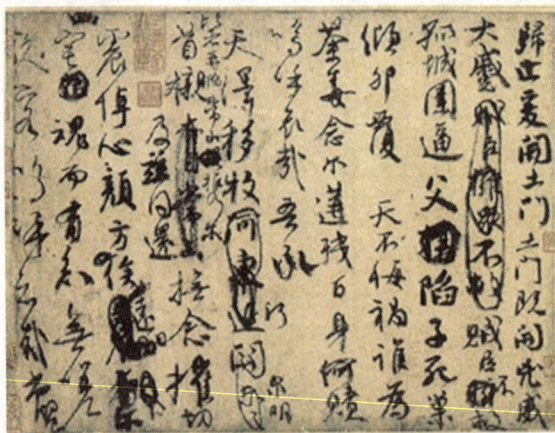

图 7-21　颜真卿《祭侄文稿》

二是从"锥画沙"的立体感中表现出深厚之力。"锥画沙"使字显得有"入木三分，力透纸背"的效果。

三是从"涩感"中表现出坚韧之力。所谓涩感，就是指点画线条在前进中似乎遇到了艰巨的阻力，然后它以十分巨大的坚韧力，抗拒阻力，挣扎前进。正如刘熙载《书概》中说："惟笔方欲行，如有物拒之，竭力与之争，斯不期涩而自涩矣。"

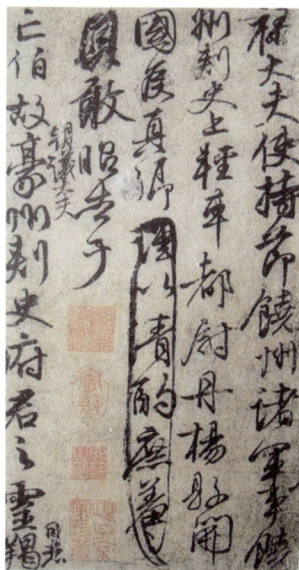
图 7-22　颜真卿《祭伯文稿》

图 7-23　颜真卿《争座位稿》

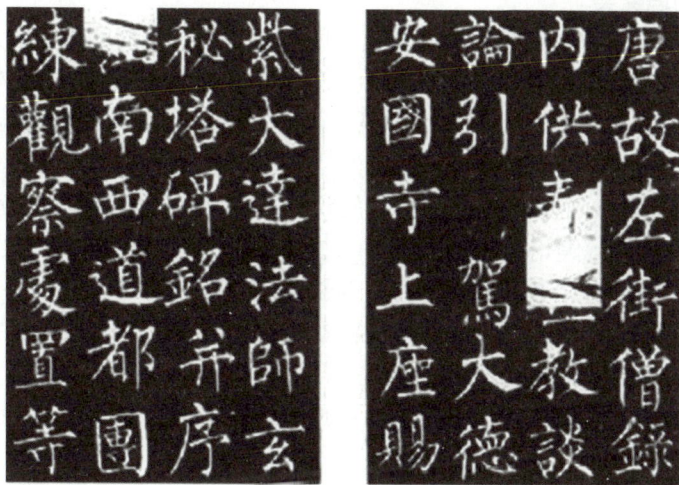
图 7-24　柳公权《玄秘塔碑》

2. 情感美　线条的情感表现在两个方面。

一是线条的节奏感。唐朝张怀瓘在《书议》中曾把书法称为"无声之音"，这就是指书法用笔的轻重缓急、抑扬顿挫能像音乐一样唤起人的节奏感，进而唤起人的情感。书法家通过节奏表达自己的情感，欣赏者通过节奏体会其中的情感。如唐代书法家颜真卿的行草《祭侄文稿》《祭伯文稿》《争座位稿》(参见图 7-21、图 7-22、图 7-23)，被人称之为有情的图画，无声的乐章。字里行间，流动着浓郁的深情，时而奔腾激昂，时而低回吟唱，有惊心动魄之气，无矫揉造作之态。

书法作品中的每一个"点、画、线条"都隐藏着书法家的情感。感情支配着笔墨线条，线条成了思想感情的轨迹，所以，常常以流利的线条表达愉快之情，以停顿、艰涩的线条表达焦灼忧郁之情。正如祝允明说："喜则气和而字抒，怒则气粗而字险，哀则气郁而字敛，乐则气平而字丽。"随着人的喜怒哀乐地变化，写出来的字的线条也就发生相应的变化，而显得节奏各异，效果各异。杜甫诗曰："张旭三杯草圣传，脱帽露顶王公前，挥毫落纸如云烟。"张旭（参见图 7-18）的笔势回旋曲折，无所拘束，连绵飞绕如走龙蛇，奇状逸势神思莫测。传说他常酩酊大醉，呼喊狂走然后落笔，甚至以头濡墨抵于绢素，酒醒不羁，人谓"张颠"。张旭把其各种思想感情和自然界能够使人感奋、使人惊异的事物，都用草书表现出来。因此，他的草书狂怪陆离，潇洒自如，有急风旋雨之势。另一位草圣怀素（参见图 7-17），笔下的线条也是狂怪陆离，千变万化，抒发的感情非常强烈。

二是线条的呼应（点画之间的相互关系）所表现的情感。起笔为呼，承笔为应。汉代蔡邕在《九势》中说："凡落笔结字，上皆覆下，下以承上，使其形势递相映带，无使势背。"

书法家在构画线条时讲究呼应，以之表情达意。如"笔断意连"就是呼应得巧妙，笔虽断但让人感到意未断，体现出"一气贯通""一气呵成"之势。通过这种或断或连、似断似连、亦断亦连，前后呼应、上下相随、左右顾盼的线的艺术，表现出书法家的种种情绪意志、风神状貌，体现出情感的深沉浅浮之变化。欣赏者也可通过这样的线条，领略其中的情韵，获得美感。反之，如果线条互不相连、各顾东西，只是机械拼凑在一起，那就是无生命的线段，如枯枝败叶。

（二）结构的造型美

结构的造型美即字的间架结构所表现出来的造型之美。字的间架结构也叫字的结体。

清朝冯班在《钝吟书要》中说："书法无他秘，只有用笔和结构耳。"结体既要遵循整齐、对称、均衡、对比、和谐等形式美的规律来组合，合乎一定法度，不能粗制滥造，又要讲究生动活泼、参差变化，不能僵硬死板。王羲之说，"若平直相似，状如算子，上下方整，前后齐平，此不是书，但得其点画耳。"也正如孙过庭说："数画并施，其形各异，众点并列，为体互乖。"汉代书法家蔡邕在《笔论》中说到："为书之体，须入其形，若坐若行，若飞若动，若往若来，若卧若起，若愁若喜，若虫食木叶，若利剑长戈，若强弩硬矢，若水火，若云雾，若日月，纵横有可象者，方得谓之书矣。"明朝陶宗仪在《书史会要》中也有过类似的说法，"夫兵无常势，字无常体：若坐，若行，若飞，若动，若往，若来，若卧，若起；若日月垂象，若水火成形。倘悟其机，则纵横皆成意象矣。"那些简单的点画线条在书法家的笔下，真是姿态万千、变化无穷、气象生动。

总之，字的结体要将点画的平正美、匀称美、对称美及参差变化美、连贯飞动美相结合，造成整体上和谐的造型美。柳公权《玄秘塔碑》（参见图 7-24）中的字的间架结构就非常突出地体现着和谐的造型美。如其中的"達"字（繁体），并列四横，却找不出完全相同的两横；如繁体"為"字的下面四点，没有两点是相同的。正是这样，使得各种笔画互相映衬、互相弥补，既显得丰富多彩、变化多端，又和谐别致。再如，《圣教序》（图 7-25）中"心经"一段共有 20 个"無"字，姿态各异，极尽变化之妙，充分表现了结构的造型美。

结构美并没有固定的套路可寻，不论是上下结构还是左右结构，只要笔画搭配得协调有序、浑然天成即美。但是，这种结构美并不是简单地将所有字的结构都写成千篇一律，而是在统一中又有变化，违而不反，和而不同，充满了率意天趣。如《圣教序》（参见图 7-25）中的"无"字，结构多有不同，而姿态各有其美。不同的书法家所表现的结构美截然不同，使得作品风格差异很大。如同是楷书，欧体结构瘦劲险绝，中宫内敛；颜体则宽博雄浑，中宫外放。

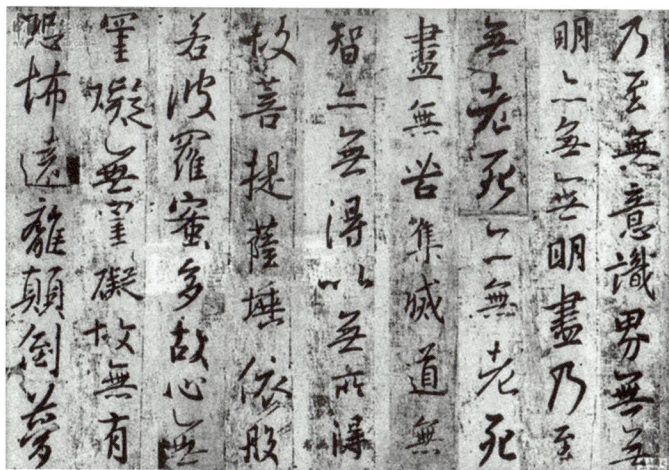

图7-25 《圣教序》

（三）章法的和谐美

章法是指作品的整体布局，它要求在多样统一中显示出作品整体的和谐。章法仍然是对点画线条的组织，但它比结体组织点画线条更复杂一些。组织得当，就是和谐美；组织不当，哪怕线条再美、结体再好，也不成其美。一幅完整的书法作品有正文、款识、印记三要素所组成，缺少哪一方，都不完整，必然影响整体的审美效果。因此，一定要正确处理好它们之间的关系，合理安排它们的位置，精心设计它们的表现形式，使其达到整体和谐。所以，章法美是书家追求的最高境界，若是章法布置得好，即使个别字艺术性相对较差，也可通过美的章法加以弥补。

章法也叫布白。布白，就是对虚实的安排，是创造和谐美的核心。黑色的点画线条是实，点画线条之间的白色空间是虚。中国书法等艺术最讲究虚实的艺术处理。计白当黑、计虚当实，虚实相生，皆成妙境。"实处之妙，皆由虚处而生"。黑也重要，白也重要，黑白均有情趣。古人论书法："书在有笔墨处，书之妙趣在无笔墨处。有处仅存迹象，无处乃传神韵。"布白其实是"布黑"的结果，也就是书法家在写字时，把每一个字、每一行字按一定的设想布置好后，余下的纸张空间就属"白"了，这也就等于布好了"白"。书法布白时，讲究字的空间的匀称，也讲究字与字之间的承上启下、左顾右盼、参差变化等，以及落款合理、钤印得宜。使得局部美与整体美和谐地统一于章法美之中。达到疏处可跑马，密处不透风，错落如扶老携幼，参差若楼观飞惊。

行气贯通也是创造书法章法美的一个十分重要的方面。一幅书法作品，总是积字成行，积行成篇的。因此，要求字与字、行与行之间，上下连贯，气脉相通，才能融为一个整体，从而表现出整幅作品内在的神韵。绝不能有游离隔裂的现象。笔连、意连、藕断丝连，都是行气贯通的有力手段。唐代书法理论家张怀瓘在《书断》中形容张芝草书时说："字之体势，一笔而成，偶有不连，而血脉不断，及其连者，气候通其隔行，如流水速，拔茅连茹，上下牵连，或借上字之下而为下字之上，奇形离合，数意兼包，若悬猿饮涧之象，钩锁连环之壮，神化自若，变态无穷。"于此可见行气贯通对于章法和谐美的重要性。

章法美最具代表性的要数王羲之的《兰亭序》（参见图7-15），全篇324字，共28行，书法遒媚劲健，全篇字字相映带、行行相呼应，既有整齐，又有变化，若行云流水，气势连贯、浑然一体。在章法上典型地表现了和谐美，可以称之为千古绝作。清朝包世臣说："古帖字体大小,颇有相径庭者,如老翁携孙,长短参差,而情意真挚,痛痒相关。"这形象地说明了书法整体和谐美的艺术效果。

(四)全幅的神韵美

神韵是一种精神气质,最具有个性。书法中的神韵是靠点画线条、结体布白这些外显的形式因素综合表现出的内在精神风貌。如果说点画的线条美、结构的造型美、章法的和谐美是书法之形式美,那么,神韵美就是书法的内涵美。

神韵,可以分为"神"与"韵"两个方面。"神"是通篇所透出的风格、精神,有沉雄豪劲、清丽和婉、端庄厚重、倜傥俊拔、浑穆苍古、高逸幽雅等。"韵"是靠点画线条的动静、起伏、枯润等变化而造成的韵律、节奏,有抑扬顿挫、徐迟疾缓等。

书法家利用线条的笔墨节奏抒发情感是创造神韵美的基础。孙过庭《书谱》中所说"达其性情,形其哀乐",韩愈说张旭"不平有动于心,必与草书焉发之,又观于物,见天地之变,可喜可愕,亦寓于书"。这充分说明书法作品中所抒发的感情是创造神韵的基础,而神韵是书法家通过自己实践而使主观与客观交互作用之后的"独见之明"。由此可见,神韵是书法家内在精神、情感通过线条的外在流露,是书法艺术的灵魂。古人评论书法,早有"神采为上,形质次之",这里的神采就是我们所说的神韵。苏轼在《书论》中,把"神"放在书法艺术五要素的首位,他所谓的"神"是指书法作品里的神韵,也就是形象的线条造型所表达出的意蕴。欣赏者在欣赏书法作品时,通过点画线条、结体布白体会书法家的某种精神、情感,并给予个人的再加工、再创造,从而体会出一幅书法作品独特的神韵美。

历代人对于书法艺术美,多从神韵方面来评价。如清代周星莲评书法:"坡老笔挟风涛,天真烂漫;米痴龙跳天门,虎卧凤阙,二公书横绝一时,是一种豪杰之气。黄山谷清癯雅脱,古澹绝伦,超卓之中寄托深远,是名贵气象。凡此皆字如其人,自然流露者。"其形象地评价了几位书法家书法作品中的神韵。元代张晏评颜真卿的书法,"点如坠石,画如夏云,钩如屈金,戈如发弩"。再如毛泽东的书法,气势超迈,笔力雄健,不拘一格,豪爽飘逸,透出才华横溢的神韵。东晋王羲之的楷书如阴阳四射,寒暑调和;行草如清风出袖,明月入怀。唐代张旭书如神灵腾霄,夏云出岫。颜真卿书如金刚瞋目,力士挥拳。宋代苏轼书如古槎怪石,怒龙喷浪。黄庭坚书法风格清劲,有乱叶交枝、竹影婆娑的意韵。郑板桥书法翩翩多姿,有兰花竹子一枝一叶的意象。

总之,对于一幅书法作品,我们可以从点画的线条美、结构的造型美、章法的和谐美、全幅的神韵美等几个方面加以欣赏,而尤以神韵美最为关键。作为欣赏者,要想从一幅作品中获得神韵美,必先加强书法及文化艺术修养,才能做到"观千剑而识器"。

二、书法作品赏析

(一)《石鼓文》(参见图 7-1)欣赏

《石鼓文》的书法极其精美,是中国最早的石刻文字,被称为"中国第一古物""书家第一法则"。书者最有可能是《石鼓文》中"右而师氏"的那位师氏。《石鼓文》的制作时间,在秦悼武王嬴荡即位到他去世的四年里(公元前 310—前 307 年)。当时写成并刻成石鼓之后,放在雍城宗庙内,想永久传下去,以垂示后代。结果,秦悼武王在继位之后的第四年,在与勇士孟说举"龙文赤鼎"较力时,两目出血,绝膑(折断胫骨)。当天晚上,年仅 23 岁的悼武王气绝而亡,没有留下子嗣。公元前 306 年,嬴荡的异母弟嬴稷继位,为秦昭襄王。第二年庶长子壮等造反,失败后被杀,嬴荡的生母也死于逆乱中。五六年的时间,嬴荡的家族彻底败落，直系亲人荡然无存。据推断，可能是他的傅师在动乱的二三年内，把十个石鼓藏在了雍城附近的五畤原上，希望将来有一天能流传下去。到唐代初年，在陕西天兴（今风翔）三畤原被发现，共有 10 个石鼓，上面各刻着四言诗歌一首，共六百多字"石鼓文"。诗的内容主要写秦国国君的游猎活动，所以也称"猎碣"。石鼓流传到现在，有两千三百多年了。

1. 文字　石鼓文的文字介于商周的金文和秦朝的小篆之间，具有承上启下的特点。它比甲骨文和金文都有所简化，象形性减少，抽象性增加，尤其用笔的方向趋向统一和规范。它的笔画比金文要齐整、方正、有规律、少变化，但又不像秦朝的小篆那样圆转婉通，循规蹈矩。

2. 线条　石鼓文的线条圆润平滑，粗细均匀，起收不着痕迹，运笔节奏和缓；中锋运笔，藏锋起笔，裹锋收笔，圆起圆收，所谓"无垂不缩，无往不收"。笔法圆健凝练，笔画瘦劲有力，长短、疏密、正斜都做到恰到好处；显得典雅庄严，劲气内敛，遒朴有神。上追大篆，下开小篆。

3. 结体　石鼓文的结体间架平整，大小齐同，舒展大方；大处疏朗，小处结密；结构自然浑成，气质凝重浑穆，神韵超然可喜。在大致工整的布局中变化有度，体虽圆而不中规，形虽方而不中矩，直画如同玉箸，曲线优美匀称；无早期金文象形图画的痕迹，也无春秋战国时期金文浓厚的装饰意味；放弃金文常见的夸张主笔与错落穿插的特点，而纯然是毛笔中锋书写出来的自然效果。就笔力惊绝、结字圆秀而言，其为书法中的最上乘之品。

其无论笔法、字形、结构，都显示了成熟的艺术美。唐代书论家张怀瓘评价石鼓文说："体象卓然，殊今异古，落落珠玉，飘飘缨组，苍颉之嗣，小篆之祖，以名称书，遗迹石鼓。"唐代文学家韩愈作《石鼓歌》中"鸾翔凤翥众仙下，珊瑚碧树交枝柯"一语，最能道出其字的真髓，说尽石鼓文的动态之美。

（二）《乙瑛碑》（参见图 7-7）欣赏

《乙瑛碑》全称《汉鲁相乙瑛置百石卒史碑》或《孔和碑》，隶书刻石，成碑时间在东汉桓帝永兴二年。该碑原在山东兖州仙源县，现存山东曲阜孔庙。碑高 3.6m，宽 1.29m，隶书 18 行，每行 40 字。碑刻内容为鲁相乙瑛代孔子后人上书汉廷，请设立一名掌握孔庙礼器的低级官吏，其级别为"百日卒史"，并提出此官任职条件。

在孔庙众多的碑碣中，《乙瑛碑》与《礼器碑》（图 7-26）堪称双璧。它们是汉隶中最美的两通碑。和《礼器碑》相比，《乙瑛碑》更为秀美丰润。

碑文为秦隶式，点画秀润而不失端劲，结体扁方整肃，规矩森严，气度高古典重，字刚健有风韵，整体风格密丽典雅，为汉碑之名品。乙瑛碑是我国八分隶书的典型石刻。清代孙承泽《庚子消夏记》中说："文既尔雅简质，书复高古超逸，汉石中之最不易得者。"

1. 结构　《乙瑛碑》的结构，可以说是所有汉碑中最美的。它不像《礼器碑》那样典重，而显出几分飘逸。清代方朔跋此碑说："字之方正沉厚，亦足称宗庙之美，百官之富。"并称它为"汉隶之最可师者"，正是看到它飘逸秀美而不失端庄的特点。碑文笔势刚健，书法雄劲，骨气凝重，笔文不苟，是汉隶成熟时期的典

图 7-26　汉《礼器碑》

型作品。结字笔画排列整齐，接近小篆之排叠布白，没有大的松紧变化，字内空间较平均，笔画向四周均匀排布。其章法横成行竖成列，字距略大于行距。呈森然气象。

2. 笔画 《乙瑛碑》与《礼器碑》相比，笔画要粗一些，给人一种更为丰满的感觉。它不像《礼器碑》多少还带有一点金文的味道，而是完完全全的隶书的笔法。它的横画起笔略向下压，笔势稍稍向下，使得字的体势稍斜，更增灵秀之美。而捺画沉着有力，燕尾呈方形挑出，遒劲有力。方劲婉转，含蓄浑厚，并注意方与圆、刚与柔、直与曲之间的有机结合，以及笔画的或收或展、或肥或瘦。波捺变化较多，有的瘦小，有的肥大，有的圆润，有的方劲，有的蚕头细而燕尾粗，有的蚕头大而燕尾小，均视结体的不同而有所变化，没有千篇一律。技法角度看，用笔方圆兼备，结字均适调和，章法规矩合度。用笔多是从切锋方笔入纸，顿笔圆转出锋，刚柔相济。平画表现最为明显。作为汉隶最重要表现特征的波磔明显突出。

3. 总体特征 《乙瑛碑》是汉隶最兴盛时期的典型作品，用笔方圆相济、遒劲凝炼，讲究笔画的曲直、平斜以及粗细、轻重、徐疾之变化，结体端庄沉稳、法度谨严，注重各部分之间的穿插避让、高低疏密之关系，由此形成了骨气凝重、意态爽秀、高古超逸的艺术风格，是我国古代久享盛名的汉隶精品之一。被前人评说为"骨肉匀适，汉隶之最"。书法家费声骞先生说，《乙瑛碑》是汉隶中有数的逸品，字势开展，古朴浑厚，俯仰有致，向背分明。特别是后半段，采取笔杆倒向左侧的逆向行笔，使每一点画入木三分，扣得很紧，尤为高妙。《乙瑛碑》的结字看似规正，实则巧丽，字势向左右拓展。书风谨严素朴，为学汉隶的范本之一。

(三) 张旭《古诗四帖》(参见图 7-18)欣赏

张旭以狂草著称，他的书法和李白诗、裴旻剑舞被称为"三绝"。张旭喜欢喝酒，被称为"酒中八仙"之一。张旭草书《古诗四帖》即属狂草，较以前的草书更为狂放，所以在草书发展史上是新突破。当时有很多唐代草书家，但这些人未摆脱二王风范，张旭在取法前人草书基础上，显出个性独创，即更为狂放，开浪漫主义书风。

狂放的具体体现：

1. 整体气势 董其昌评说："有悬崖坠急雨旋风之势。"首先表现为如长江大河一泻千里，急风骤雨，从整体上能震撼人的心灵。其次，大开大阖。书写中，字与字之间形成强烈的大小、收放等对比，在章法安排上，也是疏密悬殊很大。再次，打破了魏晋时期拘谨的草书风格，而在草书原有的基础结构上，将上下两字的笔画紧密相连，形成"连绵还绕"、两字如一字形象，使得作品气势壮观。另外，在书写上速度上，也一反魏晋"匆匆不及草书"的四平八稳的传统书写速度，而采取了更加奔放、写意的抒情形式，使整幅作品更具气势。

2. 点画运动 连绵不断，节奏感强烈。"龙泥印玉简，笔之以万年"10 个字，一笔连写，中间列无间断，运动感、节奏强烈。"笔之以万年"这几个字一气呵成，无一点间断，像这种连绵不断的运动，使得狂草特点表现得非常明显。所以杜甫诗形容"铿锵鸣玉动，落落群松直，连山蟠其间，溟涨与笔力"。第一句说狂草像金石有声音，有节奏感；第二句形容宏大气势，如山脉连续起伏，感觉到静中有动。节奏感在过去一些草书家中也有，但如此强烈表现的较为少见。

3. 用笔 中锋用笔，如锥画沙，力度很强。最后一句话"与笔力"字像大海波涛一样蕴含了无穷力量。这个字与怀素的字相比，则更丰满更有力量。另外张旭的狂草之所以写得如此之好，与他有很坚实的楷书基础有关。"守法度者至严，则出于法度者至纵"。他把自然的生命节奏、书法家情感节奏、书法形式节奏几者统一起来。《古诗四帖》中含有的道教思想，也适合于用虚幻缥缈地狂草来表达；对这种诗的意境的感受适合于用狂草来表达。

（四）颜真卿《多宝塔碑》(图7-27)欣赏

全称《大唐西京千福寺多宝塔感应碑文》。此碑于唐天宝十一年（公元751年）为千福寺和尚费全而立。唐代杰出的书法家颜真卿楷书。碑高2.63m，宽1.4m，碑文34行，满行66字。颜真卿44岁书写此碑，其时书家正值壮年。此碑书法整密匀稳，秀媚多姿。后世学颜书者，以其字小便于临写，故多从此入手。

颜真卿的字丰腴雄浑，结体宽博，气势恢宏，骨力遒劲，气概凛然，人称"颜体"。他的"颜体"与柳公权字并称"颜柳"，有"颜筋柳骨"之誉。宋·欧阳修评颜真卿说："斯人忠义出于天性，故其字画刚劲独立，不袭前迹，挺然奇伟，有似其为人。宋朱长文《续书断》中列其书法为神品。"并评说："点如坠石，画如夏云，钩如屈金，戈如发弩，纵横有象，低昂有态，自羲、献以来，未有如公者也。"宋代苏轼说："诗至杜子美，文至韩退之，画至吴道子，书至颜鲁公，而古今之变，天下之能事毕矣。"

图7-27 颜真卿《多宝塔碑》

此碑文是已知的颜真卿书法中书写时间最早的碑刻，因此反映了他早期的书法风貌。从风格看，此碑和他中、后期书法风格出入还是较大的，还没有体现出他雄强、伟壮、沉雄的气象，相对写得严谨、秀整，起收笔见笔见锋。故《书画跋》评论道："此是鲁公最匀稳书，亦尽秀媚多姿，第微带俗，正是近世掾史家鼻祖。点画显得太圆整，笔写不应著此。米元章谓鲁公每使家僮刻字，会主人意，修改波撇，致大失真。观此良非诬"。

1. 用笔　笔笔藏锋、笔笔回锋，点画圆整，端庄秀丽，一撇一捺显得静中有动，飘然欲仙。起笔：顺入成方，逆入成圆，方圆分明，完美洁净；顺入者无缺峰，逆入者无涨墨，无缺峰则形状完美，无涨墨则笔画洁净。收笔时则顿笔或折笔而成方，回锋则成圆。圆笔使整体架构看起来圆润，且潇洒超逸。而方笔则突显笔画的骨气，让整体架构明了，直方而不失轻巧，凝整沉着，苍劲挺拔。正如古人所言：方笔平直而精严，圆笔委曲而奇诡。笔画偏于方峻，隶意较多，藏头护尾用笔厚重，表现出的点画线条圆润饱满、力透纸背、有立体感。强调"护尾"，尤其于横画中最为明显，写横行至收笔处，常向右下方重按，顿笔回锋，形成独特的"颜体横画"，笔画遒劲而丰润。其用笔多中锋而少侧锋（点法用侧锋）；多用藏锋少用露锋（悬针、撇尾用露锋）；转锋与折锋并用，"转以成圆""折以成方"。藏锋包其气概，露锋纵其精神，使字气势挺拔，气韵天成。提、顿、转、折，灵活自如。

2. 点画　横细竖粗，撇轻捺重。横画细挺瘦劲，收笔向右下重顿，体现出颜体的雄浑、大气之韵，竖画粗壮，浑厚力强。横、竖笔画粗细对比鲜明，富节奏、韵律美感，也把颜体的一个"筋"的意味完整地表达出来。颜体撇画较轻盈挺健，捺画却粗壮有力，有"蚕头燕尾"之称，给人以刚健的动感，尤其是捺脚较长，顿挫后踢出开衩，含蓄而又有峻利之感。另外，颜体捺画的捺脚多与撇画锋尖持平或稍低，不似柳体的撇低捺高，而呈现出一种舒展沉稳之美。点的运用灵活自如，引带顾盼；各笔画间时有露锋映带，连贯照应，正斜相生；一些主竖故意偏离中线，而靠长横的斜势及长的"力臂"和重的"垂尾"来获取平衡，使稳活相生，奇趣顿增。

3. 结构　结构严谨，肥瘦适度，字形端正，两肩平齐，整密匀稳、法度严谨，疏密有致，布白匀称，点画舒展，字形博大，内紧外松，上紧下松，神形俱备。书体不似柳书的中紧外放，主笔长枪大戟般舒放。该碑字体笔画间的宽窄收放对比较欧、柳书体要小，主笔相对收敛，短笔相对放长，因此中宫显得较为疏朗，外部笔画也较规整，较欧、柳书体略显内松外紧、字势宽绰、雄浑平稳。对半包围、全包围结构的字，左、右两条竖线多外括，略存相向之态。结体上下收放参差、左右高低错落。书体虽笔力雄浑厚重，却墨酣意足，在笔墨流动处颇显媚秀之姿，也成就了颜楷的"雄媚"书风。

（五）王羲之《兰亭集序》（参见图7-15）**欣赏**

这是王羲之（晋）的代表作品。在中国书法史上，被誉为是"天下第一行书"。对后来很多书法家都有影响。

《兰亭集序》写于公元353年4月22日（晋永和九年三月初三日）。是王羲之和谢安等40多位著名文士在暮春时节，于兰亭之地举行修禊（xì）之礼（一种祓除疾患与不祥的礼节）时，在"天朗气清，惠风和畅，少长咸集"的情形下，乘兴为他们的诗集《兰亭集》所写的"序"。据说，王羲之后来回到家，写了多遍，但终未能再写得如此之好。

这幅字，有气韵，写得妍美。春天，好友相聚，优美的自然环境中，友人写诗饮酒，心情畅快。作品的基调是表达愉悦之情，当然作品里有些人生的感慨。作品是自然地流露情感。后人评价作品具有妍美的风格，情感流露没有刻意安排。我们可以从如下几方面来欣赏：

1. 整体布局 纵有行，横无列。也就是纵向成行，而横列是错落有致。另外每行中间有些曲折变化，这些变化都随感情的变化而变化，字体也是随着自然结构而自然处理。整体看，字的大小相应，长短相当，虚实相生，富有变化，随情而致。作品开始，"永和九年"即平和愉快，到后面，写朋友间的聚会，"群贤毕至"，"少长咸集"，讲友谊；讲自然环境："茂林修竹"，"清流激湍"，"流觞曲水"，"天朗气清，惠风和畅"，"仰观宇宙之大，俯察品类之盛，游目骋怀，足以极视听之娱，信可乐也"。这都是一种很舒畅的心情。观其字，字的行气，包括字的结构，都渗透了愉悦之情。后面的人生感慨，情随景迁，情随人生感触，字写得收敛。但整体从头至尾，一气呵成，气脉流畅。

2. 字的结构 体式纵长，且字的书写有些倾斜，左低右高，像这种字很多。如"惠""风"都有此特点，且字的结构随情感的变化，上下文衔接，都有变化。如"之"字，二十多个"之"字，都有不同特点。这并不是事先想好了应该怎样写、应该怎样变化、变成什么样子。而是随着情感的变化，上下文字的自然结构加以处理的，也就是"因势利导"。如第六行"之"字，本为平捺，但处理成长点，为何如此，一是在它的右边，有一个"水"字，即有捺，水的右边，"清流激湍"的"激"字也有一捺，"之"字也写平捺，这三个字都有一捺，看了不舒服。而且"之"字下面留的空白较多，若"之"字写小了，再写"盛"字，下一行字移到这里，就不舒展。这个地方留的空白较多，就把这个字用长点将空白处调剂一下。再如第一行，"暮春之初"，"之"字写得较扁，因为"暮春"二字较长，"之"字写得扁些，体现了长短变化，字的变化因势利导，处理自如。后面"之"字的处理，也都有类似情况。

3. 用笔 中锋为主，侧笔入锋也较多。为何这样处理，是因为如此才能富有变化。用笔入锋，可以表现很细腻，上下字中间的联系，特别讲究纤丝相连。一个字或字与字之间，常有纤丝连带，可以说是顾盼有情，气运通畅。这些纤丝虽然很细，但都是一丝不苟。看了以后，感觉有一种愉快的情感饱藏于此，且气脉通畅。因此，可以说，这一作品较秦代篆书、汉代隶书那些歌功颂德，庄重、虔诚、严肃的作品而言，《兰亭集序》无论是书写的内容，表现出的晋代思想、感情、风度都有很多独特的地方，使得这一作品具有非常的过人之处，对后世的影响也很深远。

本章小结

　　本章首先介绍了中国书法的分类,从中可以了解中国书法发展的大致历史;同时,重点讲解了书法艺术欣赏方法,即从点画、结构、章法、神韵四个方面展开对一幅作品的欣赏;并列举了五幅在书法史上有代表性的作品的欣赏,使同学们在感受这几幅书法作品之美的同时,逐步学会对所有书法美的欣赏。

（汪宝德）

思考题

1. 简述中国书法艺术的分类。
2. 如何欣赏书法美?
3. 试举例赏析一篇书法作品。

参 考 文 献

[1]   汪宝德. 美育. 北京: 人民卫生出版社, 2008.
[2]   何语华. 美育. 北京: 中国劳动保障出版社, 2014.
[3]   王云峰, 杨帅. 美育. 北京: 北京理工大学出版社, 2010.
[4]   王一川. 美学与美育. 北京: 中央广播电视大学出版社, 2008.
[5]   金昕. 当代高校美育新探. 北京: 商务印书馆, 2013.
[6]   董健, 马俊山. 戏剧艺术十五讲. 北京: 北京大学出版社, 2006.
[7]   钟艺兵, 黄望南. 中国电视艺术发展史. 杭州: 浙江人民出版社, 1994.
[8]   王宜文. 世界电影艺术发展史. 北京: 北京师范大学出版社, 2004.
[9]   卡拉萨物. 西方绘画流派欣赏. 沈阳: 辽宁教育出版社, 2003.
[10]   刘继潮. 中国绘画欣赏. 合肥: 安徽大学出版社, 2007.
[11]   盛文林. 雕塑艺术欣赏. 北京: 北京工业大学出版社, 2014.
[12]   纪国章. 欧洲摄影大师作品赏析. 中华台北: 典藏杂志出版社, 2005.
[13]   张道森. 美术鉴赏基本知识. 上海: 上海三联书店, 2011.
[14]   李根山. 艺术美育. 北京: 机械工业出版社, 2010.
[15]   杨辛, 甘霖. 美学原理. 北京: 北京大学出版社, 1993.
[16]   蒋孔阳. 美学新论. 合肥: 安徽教育出版社, 2007.
[17]   许自强. 美学基础. 北京: 首都经济贸易大学出版社, 2006.
[18]   欧阳周, 顾建华, 宋凡圣. 美学新编. 杭州: 浙江大学出版社, 1993.
[19]   肖京华. 美学基础. 2 版. 北京: 科学出版社, 2008.
[20]   姜小鹰. 护理美学. 北京: 人民卫生出版社, 2006.